EGS-Texte

Erziehung · Gesellschaft · Schule

herausgegeben von Wilhelm H. Peterßen

Arnulf Hopf

Sozialpädagogik für Lehrerinnen und Lehrer

Hilfen für den Alltag

Oldenbourg

Die Deutsche Bibliothek – CIP-Einheitsaufnahme

Hopf, Arnulf:
Sozialpädagogik für Lehrerinnen und Lehrer : [dieser EGS-Titel folgt der reformierten Rechtschreibung] / Arnulf Hopf. – 1. Aufl. – München : Oldenbourg, 1997
(EGS-Texte)
ISBN 3-486-03498-7

Die in diesem Buch verwendete Schreibung und Zeichensetzung entspricht der neuen Regelung nach der Rechtschreibreform.

1. Auflage 1997 01 00 99 98 97

Lektorat: Ralf Stecher
Herstellung: Christa Neukirchinger
Umschlaggestaltung: Gorbach GmbH, Buchendorf
Umschlagkonzeption: Mendell & Oberer, München
Satz: Satz & Repro Grieb, München
Druck- und Bindearbeiten: Wagner GmbH, Nördlingen

ISBN 3-486-**03498**-7

Inhalt

Gewidmet
Günter Olschewski
und seinen
Mitschülerinnen und
Mitschülern

Einleitung

»Was soll ich denn tun, ich bin doch keine Sozialpädagogin!«, sagte die Lehrerin und dachte dabei an ihre 8. Klasse, in der zu arbeiten immer schwerer wurde: Das häufige Zuspätkommen der Schüler, die ständige Anmache der Jungen und Mädchen oder die soziale Taubheit gegenüber sich beschwerenden Kollegen, das waren noch Beispiele von der leichteren Art…

Der Lehrerin war klar, dass sich die Bedingungen, unter denen ihre Schülerinnen und Schüler lebten, im Vergleich zu ihrer eigenen Jugendzeit verändert hatten. Aber was heute so ausschlaggebend sein sollte, die Jugendlichen so unzugänglich gegenüber ihrem Unterricht werden ließ, darüber dachte sie viel nach und suchte vor allem nach einem »Gegenmittel«.

Um die direkte Antwort vorweg zu nehmen: Die Lehrerin sollte tatsächlich *keine* Sozialpädagogin werden.

Es trifft zu, dass die Aufwachsbedingungen sich stetig verändern. Die heute vorherrschenden sozialen und materiellen Lebensverhältnisse und deren Auswirkungen auf die Familien und ihre heranwachsenden Kinder sind vielfach untersucht und geschildert worden (vgl. PREUSS-LAUSITZ U. A., 1983; ROLFF U. A., 1985; FÖLLING-ALBERS/HOPF, 1992; HAUCK/BERTRAM, 1995). Mit den Bezeichnungen *»Pluralisierung der Lebenslagen«* und *»Individualisierung der Lebensstile«* werden dabei die Vervielfachung geltender gesellschaftlicher und sozialer Erscheinungsformen und Werte sowie die »Freisetzung« der Familien und Individuen aus traditionellen Lebensbezügen beschrieben.

Diese Veränderungen der Kindheits- und Erziehungsbedingungen erfordern stets erneut das Nachdenken über den Erziehungsauftrag der Schule (Kapitel 1.1). So bringen, auf die heutige Situation bezogen, die Individualisierung der Lebensstile und Pluralisierung von Werten und Normen mehr »Freiheit« und neue Entwicklungsmöglichkeiten. Aber auch das akute Sozialisationsrisiko des Scheiterns und der Orientierungslosigkeit werden größer, weil Verbindlichkeiten an Wert und überlieferte soziale Bindungen an Familie, Nachbarschaft, Kirchen oder gesellschaftliche Organisationen an Bedeutung verlieren.

In dem Maße, wie aufgrund der sozialen Veränderungen Familien hinsichtlich der Erfüllung notwendiger Erziehungsleistungen überfordert sind, zeigt sich ein wachsendes gesellschaftliches Risikopotentzial. Konkret äußert sich das in der Zunahme familialer und schulischer Erziehungsschwierigkeiten, kindlicher Entwicklungsstörungen, zunehmender Gewaltbereitschaft, Drogenmissbrauch usw.

Derartigen Veränderungen und ihren Folgeproblemen, die täglich auch im Unterricht und im Umgang mit Heranwachsenden beobachtet werden, versucht man heute durch Sozialpädagogik bzw. Sozialarbeit zu begegnen (zu den Unterschieden zwischen Sozialpädagogik und -arbeit vgl. Kapitel 1.3).

War seit Beginn der Industrialisierung die Sozialpädagogik/Sozialarbeit – neben Familie und Schule – der Inbegriff für einen dritten, eigenständigen »Erziehungsraum« (BÄUMER), so scheint heute die Verallgemeinerung der »vergesellschafteten« Erziehungsprobleme zu einer beschleunigten Annäherung von »Jugendfürsorge«/Jugendhilfe und Schule zu führen (vgl. auch Kapitel 2.5).

Dabei entsteht zum einen die Frage, ob und wie sich die Sozialpädagogik dieser neuartigen und für weite Bereiche der Bevölkerung, auch für Mittelschichtfamilien und ihre Heranwachsenden, notwendigen Aufgabe annimmt.

Eine andere Frage richtet sich angesichts der »massenhaften« Sozialisations- und Erziehungsprobleme auf die Qualität der schulischen Erziehung selbst bzw. auf das Aufgabenverständnis und die Handlungsmöglichkeiten, die Lehrer/innen dabei heute wahrnehmen können.

Zur ersten Frage wird hier der Standpunkt vertreten, dass institutionalisierte sozialpädagogische Fachangebote zur Kompensation von Erziehungsdefiziten notwendig und gerechtfertigt sind. Der enorme Ausbau, den die Sozialpädagogik seit etwa 1970 in Deutschland erfuhr, zeigt an, dass ein allgemeiner und sehr großer Bedarf an professionalisiertem sozialpädagogischen Wissen und Können vorhanden ist (Kapitel 1.1). Diese Expansion der Sozialpädagogik und ihrer Arbeitsfelder wird hinsichtlich ihrer Wechselwirkung zur Schule dargestellt (Kapitel 1.2) und ist hier darüber hinaus nicht weiter zu verfolgen.

Wichtiger für Schulen und Lehrkräfte ist im Kontext der beschleunigten Annäherung von Sozialpädagogik und Schule die Frage, welche Erfahrungen nach 25-jähriger »Erprobung« mit der konkreten sozialpädagogischen Installierung der *Schulsozialarbeit an Schulen* gemacht wurden (Kapitel 1.4). Besonders interessiert hier die Problematik der innovativen Kraft und des Veränderungspotenzials der Schulsozialarbeit hinsichtlich des Unterrichtsverständnisses und -verhaltens von Lehrerinnen und Lehrern, d. h., ob und wie die Schulsozialarbeit auf die traditionelle Schule »abfärben« konnte.

Dieses Aufgabenverständnis und Lehrerverhalten betrifft die andere Frage und das Hauptanliegen des Buches: Wenn Lehrerinnen und Lehrer aus den schon genannten und anderen naheliegenden Gründen keine »Sozialpädagogen« werden sollen, ist der Blick dennoch auf eine qualitative Veränderung der Schul- und Unterrichtsarbeit zu richten, die vor allem in einer stärkeren Verschränkung von unterrichtlicher und sozialpädagogischer Kompetenz bei Lehrerinnen und Lehrern, als den Hauptbezugspersonen von Schülern, bestehen müsste.

Denn angesichts der heutigen Sozialisations- und Erziehungsprobleme fehlt es Lehrkräften nicht an didaktisch-methodischer Unterrichtskompetenz, sondern an den notwendigen sozialpädagogischen Kenntnissen und Fähigkeiten, ohne die Schule wohl kaum zum »Lebens- und Erfahrungsraum«

(v. Hentig) und »Haus des Lebens und Lernens« (Internationale Bildungskommission NRW, 1995) werden kann.
Gleich, ob und wann gerade diese renommierten Vorstellungen realisiert sein mögen: Das vorliegende Buch versucht am gegenwärtigen Zustand anzuknüpfen und den zu erweitern. Dazu gehört zuallererst, den Informationsstand an Schulen über den sozialpädagogischen Nachbarn, die *Jugendhilfe*, zu verbessern. Deren Arbeitsgrundlagen und Einrichtungen werden deshalb so weit dargestellt, als sie für Schulen und Lehrkräfte wichtig sein können und es die noch immer kontrovers geführte Diskussion, was eigentlich »sozialpädagogisch« sei, zulässt (Kapitel 1.3).
Mehr von den Strukturen und Arbeitsweisen der Sozialpädagogik und Jugendhilfe zu kennen, ist zum einen eine Voraussetzung, um verständnisvoller zusammenzuarbeiten, was heute unter dem Motto *»verstärkte Kooperation von Jugendhilfe und Schule«* schon in fast allen Bundesländern offiziell gefordert wird (Kapitel 2.5 und 12).
Mehr vom anderen Arbeitsbereich zu kennen, hilft aber auch, den Blick über »positionelle Wahrnehmungsgrenzen« hinaus zu richten und Neues, Entlastendes für die eigene Arbeit als Lehrkraft zu entdecken. Hier kommen zum Beispiel Hilfs- und Beratungsstellen ins Blickfeld. Oder es können sich Vorstellungen von Kindern bzw. Jugendlichen und ihren Lern- und Erfahrungsweisen sowie schul- und sozialpädagogischen Arbeitsprinzipien wohltuend treffen, so dass die schulische Arbeit in gleicher Weise von schulpädagogischen und sozialpädagogischen Anteilen überlappt wird und Kinder nicht als »Schüler« überwiegend unterrichtsschulisch vereinnahmt werden.
Das Buch kann nur einen pragmatischen Schritt tun. Die Informationen, Beispiele und Anregungen aus dem breiten sozialpädagogischen Spektrum der Kinder-, Jugend- und Familienarbeit sollen über die heute noch immer vom Schulbereich strukturell strikt getrennten sozialpädagogischen Möglichkeiten und -prinzipien informieren und konkret zeigen, dass schulpädagogisches Denken und Handeln heute der sozialpädagogischen Ergänzung bedarf. Die Umsetzung der reformierten Rechtschreibung fand auch bei den Zitaten Anwendung, um einen einheitlichen lesefreundlichen Duktus zu schaffen. Wir hoffen, dass diese Maßnahme sowohl bei den betroffenen Verlagen als auch bei den Lesern Zusimmumg findet.

Oldenburg, im August 1997

P. S.: Mein besonderer Dank gilt Frau Dipl.-Soz.-Wiss. Ingrid Brühl, die sich mit viel Umsicht und Geduld des Manuskripts annahm.

Verzeichnis der Tabellen und Grafiken

Verbindungen zwischen Schul- und Sozialpädagogik

Hier werden einzelne, im vorliegenden Buch behandelte Themenbereiche genannt, bei denen es um eine sozialpädagogische Erweiterung gehen soll.

Schulpädagogik	**Sozialpädagogik**
Kenntnisse der geschichtlichen Entwicklung und der einschlägigen Gesetze und Richtlinien zur Kooperation von Jugendhilfe – Schule	KJHG- und KUMI-Aussagen

Schulpädagogisches Kennwort	**Sozialpädagogische Erweiterung**
Betreuungsschulen	Kindergärten und Horte Tagesheimgruppen
Integrationsarbeit	Förder- und Erziehungsschulen interkulturelles Lernen
Jugendschutz	Gesundheitsförderung Prävention Deutscher Kinderschutzbund Sozialhilfe / Armut
Klassen / Klassenlehrer	Gruppenstruktur Strafen Umgang mit Störungen Konfliktbearbeitung mit Schüler
Lehrer als Berater	Erziehungsberatungsstelle Sozialpädagogische Familien Hilfe (SPFH), Beratungslehrer Schulpsychologen
Lehrerausbildung	sozialpädagogisches Praktikum
Öffnung der Schule	sozialpädagogische Öffnung der Schule, Stadtteilkonferenzen Jugendgruppen und -verbände
Schüler-Bild	Bild vom Kind systemisches Denken und Handeln Jungen- und Mädchenerziehung
Schulleben	sozialpädagogische Arbeitsprinzipien Elternarbeit
Unterricht	erweiterter Lernbegriff erweiterter Leistungsbegriff Erlebnispädagogik / Nachtwanderung

1 Wer nicht vom Weg abweicht, bleibt auf der Strecke

In diesem Kapitel geht es um die Sozialpädagogik, ihre gesellschaftliche Anpassungsfähigkeit und um neue Herausforderungen, denen sie heute gemeinsam mit der Schule gegenübersteht. Dann geht es um die »Geburt« der Jugendhilfe als der »hässlichen Schwester« der (Volks-)Schule und wie sie sich getrennt und heute wiedergefunden haben. Schließlich wird die Schulsozialarbeit vorgestellt und gefragt, was sie zur Reform der sie gern vereinnahmenden Schule leistet.

1.1 Über den Bedeutungszuwachs der Sozialpädagogik

Seit den 60er-Jahren expandieren die Sozialpädagogik und ihre Arbeitsfelder.

Heute finden wir Sozialpädagogen in vielfältigen Tätigkeiten: Sozialpädagogen arbeiten in Jugendämtern, in Ehe-, Familien-, Lebens- und Kinderberatungsstellen, in der Jugendgerichtshilfe, in Einrichtungen für Behinderte und in Erziehungsheimen, in Wohnheimen, in Wohngemeinschaften für Kinder- und Jugendgruppen, in Kinder- und Jugendhäusern, in Kindergärten, in Horten und Kindertagesheimen, in Schularbeitszirkeln, auf Kinder- und Jugendfarmen, auf Spielplätzen, in kirchlichen und gewerkschaftlichen Kinder- und Jugendverbänden, in Kulturhäusern und Freizeitstätten und nicht zuletzt in Schulen und Schulsozialarbeits-Teams.

Mit dieser Expansion der Sozialpädagogik hat sie auf gesellschaftlich neu entstandene Problemlagen und Bedürfnisse reagiert.
Es entstand und entsteht immer wieder ein Sozialisationsrisiko für immer mehr auch den bürgerlichen Mittelschichten angehörige Kinder und Jugendliche, denen gegenüber die Sozialpädagogik zur Vorbeugung und Kompensation entsprechende Angebote macht. Sozialpädagogik ist zu einer zentralen wissenschaftlichen Disziplin und bedeutsamen Hilfe zur Sozialisation und Lebensbewältigung von Kindern und Jugendlichen geworden.
Sozialpädagogik gewinnt zunehmend Attraktivität für immer mehr Adressatengruppen, indem sie mit ihren *Prinzipien* (vgl. Kap. 8.3) heute stärker vorhandene Bedürfnisse trifft. Offensichtlich hilft die Sozialpädagogik bei der Ausarbeitung von Lebensentwürfen, indem sie die gegenwärtige Wirklichkeit von Kindern und Jugendlichen als Maßstab und Material nimmt, an dem und durch das die Heranwachsenden ihre Identität entwickeln können

(»zu sich selbst finden können«). Weil dieses Bedürfnis im Prozess der Pluralisierung und Individualisierung heute so schwierig zu finden ist und sich die Schule dieses Themas nur unzureichend annimmt, gewinnt das sozialpädagogische Arbeiten mit Kindern und Jugendlichen in zunehmend mehr Bereichen an Bedeutung.

So finden wir neben den bereits o. g. Arbeitsfeldern auch Sozialpädagogen in der Kulturarbeit, in der Medienarbeit, im Tourismus, im Kinder- und Jugendtheaterbereich, in der Stadtteilarbeit, in anderen sozio-kulturellen Funktionen und auch in der Schule.

Hinzu kommt, dass im Rahmen eines erweiterten Kulturbegriffs, der auch die bis dahin nicht weiter beachtete Alltagskultur der Menschen einbezieht, seit den frühen 70er-Jahren eine sozio-kulturelle »Szene« auch unter Einsatz von Sozialpädagogen auf die gesellschaftlichen Veränderungen, auf die zunehmende Unwirtlichkeit der Städte, auf die immer größer werdenden Einflüsse der Kulturindustrie, auf zerstörte Kommunikationsstrukturen zwischen Nachbarschaftsbereichen und auf die Auswirkungen der technologisch betriebenen Gebietsreformen reagierte.
Die Sozialpädagogik wurde – gesamtgesellschaftlich betrachtet – deshalb so wichtig, weil sie den neuen gesellschaftlichen Entwicklungen gegenüber *kompensieren, vorbeugen* und *innovieren* soll (zum enormen Ausbau der Sozialpädagogik als wissenschaftlicher Disziplin an den Fachhochschulen und Universitäten seit etwa 1970 vgl. KRÜGER/RAUSCHENBACH, 1994).
Von diesem Prozess konnte die *Schulpädagogik* nicht unberührt bleiben. Sie verstand es offensichtlich nicht besonders erfolgreich, sich rechtzeitig auf die neuen Bedingungen und Bedürfnisse der heranwachsenden Generation einzustellen. Die Gründe für die Unzufriedenheit mit der Schule sind deshalb zahlreich und bekannt. Die Schule hat mehr oder weniger verpasst, was Sozialpädagogik und sozio-kulturelle Pädagogik auszeichnet: Eine zeitgemäße Antwort zu finden auf den Übergang von der industriellen Arbeitsgesellschaft zur pluralistischen, dienstleistenden Tätigkeitsgesellschaft (vgl. GORZ, 1989, BECK, 1986).
Enttraditionalisierungsprozesse in fast allen Lebensbereichen haben dazu beigetragen, dass Heranwachsende nicht mehr mit einem ganzheitlichen Erziehungs- und Bildungsprozess rechnen können. Ordnung und Einheitlichkeit, zwei früher hochgehaltene Werte, entfallen heute als Orientierungsmöglichkeit. Jetzt müssen Vielfalt und Selbstentscheidungszwänge als Normalfall anerkannt werden. Die Übersichtlichkeit und der vorhersehbare Ablauf der Lebenssicherung sind zerstört und geben den Blick frei auf die Pluralisierung der Lebensstile, die zwar ein breites Spektrum an Möglichkeiten bieten, Wissen und Fähigkeiten zu erwerben und sozialen oder kulturellen Interes-

sen nachzugehen, die aber andererseits wegen des Fehlens einer verbindlichen Perspektive gleichzeitig ein hohes Risiko für die Heranwachsenden darstellen.

Die Schulpädagogik und die Sozialpädagogik müssen sich daher kritische Fragen gefallen lassen:

1. Bei Auflösung herkömmlicher Normalbiografien von Kindern und ihrer Familien, bei Vermehrung von Optionen auf Lebensmöglichkeiten und der gleichzeitigen Aufhebung gültiger kollektiver Wertmaßstäbe: Welche Haltungen und Verhaltensweisen sind durch Erziehung zu festigen, anzuregen oder zu vermeiden?
2. Wenn Schüler nicht in einer Vorbereitungsphase für ein zukünftiges Leben gesehen werden, sondern bereits als Kinder heute mit akuten Themen und Problemen der alltäglichen Erwachsenenwelt und deren Bewältigung fertig werden müssen, durch Werbung und Massenmedien und zeitliche Verregelungen in komplexen Situationen zu Entscheidungen genötigt werden: Was erfordert das gegenüber der traditionellen »Erziehung«?
3. Wenn das Fehlen von verbindlichen Werten und Normen in Verbindung mit der Pluralisierung der Lebensverhältnisse, mit den Entscheidungszwängen bei zunehmend frei verfügbarer Zeit (Kap. 1.2) Chancen und Risiken enthält: Durch welche sinnstiftende Bildungs- und Erziehungsarbeit ist einer Orientierungskrise zu begegnen bzw. vorzubeugen?

zu 1. Individuelle »Herstellung« von Normalbiografien

Erziehung setzt ein Verständnis von Normalität voraus, auf das sie sich mit ihren Zielen und Maßnahmen beziehen kann. In der Vergangenheit ergaben sich die Normalitätsmaßstäbe aus einer spezifischen Ordnung und Übersichtlichkeit des Lebenslaufs und den erwarteten gesellschaftlichen Mustern, nach denen Heranwachsende ihr Leben führen konnten. Dazu gehörte z. B. die klassische Phaseneinteilung des Lebenslaufs in: Kindheit – Jugend – Erwachsenenleben – Ruhestand, die dem Einzelnen jeweils unterschiedliche, aber überschaubare Pflichten und Rechte vorgab. An ihnen konnte man sich orientieren und gleichzeitig einen Orientierungsrahmen für eine gelingende Erziehung bereitstellen. Über die damit durch Erziehung vermittelten Standards schien die Zukunft sowohl antizipierbar als auch planbar. Eine gute schulische Vorbereitung und Qualifikation in der Jugend versprach gute berufliche und soziale Chancen im Erwachsenenleben, wo anschließend durch ein solides Berufsleben der wohlverdiente Ruhestand folgen sollte, die Arbeit in Familie und Haushalt durch die Versorgungsgemeinschaft der Ehe gesichert wurde usw.
ULRICH BECK (1986) hat gezeigt, dass diese übersichtlichen Ordnungen einer Normalbiografie heute schwinden und aufgelöst werden – gewollt oder

ungewollt: Viele mögliche Arten, sein Leben zu organisieren, sind zumindest partiell eine soziale Realität geworden. Insofern handelt es sich um eine »Pluralisierung der Lebenslagen«. Sofern Ziele und Wege dabei weniger verbindlich und verlässlich vorgegeben sind, sondern vergleichsweise stärker individuell ausgearbeitet, erprobt und verantwortet werden müssen, können wir von einer »Individualisierung der Lebensführung« sprechen (vgl. BECK, 1986).

Es liegt auf der Hand, dass damit auch die Orientierungspunkte und Maßstäbe von Erziehung in der Schule vieldeutig geworden sind. Auf welche Vorstellungen einer gelingenden Biografie hin soll erzogen, auf welche Lebensstile vorbereitet werden? Lassen sich schulische Erziehungsvorstellungen noch für alle Bevölkerungsgruppen verbindlich machen?

Oder lässt sich angesichts der Veränderungen in den Lebensvorstellungen und -zielen z. B. von Mädchen jene »Normalität« der weiblichen Biografie noch unterstellen, die ihr Zentrum in der Mutterschaft hat? Muss man heute nicht mit einer Vielzahl unterschiedlicher Orientierungen auch in der Schule rechnen, die sich einer einfachen Unterscheidung in »normal« oder »gelingend«, »abweichend« oder »problematisch« entziehen? Schon längst ist die sogenannte »Normalfamilie«, in der die Mutter sich nur um die Kinder kümmert, nicht mehr grundsätzlich »unproblematisch« zu nennen und die davon »abweichende« Familienform, wie z. B. die Ein-Elternteil-Familie, »problematisch«. Wird das von Lehrerinnen und Lehrern auch so gesehen?

Zu 2.:Alltägliche Lebensbewältigung

Seit den 60er-Jahren sind herkömmliche Vorstellungen über Entwicklungsphasen von Kindern, von »angeboren« und »begabt machen« stark in Frage gestellt worden. Mitverursacht durch den Ausbau des Bildungswesens, die Institutionalisierung frühkindlicher Erziehung, die Verlängerung der Schulzeit, aber auch bedingt durch den sozialen und kulturellen Wandel in den Familien und den Lebenswelten von Kindern, haben sich die subjektive Wahrnehmung von kindlichen Bedürfnissen und die Bewältigung alltäglicher Situationen einschneidend verändert (PREUSS-LAUSITZ u. a., 1990; NAUCK u. a., 1995). Kinder verfügen beispielsweise schon über beträchtliches Taschengeld, über Informationen zum Freizeitkonsum usw., sollen aber dennoch die Freizügigkeit nicht erhalten, um sich vorhandene Wünsche tatsächlich zu erfüllen. Alltägliche Verzichtleistungen werden in den Familien nur widerspruchsvoll begründet, in »Verhandlungsbeziehungen« zwischen Eltern und Kindern sind Grenzziehungen schwer geworden. Es fehlt an verbindlichen Grenzziehungen, die für alle einsichtig und sinnvoll scheinen. Schüler haben außerdem heute bereits ihre eigenen sozialen Probleme, die familiär oft nicht und in der Schule oft noch weniger ausreichend gelöst werden können. Heranwachsende verfügen auch frühzeitig über Fähigkeiten wie zeitliche Kontrolle und Verhandlungsgeschick. Situationen und

Bedürfnisbefriedigung gegenüber Freunden und Eltern werden ausgehandelt. Doch entstehende Interessensunterschiede machen darauf aufmerksam, dass Versuche, eine »eigene Biografie zu entwerfen« und durchzusetzen, konflikthaft verlaufen. Diese selbst auszuhaltenden Verunsicherungen begegnen Kindern und Jugendlichen besonders stark im identitätsbildenden Freizeit- und Konsumbereich, sowie in Peer-Gruppen vor, während und auch nach der Pubertät.
Schülerinnen und Schüler erwarten daher von der Schule auch Hilfen zur alltäglichen Lebensbewältigung, zur Bestimmung des Angenommenseins bei anderen, zum Verhalten in gleichaltrigen oder geschlechtsbezogenen Gruppen. Die Entdeckung und Festigung der persönlichen Identität von Schülerinnen und Schülern durch Hilfen zur alltäglichen Lebensbewältigung gehören heute zu den Beziehungsleistungen, die, da von der Familie nicht mehr hinreichend geleistet, im Prinzip von keiner anderen Institution als der Schule Unterstützung erfahren können. Von der Schule wird daher verlangt, nicht allein Unterrichtsstätte, sondern zugleich auch Lebens- und Erfahrungsort zu werden (vgl. hierzu die einzelnen Ländergesetze zur Grundschule, u. a. Richtlinien NRW 1985, S. 10, Grundschulerlass Niedersachsen 1981, S. 113).

Zu 3.:Orientierungskrisen

Für die heute von Kindern und Jugendlichen zu erbringenden Entscheidungen über Normen, Verhaltensweisen, Konsumwünsche, Freizeitangebote, Bildungs- und Förderungswege stehen immer weniger oder keine kulturell verbindlich tradierten Entscheidungshilfen bereit. Da die Elternhäuser selber diesen Verunsicherungen unterliegen und andere Sozialisationsinstanzen (Kirchen) hier nur marginale oder außerordentlich widersprüchliche (Medien) Einflüsse beitragen, wird deshalb von der Schule erwartet, Synthetisierungsleistungen zu erbringen. Zu synthetisieren sind hergebrachte, aktuelle und zukunftsbezogene Anforderungen, die sich auf die ganze Person richten. Was diesen Prozess der Identitätsentwicklung heute so schwierig macht, sind die fragmentierten und oft desintegrierten Erfahrungen, die den Kindern und Jugendlichen aufgezwungen werden. Diese oft widersprüchlichen Erfahrungen unter einen Hut zu bringen, ermöglicht Heranwachsenden erst, »mit sich und der Welt« in Einklang zu bleiben, Selbstbewusstsein zu entwickeln. Synthetisierungsleistungen befähigen zur Selbsterfahrung ebenso wie zur Standortfindung und zur Auseinandersetzung mit den vielfältigen Möglichkeiten sinnvollen Lebens. Dass diese Synthetisierung nicht immer gelingt, zeigt die »Identitätsdiffusion« in Gestalt von allerlei Flucht- und Zerfallszuständen, wie z. B. Drogenmissbrauch, Gewalt gegen Ausländer usw.

Vor diesem veränderten Horizont gesellschaftlicher Anforderungen heutiger Schülerinnen und Schüler treffen Schule und Sozialpädagogik auf *dieselben*

Adressaten und weitergehend *übereinstimmende Erziehungsaufgaben.* Schulpädagogik und Sozialpädagogik sind nicht mehr länger Widersprüche, sondern bedingen sich gegenseitig.
Zielsetzungen und Aufgaben von Sozialpädagogik und Schulpädagogik haben stets dort Übereinstimmung erreicht, wo es um die Förderung der Entwicklung von jungen Menschen geht und deren Befähigung zur Selbstbestimmung. Übereinstimmend nennen Schulgesetze fast aller Bundesländer und das *Kinder- und Jugendhilfegesetz* (vgl. Kap. 3) die Aufgaben, Anregung und Hinführung zu gesellschaftlicher Mitverantwortung und zu einem Sozialengagement zu geben und die aktive Mitwirkung von Kindern und Jugendlichen an der Gestaltung ihrer Lebenswelt zu fördern.
Ebenfalls tendenziell gleichlautend soll Schule und Jugendarbeit sich an der Chancengleichheit der Geschlechter, am Abbau von Vorurteilen und am Ausgleich sozialer Benachteiligungen orientieren. Die Förderung der schulischen und beruflichen Ausbildung, der Eingliederung in die Arbeitswelt, die Förderung der Sozialintegration und die Überwindung individueller Beeinträchtigungen kennzeichnen sowohl sozialpädagogische Kinder- und Jugendarbeit als auch Zielsetzung und Aufgaben der Regelschule.
Nimmt man noch Schul- und Jugendschutzabsichten hinzu, dass junge Menschen befähigt werden, sich vor gefährdenden Einflüssen zu schützen, sich gesund, kritikfähig, entscheidungsfähig, eigenverantwortlich und sozialverantwortlich zu entwickeln, kann von einer *institutionsübergreifenden pädagogischen Neuorientierung* gesprochen werden, für die kennzeichnend ist, dass die enge Grenzziehung zwischen den Disziplinen zunehmend der Aufgabe weicht, auch in Schulen bewusst zu erziehen, ganzheitlich zu fördern, Schwächen im Sozialverhalten zu beheben, sich dem Umfeld zu öffnen und Kontakte zu außerschulischen Lebens- und Lernräumen herzustellen, die den heutigen sehr unterschiedlichen Lebenswelten der Schülerinnen und Schüler verstärkt Rechnung tragen (vgl. Kap. 5 und 8.3).
Obwohl Schulpädagogik und Sozialpädagogik damit dieselben Adressaten und das gleichlautende Ziel bekommen haben, Kinder und Jugendliche zu mündigen und kompetenten Mitgestaltern ihres Lebens und unserer Gesellschaft zu machen, stehen beide Bereiche nach wie vor in einer spürbaren *Konkurrenzbeziehung.* Die Schule scheint darin jedoch um so mehr ins Hintertreffen zu geraten, je weniger sie von der Sozialpädagogik, ihrem Menschenbild und ihrer Arbeitsweise Kenntnis nimmt.

1.2 Zur Geschichte der Trennung von Sozialpädagogik und Schule

Über Jahrhunderte waren heranwachsende Kinder in Großfamilien integriert. Sie wuchsen im »ganzen Haus« auf und lernten fast beiläufig alle lebensnotwendigen Fähigkeiten und Fertigkeiten. »*Die naturwüchsige Arbeitsteilung innerhalb der bäuerlichen bzw. kleinbürgerlichen Familie wies auch dem Kind seinen bestimmten Anteil an der produktiven Arbeit zu. Von der Mutter lernte das Mädchen halb spielend alle für die Hauswirtschaft notwendigen Fertigkeiten, einschließlich des Spinnens und Webens, der Seifen- und Lichtbereitung, der Kleintierzucht, des Einpökelns, Konservierens usw. Vom Vater übernahm der Knabe die Kenntnisse und Fertigkeiten eines bestimmten Berufs oder wurde zu diesem Zwecke später einer befreundeten Familie als Lehrling eingegliedert. Erziehung war in dieser Epoche keine Wissenschaft, keine Kunst, sondern in erster Linie Gewöhnung*« (HOERNLE, 1969, S. 41).

Das änderte sich, als im aufkommenden Industriezeitalter die Erziehung der Kinder und die Ausbildung der Jugendlichen in einen selbstständigen, institutionell von der Familie abgetrennten Schul- und Ausbildungsbereich verlagert wurden. Je arbeitsteiliger die Produktionsprozesse sich von nun an gestalteten, um so komplizierter und anspruchsvoller wurden Erziehung und Ausbildung, um die erforderlichen Fähigkeiten, Fertigkeiten und Einstellungen auszubilden. Als *zentrale Qualifikationsstelle* setzte sich das *allgemeinbildende Schulwesen* durch.
Was sich so glatt liest, war aber gekennzeichnet von familiären Krisen und Elend in fast allen nun entstandenen gesellschaftlichen Bereichen. Die Lebensbedingungen, einschließlich Wohnungsmangel, Armut, Erwerbslosigkeit und Krankheit waren bestimmt von der zunehmenden Vergesellschaftung fast aller Beziehungen im kapitalistisch organisierten Industriezeitalter. Waren die Familien geprägt durch lohnausbeuterische Arbeitsverhältnisse, die einen zehn- und mehrstündigen Arbeitstag für alle Familienangehörigen erzwangen, so waren für die Heranwachsenden bald alle bisherigen Integrationsprozesse außer Kraft gesetzt.
Im »Dschungel der Städte« standen Kinder und Jugendliche unbeaufsichtigt oder als billige, lohndrückende Arbeitskräfte in einer zunehmend akuter werdenden Gefahr, dauerhaft geschädigt zu werden und zu verwahrlosen.

Dies war die Geburtsstunde staatlicher und privater Sozialfürsorge. Aber staatlich organisierte Erziehung und Fürsorge war schon damals nicht in der Lage, die nicht mehr ausreichende familiale und karitativ betriebene Erziehung und Ausbildung zu gewährleisten. In zahlreichen Aktivitäten (FALK, WICHERN, KOLPING u. a.) wurde nun versucht, die »soziale Frage« wenn nicht zu lösen, so doch zu mildern. Um 1920 hatte sich mit der *Jugendpflege und Jugendfürsorge* ein »dritter Erziehungsraum« neben Familie und Schule deutlich konturiert, der 1924 im Reichsjugendwohlfahrtsgesetz erstmals festgeschrieben wurde.

Jugendpflege (für nicht straffällige und nicht »verwahrloste« Jugendliche) und Jugendfürsorge werden gemeinsam als *Jugendwohlfahrt* (Reichsjugendwohlfahrtsgesetz – RJWG –, 1924) und später als *Jugendhilfe* (Jugendhilfegesetz – JHG –, 1961) bezeichnet.
Die sozialpädagogische Arbeit der Jugendhilfe setzte also spät und immer dort an, wo augenscheinlich die gesellschaftliche und erzieherische Integrationsleistung der dafür bislang zuständigen Institutionen, der Familie und der Schule, nicht mehr ausreichte.
»Etwas vereinfacht könnte man sagen, dass sich die Schule von oben nach unten sozialisierte, also von den Privilegierten zu den Unterprivilegierten, bei den sozialpädagogischen Maßnahmen verlief die Entwicklung umgekehrt« (GIESEKE, 1973, S. 127).

Eine neue Qualität bekam dieser Vorgang allerdings mit der Festschreibung der Jugendhilfe neben den Belangen der Schule im Jahre 1924: *Jugendhilfe*, früher Jugendwohlfahrt genannt, und *Schule* waren separate Politikfelder geworden.
»Sozialpädagogik bedeutet hier den Inbegriff der gesellschaftlichen und staatlichen Erziehungsfürsorge, sofern sie außerhalb der Schule liegt« (BÄUMER, 1965).
Bis heute sind es vor allem die Kirchen, private Organisationen und Verbänden (vgl. Kap. 2) geblieben, die als Träger der Jugendwohlfahrt die Entwicklung gegenüber der staatlichen bzw. kommunalen Wohlfahrt entscheidend mitbestimmen. Die dabei auftretenden Interessenskonstellationen, Machtbeziehungen und Verfahrensweisen haben dazu beigetragen, dass heute die *Schulpolitik* und die *Sozialpolitik* kaum noch in einem wünschenswerten Wechselverhältnis miteinander agieren. So konnte zu Beginn der Bildungsreform in den 70er-Jahren dieser Zustand von GÜNTHER BITTNER nur so zusammengefasst werden: »Schulpädagogik und Sozialpädagogik wissen nichts voneinander. Und noch schlimmer als das; sie stehen einander vielfach mit Reserve, ja mit Misstrauen gegenüber« (BITTNER, 1970, S. 11).

Sozialpädagogik und Schule: Ihre tendenzielle Wiederannäherung

Im Zuge der Ausdifferenzierung aller wesentlichen Lebensbereiche, wie Familien-, Freizeit-, Konsum-, Bildungs- und Arbeitsbereich weist die Jugendwohlfahrt, heute Jugendhilfe benannt, nicht mehr die vor allem ord-

nungspolitischen Ausprägungen früherer Jahrzehnte auf. Vielmehr haben allgemeine Funktionen der öffentlichen Erziehung als Sozialisationshilfen für Kinder und ihre Familien in den Trägern der Jugendhilfe einen festen Platz gefunden. Da stehen sie heute neben der von der Schule organisierten öffentlichen Erziehung und Bildung. Jugendhilfe und Sozialpädagogik erfuhren hierbei einen bereits in Kapitel 1.1 beschriebenen immensen Aufschwung, der sich praktisch in der Zunahme sozialer Berufe und theoretisch in der Ausdifferenzierung der Erziehungswissenschaften nachweisen lässt (vgl. RAUSCHENBACH, 1992, S. 385 ff.).
Dass die Jugendhilfe und hier besonders Kinder- und Jugendarbeit in diesem Entwicklungsprozess zunehmend in die sozialstaatliche Angebotspalette einbezogen wurde, weist auf die *Funktionserweiterung des öffentlichen Erziehungs- und Bildungssystems* hin. Hatte die Sozialpädagogik im Industriezeitalter vorwiegend die Herausgefallenen und »Abweichler« als Randgruppen zu versorgen bzw. zu verwahren, kommen heute, im sozialstaatlich organisierten Informations- und Dienstleistungszeitalter, veränderte Aufgaben auf sie zu (vgl u. a. Kap. 4 zum gestiegenen Betreuungsbedarf).
Da sich diese Gesellschaft pluralisiert, gleichzeitig wichtige soziale Stützen und Traditionen weggebrochen sind (vgl. Kap. 1) und die Kleinfamilie aber darauf nur eine unzureichende Antwort geben kann, wird die Sozialpädagogik bzw. Kinder- und Jugendhilfe gemeinsam mit der Schule zentrale Erziehungsaufgaben für die Heranwachsenden *aller* Bevölkerungsschichten und Milieus übernehmen müssen. Schon weisen die Rahmenrichtlinien und Bildungspläne vieler Bundesländer aus, dass jetzt auch die Schule bedeutsame Hilfen bei der Sozialisation und Lebensbewältigung aller Kinder und Jugendlichen zu geben habe: »In der Hauptschule werden die Lehrerinnen und Lehrer über das fachliche Angebot hinaus ganz besonders als Erzieherinnen und Erzieher gefordert ... Die Schülerinnen und Schüler können von den Lehrerinnen und Lehrern erwarten, dass diese bereit sind, sie in ihrer gesamten Persönlichkeit anzunehmen und ihnen im umfassenden Sinn Lebenshilfe zu geben« (Bildungsplan für die Hauptschule in Baden-Württemberg, 1995).

Faktisch kann heute vor allem dort von einer Wiederannäherung der Sozialpädagogik und der Schule die Rede sein, wo Schulen an Ideen und Handlungsformen der pädagogischen Reformbewegung (etwa von 1900 bis 1932) anknüpfen. Mit der Einheitsschul-, Kunsterziehungs-, Landerziehungsheim- und Jugendbewegung verbinden sich zum Beispiel Themen, die auch als »*sozialpädagogische Bewegung*« (RÖHRS) zusammengefasst und heute (wieder) aktuell werden, wie neben anderem die Orientierung vom Kinde aus (vgl. Kap. 7), das dialogische Erziehungsverständnis, das Klassenlehrerprinzip (vgl. Kap. 11), die Freiarbeit und der Gruppenunterricht oder die Öffnung der Schule (vgl. Kap. 5) und die Erlebnispädagogik (vgl. Kap. 9).

1.3 Zum Begriff der Sozialpädagogik

Ohne bereits eine verbindliche und endgültige Abgrenzung liefern zu können, soll zwischen sozialer Arbeit und sozialpädagogischer Arbeit unterschieden werden. *Sozialarbeit* wird als Kennzeichnung aller Tätigkeiten in organisierten Diensten und Einrichtungen verstanden, die der Verwirklichung sozialer Aufgaben dienen. Sie umfasst die unmittelbare Arbeit mit Menschen in der Form fachgerechter, persönlicher und stützender Dienstleistungen (vgl. DV 1980). Hierzu zählen auch die erforderlichen administrativen Arbeiten in Ämtern durch Gewährung von Geld- und Sachleistungen, durch gesetzliche Schutzmaßnahmen sowie durch die Bereitstellung von Hilfen in Form von Einrichtungen oder Sachmitteln. Die soziale Arbeit steht in enger Verflechtung mit anderen Tätigkeitsbereichen. Sie durchdringt das Erziehungswesen, das Bildungs-, das Rechtspflege- und Gesundheitswesen und erfährt in unserer Gesellschaft immer mehr Nachfrage.

Sozialarbeit in diesem Verständnis möchte also Hilfe leisten zur Bewältigung z. B. psychosozialer Schwierigkeiten, bei Menschen in Not und Konfliktsituationen. Sie will die Eigenkräfte des Klienten aktivieren und ist somit vor allem Hilfe zur Selbsthilfe, Prävention und Rehabilitation. Grundlage ist ihr gesellschaftswissenschaftlicher Ansatz.

Dies wird besonders deutlich, wenn sich Sozialarbeit heute als kritische gesellschaftliche Aufgabe im umfassenden Sinn versteht und die Ursachen der einzelnen Not oder Lebensschwierigkeit in Erscheinungsformen der Gesellschaft gesehen werden. Sozialarbeit in diesem Sinn ist somit meist mit einem gesellschaftskritischen Akzent versehen und versucht durch stärker sozialpolitisches Handeln Ressourcen zu erschließen und Bedingungen zu beeinflussen, sei es durch stellvertretende Wahrnehmung von Rechten, durch Schaffung von Wohnraum, Therapieplätzen usw.

Soweit Sozialarbeit auf die Erziehung und *Sozialisation von Kindern und Jugendlichen* bezogen ist, hat sie eine spezifische *sozialpädagogische* Zielsetzung. *Sozialpädagogische Arbeit* versteht sich nach dem bisher Gesagten heute keineswegs nur als Hilfe für erziehungsgefährdete und erziehungsgeschädigte Heranwachsende. Sie will und muss weit darüber hinausgreifend eine Interventionsmöglichkeit im Sozialisationsprozess tendenziell aller jungen Menschen sein, damit mögliche Erziehungs- und Sozialisationskonflikte vermieden oder überwunden werden können. Denn vor diesen Schwierigkeiten stehen heute Kinder und Jugendliche sowohl in Familien wie auch in der Schule oder in Beruf und Arbeitswelt (vgl. Kap. 1).

Die verwirrende und auch widersprüchliche Verwendung des Begriffs »Sozialpädagogik« macht die nachfolgende Sammlung von Definitionsversuchen deutlich:

Tab. 1: Verschiedene Definitionen von Sozialpädagogik

»Sozialpädagogik meint Praxis und Theorie primär erzieherischer subsidiärer Maßnahmen zur Integration von Gefährdeten, Benachteiligten oder sozial auffälligen Heranwachsenden in die jeweilige Gesellschaft.« (WOLF, 1977, S. 11)

»Mit Sozialpädagogik werden zunächst bestimmte Erziehungsfelder bezeichnet, die ursprünglich als Antwort auf pädagogische Notlagen der industriellen Gesellschaft entstanden sind. Diese Erziehungsfelder selbst sind äußerst heterogen und lassen sich nicht durch systematische Merkmale, sondern nur durch eine Aufzählung definieren: Jugend- und Familienfürsorge, Heimerziehung, Jugendgerichtshilfe, Jugendschutz, Jugendpflege, Erziehungsberatung, außerschulische Jugendbildung. Darüber hinaus werden mit Sozialpädagogik alle Versuche zur Reflexion, Modell- und Theoriebildung bezeichnet, die von diesen Praxisfeldern ausgehen bzw. sich auf sie beziehen.« (TILLMANN, 1976, S. 44 f.)

»Sozialpädagogik hat die genuine Aufgabe der Sicherung, Wiederherstellung von Subjektivität, mithin den Individuen solche Handlungsmöglichkeiten zu eröffnen, die ihnen eine Kontrolle über die eigenen Lebensmöglichkeiten erlauben.« (WINKLER, 1992, S. 72)

»Sozialpädagogisches Handeln ist nicht nur darauf gerichtet, in Lebensschwierigkeiten befindlichen und mit Integrationsproblemen belasteten Kindern das Durchkommen zu ermöglichen, sie zu stabilisieren und ihr soziales Abgleiten zu verhindern. Dies bezeichnen wir als *einfache* Dimension der erzieherischen Hilfe zur Lebensbewältigung. Darüber hinaus soll die Sozialpädagogik Kindern und Jugendlichen auch Fähigkeiten und Kompetenzen vermitteln, mit denen sie ihre Orientierungshorizonte und Handlungsrepertoires sozial und kulturell erweitern und sich aktiv am gesellschaftlichen Leben beteiligen können.« (BÖHNISCH, 1992, S. 12)

»Sozialpädagogik meint die Pädagogik, sofern sie den Menschen als Glied der Gemeinschaft betrachtet und dementsprechend die sozialen Ziele und Maßnahmen in den Vordergrund stellt, im Unterschied zur Individualpädagogik.« (Der große Brockhaus, 1957, Bd. 11, S. 53)

»Sozialpädagogik ist der Inbegriff einer Gruppe von neuen pädagogischen Maßnahmen und Einrichtungen als Antwort auf typische Probleme der modernen Gesellschaft.« (MOLLENHAUER, 1993)

Wie die Definitionsversuche von Sozialpädagogik zeigen, sind die Schwierigkeiten der Begriffsklärung zweifellos in den unterschiedlichen Bedeutungen von »sozial« mitbegründet: «Sozial« als gesellschaftlich, zwischenmenschlich, wohltätig, gesellschaftskonform?
Eine andere Schwierigkeit besteht weiterhin in der Gegenstandsbestimmung und der Abgrenzung. Hier reicht die Bandbreite von der *Sozialpädagogik* als *Nothilfe* (Definition WOLFF), über *bestimmte Erziehungsfelder* (Definition TILLMANN), der *Wiederherstellung von Handlungsmöglichkeiten* (Definiton WINKLER) bis zu »Sozialpädagogik« als *pädagogische Antwort auf typische Fragen der modernen Gesellschaft* (Definition MOLLENHAUER) und *»Gegenstück« zur Individualpädagogik* (Definition Brockhaus 1957).
Auch in unserem Zusammenhang bleibt die weithin uneinheitliche Verwendung und Mehrdeutigkeit des Begriffs erhalten.

1.4 Zur Situation und Kritik der Schulsozialarbeit

Einen deutlichen Ausdruck der beschriebenen Verhältnisse findet man, wenn man sich die Geschichte und die gegenwärtige Situation der Schulsozialarbeit ansieht.

Schulsozialarbeit ist eine Arbeitsform der Jugendhilfe, besser: Sie soll als Brücke zwischen Schule und Jugendhilfe wirken. Schulsozialarbeit ist relativ jung: Ende der 60er-Jahre war die pädagogische Landschaft noch durch eine strikte Grenzziehung zwischen Schule und Jugendhilfe gekennzeichnet. Vor allem in den nachfolgend eingerichteten Gesamtschulen sollte Schulsozialarbeit sich präventiv, helfend und kriseninterventierend an alle Schülerinnen und Schüler und deren Lehrerinnen und Lehrer richten.

Schulsozialarbeit, soweit sie an Schulen – vor allem in den Stadtstaaten und in großen Schulen fast aller Bundesländer – vorhanden ist, sieht sehr unterschiedlich aus, wird von sehr verschiedenen Trägern unterhalten und arbeitet mit eigenen methodischen Ansätzen (vgl. RAAB u. a., 1987; WULFERS, 1991).

1. *Allgemeine Ziele und Aufgaben der Schulsozialarbeit*

- Schulsozialarbeit will mit ihrer Arbeit die Entstehung von Verhaltensabweichungen im schulischen Bereich verhindern helfen,
- die soziale Kompetenz von Kindern und Jugendlichen durch gezielte Aktionen und Angebote fördern,
- zwischen der außerschulischen Jugendarbeit, der offenen Jugendarbeit einerseits und der verwalteten Schule andererseits vermitteln,

- in Absprache mit den Lehrerinnen und Lehrern Schüler/innen oder Schülergruppen betreuen oder
- Eltern von benachteiligten, sozial auffälligen oder behinderten Schülern bei Bedarf auf vorhandene Hilfs- und Unterstützungsmaßnahmen aufmerksam machen.

Auf keinen Fall wollen sich Schulsozialarbeiter lediglich auf die typischen Hilfslehreraufgaben wie Pausenaufsicht oder Unterrichtsvertretungen beschränken, sondern in einem eigenständigen Arbeitsbereich mit konkret ausformulierten Aufgaben ein eigenes Profil zeigen.

Je nach örtlichen und schulspezifischen Bedingungen sind verschiedene Schwerpunktsetzungen anzutreffen:

a) Schulsozialarbeit im unterrichtlichen Bereich als Kooperation mit Lehrerinnen und Lehrern;
b) Schulsozialarbeit im außerunterrichtlichen Freizeitbereich;
c) Schulsozialarbeit im außerschulischen Bereich.

Tab. 2: Einsatzbereiche der Schulsozialarbeit

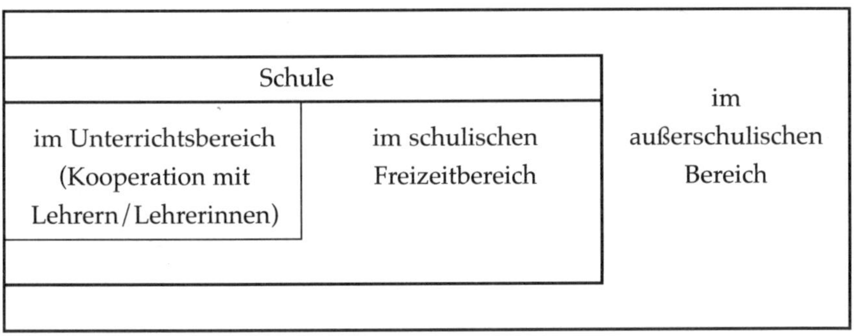

Darüber hinaus sind Differenzierungen anzutreffen, die z. B. klassen- und jahrgangsbezogene Arbeit in einer Beschränkung auf Übergangsklassen bzw. neu zusammengesetzte Lerngruppen aufnehmen.

2. *Träger von Schulsozialarbeit*

In allen Schulen mit Schulsozialarbeit hat sich gezeigt, dass die institutionelle Einbindung der Schulsozialarbeit von großer Bedeutung für ihre Handlungsfähigkeit ist. Begründet mit dem Kinder- und Jugendhilfegesetz (§ 3), dass von einem breiten Spektrum *»an Trägern unterschiedlicher Wertorientierungen und Vielfalt von Inhalten, Methoden und Arbeitsformen«* auszugehen sei, hat Schulsozialarbeit ganz verschiedene Rahmenbedingungen erhalten.

Die Form der Anstellung von Mitarbeitern, die Sachmittelvergabe, die Art der Anbindung an die Schule und / oder an einen Träger der freien Jugendhilfe – dies wirkt sich auf die konzeptionelle, materielle und organisatorische Arbeit aus.

Die bekanntesten Modelle sehen vor, dass

a) eine Schule sich an einen *Träger der freien Jugendhilfe* wendet:
   - einen etablierten Wohlfahrtsverband (Arbeiterwohlfahrt, Deutscher Paritätischer Wohlfahrtsverband, Diakonisches Werk, Deutscher Caritas-Verband u.a.) oder
   - an einen Jugendverband (Pfadfinder, Gewerkschaftsjugend, Katholische Jugend u. a.)
   - oder durch einen speziellen Träger ein Verein zur Durchführung der Schulsozialarbeit gegründet wird;

b) eine *Schule selber als Träger* der Schulsozialarbeit auftritt. Dienst- und Fachaufsicht liegen bei der Schulbehörde;

c) eine *öffentliche Behörde* als Träger eingesetzt wird (kommunale Träger, z. B. Jugendamt).

Während konfessionelle Träger ihre Ziele jeweils auch in die Schulsozialarbeit werden einbringen wollen, haben Schulen als Träger gezeigt, dass die sozialpädagogischen Fachkräfte von den Schulleitungen »geschluckt« werden können und sich den ggfs. eng verstandenen schulischen Aufgabenbestimmungen unterordnen müssen (schulische Ordnungsmaßnahmen, Stundenvertretungen, soziale »Feuerwehrdienste« usw.) Als günstige Möglichkeit hat sich eine Trägerschaft durch das Jugendamt erwiesen, das auch in anderen Fragen bekanntlich bereits mit jeder Schule kooperiert.

3. *Arbeitsformen der Schulsozialarbeit*

Nach Durchsicht der gesamten bundesrepublikanischen Schulsozialarbeit unterscheidet WULFERS zehn spezifische Arbeitsformen der Schulsozialarbeit:

1. Durchführung von Spiel- und Freizeitaktionen
2. Beratung, auch von Eltern und Lehrern
3. berufliche Übergangshilfen und Arbeitsfindungshilfen
4. Fort- und Weiterbildung, auch zusammen mit Lehrern
5. Gruppenarbeit zum Abbau von Sozial- und Lerndefiziten bei Schülern
6. Hausaufgabengruppen, die faktisch als »Eckpfeiler der Schulsozialarbeit« gelten
7. Konferenz- und Planungsarbeit, besonders hinsichtlich des Schullebens

8. Mitarbeit im Unterricht
9. Pausen- und Schülertreffs, Betreuung und Gestaltung
10. Supervision in Teamgruppensitzungen (WULFERS, 1994).

»Vorurteile«

gesammelt bei Schulsozialarbeitern und Lehrern

Lehrer/innen sagten z. B.:

Sie nehmen einem die letzte pädagogische Butter vom Brot.

Die sind für uns das personifizierte schlechte pädagogische Gewissen.

Durch die Schulsozialarbeit werden schulische Konflikte erst hochgespielt.

Jetzt muss ich nur noch den nackten Unterrichtsstoff eingeben.

Durch die Schulsozialarbeit wird der Gegensatz von Schülern und Lehrer gezielt offengelegt und der Widerstand gegen die Schule geschürt.

Wenn die noch nicht einmal einen richtigen Universitätsabschluss haben, wie sollen die uns helfen können.

Schulsozialarbeiter/innen sagten z. B.:

Lehrer/innen sind nicht selbstbewusster als wir, sondern einfach nur arroganter.

Die wollen uns nur mit Hilfslehrer-Funktionen eindecken.

Wir sollen die Auffangvorrichtung für ausfallenden Unterricht sein oder nur die Feuerwehrfunktion für Krisenfälle übernehmen.

Schwierige Schüler/innen werden an uns delegiert, damit wir sie »runderneuert« zurückgeben und sie wieder im kaputt machenden Unterricht integriert werden können.

Schule Durch- und Erleben bedeutet mannigfaltige Schulängste aufzuschichten.

Wenn die Lehrer/innen bessere Arbeit leisten, bedarf es keiner Schulsozialarbeit.

Die Arbeit der Lehrer/innen beschränkt sich auf die Organisation von Stundeneinheiten und die Zurichtung von Schülern/Schülerinnen via Selektion und Anpassung.

Lehrer/innen haben bereits ihre Kündigung vollzogen und ihr Interesse liegt ausschließlich auf einer Vergrößerung ihrer individuellen Freizeitgestaltung.
Lehrer/innen sehen die Schüler/innen nur als Befehls- und Wissensempfänger.

(Aus: WULFERS, Hassliebe oder was? Päd. Extra, 1994, Heft 5, S. 13)

Eine solch fragwürdige und noch immer aktuelle Situation soll deshalb auf drei analytisch getrennten Ebenen thesenartig kritisiert werden.

Auf der *pädagogischen Ebene* muss eine in Unterrichtsbereich (= Lehrer) und Sozialerziehungsbereich (= Sozialpädagoge) zweigeteilte Schule die Einheit von Unterricht und Erziehung zerstören. Eine ganzheitliche, identitätsbildende und harmonische Persönlichkeitsentwicklung kann dadurch gestört werden. Sind nämlich »Unterricht« und »Erziehen« nicht gleichgewichtet integriert, werden die nicht auf den Unterrichtsstoff bezogenen Fragen – besonders wenn sie aus den aktuellen biografischen oder sozialen Problemlagen der Schüler resultieren – vom Lehrer mehr oder weniger bewusst und gewaltsam ausgeklammert (»Das gehört hier nicht her!«) und gegebenenfalls an den Sozialpädagogen »überwiesen«.
Diese Überweisungen bedeuten nicht selten den Beginn einer negativen Auslese, einer Stigmatisierung und Verfestigung der »Auffälligkeit« (vgl. BRUSTEN/HURRELMANN, 1973)
Zusammengefasst und vereinfacht gesagt: Ein Schüler, der zwecks Unterrichtung und Wissensaufnahme am Lehrerunterricht teilnimmt und auf den Sozialpädagogen warten muss, bis auch im Unterricht entstandene oder von Zuhause mitgebrachte soziale und emotionale Bedürfnisse zum zugelassenen Thema werden dürfen, wird in Teile zerlegt. Nach Sinn suchend, wird der Schüler mehr oder weniger bewusst gegen den erzwungenen Identitätsverlust kämpfen. Der Schüler wird dann schnell »auffällig« und eine in solcher Weise organisierte Schule wird oft nur lindern können, was sie selbst verstärkt hat (und einmal doch verhindern wollte!) Die Schule wird hier »Feuerwehr für selbst gelegte Brände« bleiben müssen.

Auch aktuelle Beobachtungen auf der *Ebene der Professionalisierung* beider an Schule beteiligten Berufsgruppen geben Anlass, über diese Entwicklung kritisch nachzudenken. Denn Lehrer, die sich nicht länger mit »schwierigen« bzw. »auffälligen« Schülern auseinandersetzen müssen, weil ihnen die Schulsozialarbeiter endlich die Problemfälle abnehmen, bringen sich um wesentliche Möglichkeiten der Problemeinsicht bei Schülern. Sobald zentrale Erziehungsbereiche des Unterrichts, zu denen immer auch das Bedingungsgefüge von Lernschwierigkeiten gehört, nicht mehr vom Lehrer selbst bearbeitet werden müssen, kann von einer tendenziellen Dequalifizierung des Lehrers die Rede sein. Die spezialisierte Verengung der vorangeschrittenen Arbeitsteilung lässt es letztlich zu, dass Lehrer sich als »Unterrichtsfachleute« immer stärker gegenüber der Alltagswelt von Schülern und ihren nicht unterrichtsbezogenen Erfahrungen abzugrenzen beginnen. Ein Lehrer aber, der von immer weniger (Fachunterricht) immer mehr versteht, gleicht dem Spezialisten, der technisch effizient ist, er gleicht jedoch kaum noch einem »Menschenbildner«.

Auf der anderen Seite besteht bei Schulsozialpädagogen angesichts der Konkurrenzsitutation zwischen den beiden Berufs- und Statusgruppen der verständliche Wunsch nach einem klar beschriebenen und systematischen, eigenen Berufsbild. Entsprechend dominieren statuspolitische Argumente für die Existenz eines eigenständigen schulsozialpädagogischen Dienstes bei entsprechenden Stellungnahmen von Seiten der Jugendhilfe (vgl. z. B. HOLTHAUS/MEUSEL/BUBACK, 1980, S. 224 f.). Entsprechende Forderungen sind verständlich, können jedoch nicht als hinreichende Lösung für die strukturellen Probleme des Adressatenfeldes und hinsichtlich der Einheit des Erziehungs- und Bildungsauftrags der Schule angesehen werden.

Auf der *bildungs- und gesellschaftspolitischen Ebene* schließlich hat die Trennung von »Unterrichten« und »Erziehen« ideologische Folgen. Durch die additive Behandlung von Schülern wird es diesen erschwert, bestehende Zusammenhänge zwischen Gesellschaftsstruktur und individueller Existenz kritisch zu erkennen und zu bearbeiten. Institutionalisierte Schulsozialarbeit wird unter diesem Aspekt dann besonders benötigt, wenn staatliche Bildungs- und Gesellschaftspolitik unter erhöhten Legitimationsdruck gerät; wenn beispielsweise die Jugendarbeitslosigkeit oder das nicht eingelöste Versprechen auf Chancengleichheit zu tiefgreifenden Motivationskrisen und sich mehrender Perspektivlosigkeit bei Schülern und Jugendlichen geführt haben. Der staatlich geförderte Ausbau von Schulsozialarbeit zeigt in dieser Hinsicht oft typische Kennzeichen eines sozialtechnologischen Krisenmanagements. Soweit Ursachen und Konflikte von Störungen psychologisiert, therapeutisiert oder auch kriminalisiert werden (»Jedes Klauen ist anzuzeigen!«), statt sie zum offenen Unterrichtsthema werden zu lassen oder statt zu versuchen, sie sozial und materiell zu beseitigen, bleibt bei der gegenwärtigen Schulsozialarbeit der Eindruck einer Pannenhilfe nicht ganz unbegründet.

Die drei Ebenen einer Kritik der herrschenden Schulsozialarbeit wollen deren kompensatorische Anstrengungen und punktuelle Notwendigkeit nicht übersehen; sie sind allein deshalb herausgestellt worden, um vor einem weiteren institutionalisierten Ausbau abzuraten, solange in der Lehrerausbildung nicht gleichzeitig und nachhaltig die Voraussetzungen für eine sozialpädagogische und präventive Lehrerarbeit geschaffen werden (vgl. Kap. 13).

Das gilt unabhängig davon, dass weiterhin besondere Therapie- und Beratungshilfen erforderlich bleiben werden.
Aber Überweisungen von bereits lern- und verhaltensgestörten Schülern an die Schulsozialarbeit kommen prinzipiell zu spät. Solange jährlich noch über 450.000 Kinder durch eine Sonderschulausgrenzung dauerhaft stigmatisiert werden und solange deshalb für die Verhältnisse in den Regelschulen zu

wenig Konsequenzen gezogen werden müssen, ist eine sozialpädagogische Intervention durch Schulsozialarbeit keine wirkliche Verbesserung.
Schulsozialarbeit darf auf keine Weise einer strukturellen Verfestigung der heutigen Schulsituation dienen. Das allerdings legen Auswertungsberichte von Modellversuchen mit Schulsozialarbeit nahe, bei denen überwiegend eine Indienstnahme der Schulsozialarbeit durch die Schulpädagogik als nicht vermeidbar festgehalten wird (vgl. BUNDESMINISTERIUM FÜR BILDUNG UND WISSENSCHAFT, 1978, S. 22; MALINOWSKI/HERRINGER, 1979, S. 67 f.; HOLTHAUS/MEUSEL/ROBACK, 1980)
Immer wieder wird der beobachtete Trend mitgeteilt, dass die sozialpädagogische Arbeit der Schulsozialarbeit meist von der bürokratischen und kognitiv-leistungsauslesenden Schule aufgesogen worden ist. *Das Veränderungspotentzial der Schulsozialarbeit konnte in der Regel nicht wirksam werden.*
Die Erfahrungsberichte (vgl. S. 29) lassen schließlich erkennen, dass die *Zusammenarbeit zwischen Lehrern und Sozialpädagogen* im Vergleich aller Interaktionspartner im Rahmen der Schule (Eltern, Schüler, Schulpsychologen, Kollegen) als *am schwierigsten* eingeschätzt wird. Als Hauptkonfliktbereiche gelten vier Ebenen:

1. Falsche Erwartungen der Lehrer an die Schulsozialarbeit (Hilfslehrer, Freizeitpädagogen, Organisatoren einer besseren Funktionalität der Schule).
2. Unterschiede im Professionalisierungsgrad und im Status (Dienstaufsicht, Gehalt, Mitbestimmungsmöglichkeiten in Konferenzen, arbeitsrechtliche Unterschiede).
3. Verstecktes Konkurrieren miteinander (um Schüler und Eltern).
4. Ein beidseitiges Desinteresse (vgl. GEMEINNÜTZIGE GESELLSCHAFT GESAMTSCHULE (Hrsg.), Schulsozialarbeit an Gesamtschulen, Arbeitsmaterialien 1/80, Ammersbeck 1980, S. 57)

Erfreulicherweise liefert das bestehende Schul- und Unterrichtsgefüge deutliche Argumente für seine Veränderung – auch von innen heraus. Wenn immer mehr Lehrerinnen und Lehrer wegen lern- und verhaltensgestörten Schülern nachdenklich werden, wenn die Diskussion über die Öffnung der Schule, über Projektarbeit und Einbeziehung der Lebenswelt von Schülern und die Hereinnahme des Erzieherischen in den Unterricht anhält, ist ein möglicher Weg vorgezeichnet, auf dem eine sozialpädagogisch orientierte Schule über eine andere Qualifikation von Lehrkräften zu entwickeln ist.

Ein Sozialpädagoge berichtet:

(Lehrerzimmer, große Pause, die Tür fliegt auf)

»Also, das ist ja unmöglich! Da tobt der Fred im Treppenhaus, schmeißt sich auf den Boden, haut um sich, schreit und ist nicht zum Abteilungsleiter zu kriegen. Das wär doch was für euch Sozialpädagogen!« Die Kollegin sieht mich dabei an. Ich höre mich erwidern: »Meinst du, ich sei so viel stärker als du, dass ich den tobenden Jungen zum Abteilungsleiter tragen könnte?«

Ich sehe meine Aufgabe nicht darin, bei eskalierten Lehrer-Schüler-Konflikten als Hilfspolizist aufzutreten.

Am Ende der Schulwoche, zwei Tage nach Einschulung der 5. Klasse, spricht mich eine Lehrerin an: »Philipp schmeißt jeden Unterricht. Hilf uns bitte. Kannst du ihn nicht mal 'ne Stunde nehmen, damit wir mit dem Rest der Klasse in Ruhe arbeiten können?«

Ich nehme Philipp seitdem zwei Stunden pro Woche aus dem Unterricht – aber nicht, um ihn außerhalb seiner Klasse zu verwahren.

Es gibt Schüler, die durch ihr Verhalten in der Schule so stören, dass Lehrerinnen und Lehrer hilflos sind. Wir nennen sie verhaltensgestört. Ich gehe davon aus, dass für diese Kinder dieses Verhalten sehr wichtig ist oder war, um ihre grundlegenden Bedürfnisse zu erfüllen, auch wenn sie sich selbst damit schaden. Für Philipp mache ich das Angebot, Möglichkeiten für sich zu finden, Anerkennung zu erfahren und in Kontakt mit anderen zu kommen, ohne sich oder anderen zu schaden.

Ich habe mit Philipp gespielt und gemalt, getobt und geredet. Sehr vorsichtig und langsam haben wir eine Beziehung zueinander entwickelt. Diese intensive und lang angelegte Arbeit macht Hoffnung: Sie bietet Philipp eine Chance auf befriedigende Kontakte zu anderen und der Schule die Möglichkeit, mit »schwierigen« Kindern zu arbeiten.

Ob mir mein Job gefällt, werde ich oft gefragt: Ja, die Arbeit in der Schule mache ich gern. Störend ist die Zeiteinteilung. Der Tag ist rhythmisiert im 45-Minuten-Takt, die Pausen lassen kaum die Möglichkeit zum Luftholen.

Es gibt offensichtlich einen sehr viel größeren Bedarf an sozialpädagogischer Beratung von Schülern als von mir abzudecken ist. Die rege Nachfrage zeigt, dass meine Arbeit von meinen Lehrerkollegen/innen geschätzt wird. Doch hier verbirgt sich ein Grund für meine Unzufriedenheit: Die Wertschätzung meiner Tätigkeit scheint mir häufig darin begründet, dass bei mir die Probleme (Schüler) abgegeben werden können.«

(H. W., Gesamtschule Wilhelmsburg, Hamburg)

2 Schule und Jugendhilfe

In diesem Kapitel wird die »Jugendhilfe« vorgestellt und beschrieben, was dazu zählt und wie sie in der Gemeinde/Stadt mitplant. Außerdem wird in zwei amtlichen Kooperationserlassen beispielhaft gezeigt, wie Jugendhilfe und Schule zusammenarbeiten können.

Wie im ersten Kapitel beschrieben, verlangen die Sozialisationsdefizite, die sowohl aus den Familien als auch aus den Umwelteinflüssen der Kinder in die Schule mitgebracht werden, nach Aufarbeitung.
Statt aber darauf einzugehen, verstärkte sich ab den 60er-Jahren des 20. Jahrhunderts die kognitive Orientierung im Unterricht der Schulen. Die Schule geriet mit ihren Erziehungsversuchen nach und nach ins Hintertreffen, vor allem gegenüber den dominierenden Einflüssen der Konsumindustrie und der Medienangebote.
Parallel zu diesem Entwicklungsprozess bekam die Jugendhilfe zunehmend mehr Gewicht, die sich neben der Familie und zunächst nur außerhalb der Schule mit den individuellen und gemeinschaftsbezogenen Ausformungen der heranwachsenden Kinder und Jugendlichen beschäftigte: Hilfe in Erziehungs- und Sozialisationsfragen wurden der sozialpädagogischen Jugendarbeit überlassen und zunehmend von ihr erwartet.

Der Begriff »Jugendhilfe« umfasst als Oberbegriff alle Maßnahmen und Angebote, die neben dem Elternhaus, der Schule und der betrieblichen Berufsbildung angeboten werden:

- als frühkindliche Erziehung in Krippen und Kindergärten,
- als Gestaltung und Betreuung von Spielplätzen,
- als Jugendbildung, Jugendberatung und Freizeithilfen,
- als Jugendverbandsarbeit,
- als Kinder- und Jugenderholungsdienste,
- als Jugendschutz,
- als internationale Jugendbegegnungen,
- als Schulsozialarbeit.

Diese Aufzählung ist sicherlich nicht vollständig, zeigt aber bereits die Expansion, mit der die heutige Jugendhilfe auf gesellschaftlich neu entstandene Problemlagen und Bedürfnisse reagiert hat. Diese Expansion der Jugendhilfe steht in einem nicht widerspruchsfreien Verhältnis zur Schule. Denn hatte bis zur Mitte dieses Jahrhunderts die Jugendhilfe besonders die »Randständigen«, d. h. nicht angepasste bzw. sozial benachteiligte Kinder und Jugendliche aufzufangen und zu integrieren, hat in den letzten Jahrzehnten die sozialpädagogische Kinder- und Jugendarbeit zunehmend auch alle übrigen

Schichten der bundesdeutschen Bevölkerung zu ihrer potentziellen Klientel gemacht. *Das Angebot an Lern- und Sozialisationshilfen der Kinder- und Jugendarbeit reicht heute bis zu den materielen gut situierten Familien* **und** *ihren Kindern.* Rechtlich hat seit 1991 jedes Kind und jeder Jugendliche einen Anspruch, der im Kinder- und Jugendhilfegesetz festgelegt wurde. (vgl. Kap. 3)
Dass die Sozialpädagogik bzw. die Jugendhilfe praktisch so bedeutend geworden sind, ist für die Schule deshalb von besonderer Bedeutung, weil nun eine im Prinzip alle Schüler erfassende Arbeitsteilung zwischen Schule und außerschulischer Jugendhilfe denkbar geworden ist, was der Spezialisierung von Lehrerinnen und Lehrern als Wissensvermittler Vorschub leisten könnte. Einer solchen Entwicklung, die das Kind bzw. den Schüler in ein unterrichtsbedürftiges und in ein sozialbedürftiges Wesen teilt, wird hier entschieden widersprochen (vgl. Kap. 1.4).

Ein weiteres Kennzeichen der heutigen Jugendhilfe ist für die Schule von Bedeutung. Die Zielsetzung und Strategie des Handelns von Sozialpädagogen nach dem *Kinder- und Jugendhilfegesetz* werden nach Leitbegriffen ausgerichtet, die auch die Reformpädagogik in den Schulen beschäftigt (vgl. 8. Jugendbericht, S. 85–90):

1. Prävention
2. Regionalisierung
3. Alltagsorientierung
4. Partizipation
5. Integration.

Diese Leitbegriffe meinen

- eine sozial-ökologische Orientierung (vgl. WENDT, 1982), die mit der Jugendhilfe den pädagogischen Auftrag bis zur Einmischung in die Lebensverhältnisse der Kinder und ihrer Familie verbindet (§ 1 KJHG),
- dass Kinder und Jugendliche in allen sie betreffenden Angelegenheiten zu beteiligen sind (§ 4 KJHG),
- dass ein neuer Umgang zwischen den Betroffenen und den Ämtern und Verbänden zu suchen ist (Dialog und Partnerschaft),
- dass die jeweilige lokale Jugendhilfe Schwerpunkte selbst setzen und ausbauen kann, so dass die wirklichen Probleme und Bedürfnisse vor Ort angegangen werden und
- dass schließlich Prävention und Beratung in den Vordergrund gestellt werden.

2.1 Jugendhilfeplanung und Stadtteil-Konferenzen

Unter Berücksichtigung dieser Leitbegriffe wird in jüngster Zeit für Schulen die Forderung nach *Jugendhilfeplanung* und *Zusammenarbeit mit anderen Stellen und öffentlichen Einrichtungen* von besonderem Interesse (§ 80 und 81 KJHG). Denn hier wird unter Beteiligung aller anerkannten Träger der Jugendhilfe (vgl. Kap. 2.4) und der Einrichtungen vor Ort gefordert, dass

- *eine ständige Bestandsaufnahme,*
- *Bedürfnisermittlung und*
- *langfristige Maßnahmeplanung erstellt wird.*

Damit ist erstmals offiziell die Schule aufgerufen, an der Sozialplanung vor Ort teilzunehmen.

> *»Die Träger der öffentlichen Jugendhilfe haben mit anderen Stellen und öffentlichen Einrichtungen, deren Tätigkeit sich auf die Lebenssituation junger Menschen und ihrer Familien auswirkt, insbesondere mit Schulen und Stellen der Schulverwaltung… zusammenzuarbeiten« (§ 81KJHG).*

Das geschieht durch die *Jugendhilfeplanung.* Die zuständigen Planungsreferate sind verpflichtet, in regelmäßigen Abständen eine Bestandsaufnahme, eine Bedürfnisermittlung und eine langfristige Maßnahmenplanung im Bereich der Jugendhilfe und -freizeit für ihre Gemeinde zu erstellen. So ist z. B. zu gewährleisten, dass sichere Schulwege, familiennahe Spielplätze für Kleinkinder, öffentliche Spielplätze für Schulkinder und verschiedene Jugendfreizeit- und Jugendbildungsstätten vorhanden sein sollen. Das Kinder- und Jugendhilfegesetz fordert außerdem (§ 80), dass der

> *»Bedarf unter Berücksichtung der Wünsche, Bedürfnisse und Interessen der jungen Menschen für einen mittelfristigen Zeitraum zu ermitteln« ist und dass die »Einrichtungen und Dienste so geplant werden, dass insbesondere Kontakte in der Familie und im sozialen Umfeld erhalten und gepflegt werden können,*
>
> - *ein möglichst wirksames, vielfältiges und aufeinander abgestimmtes Angebot von Jugendhilfeleistungen gewährleistet ist,*
> - *junge Menschen und Familien in gefährdeten Lebens- und Wohnbereichen besonders gefördert werden und*
> - *Mütter und Väter Aufgaben in der Familie und Erwerbstätigkeit besser miteinander vereinbaren können« (§ 80 KJHG).*

Die Berücksichtigung der Wünsche, Bedürfnisse und Interessen der Betroffenen lässt sich auch unter Einbeziehung der Schule, ihrer dafür besonders geeigneten Fachbereiche und Lehrpersonen denken.

Bitte überlegen Sie:

- Kann in einem Ihrer Fächer eine Unterrichtseinheit mit beinhalten, bestimmte Kultur-, Freizeit-, Schulweg-, Jugendgruppen- u. a. Bedürfnisse und Interessen junger Menschen durch eine Befragung möglichst konkret zu erheben (§ 80 (1) 2 KJHG) und diese Ergebnisse dem Jugendamt für Planungsprozesse (für »Maßnahmen«) zukommen zu lassen?
- Kennen Sie eine für die Fortschreibung des Jugendhilfeplans Ihrer Gemeinde zuständige Person des Planungsreferats?
- Hat Ihr Schulkollegium schon einmal daran gedacht, eine dieser Personen der Jugendhilfeplanung einzuladen, um über die gegenseitige Einschätzung der Situation von Kindern und Jugendlichen der Gemeinde zu diskutieren?

Stadtteil-Konferenzen
Im Gegensatz zu früheren Jahren, als örtliche Themen zum Teil durch die Bewohner informell in Vereinen und an Stammtischen diskutiert wurden und dem Lehrer schließlich weitgehend bekannt waren, benötigt eine Gemeinde heute sehr formelle Institutionen zur *Bürgerbeteiligung*. Der organisatorische Mittelpunkt, an dem sich heute aus Sicht der Sozialpädagogik die Gemeindearbeit und aus Sicht der Schulpädagogik die Öffnung der Schule treffen können, sind *Stadtteil-Konferenzen*.

Bei der Bildung eines solchen Verbundes der für einen bestimmten Bezirk von Stadt, Stadtteil bzw. Ortsgebiet zuständigen Sozial-, Kultur-, Gesundheits- und Bildungseinrichtungen ist es zweckmäßig, zu Beginn der gemeinsamen Zusammenarbeit eine bewusste Aufgabenbestimmung vorzunehmen. Gerade weil die Arbeit in diesen Gremien nicht immer konfliktfrei verlaufen kann, haben sie sich in der Praxis als Foren etabliert, in denen aktuelle Themen des Stadtteils diskutiert und durch gezielte Absprachen oder Projekte verändert werden können. So sind Koordinations- und Kooperationsmöglichkeiten zwischen Bildungs- und Sozialverwaltung sowie den freien Trägern und anderen Lobbyisten im konkreten Stadtteil entstanden. Je nach vorhandener kultureller und sozialer Infrastruktur werden sich Stadtteil-Konferenzen unterschiedlich zusammensetzen.

Neben sozialpolitischen Zielen verfolgen Stadtteil-Konferenzen als Ziele auch die Sicherung der Lebensbedingungen für Schulkinder und die soziale Integration ihrer Familien.

Eine weitere Absicht ist eine größere Transparenz für Bürgerinnen und Bürger, hier vor allem für Schul- und Sozialpädagogen/innen, z. B. durch gegenseitigen Austausch und Vereinfachung der Verwaltungs- und Verfahrenswege. Die persönliche Kenntnis der jeweils kooperierenden Einrichtungen und Personen ermöglicht z. B. Lehrerinnen und Lehrern einen erleichterten Zugang zu außerschulischen Informations- und Hilfsangeboten.

Konkrete Ziele einer Stadtteil-Konferenz können u. a. sein:

1. Sicherstellung der Kommunikation der im Stadtteilbereich Tätigen in sozialen, kulturellen und Bildungseinrichtungen.
2. Koordination schulischer und außerschulischer Angebote im Stadtteil.
3. Lobbyarbeit für bestimmte Gruppen bzw. den gesamten Stadtteil.
4. Mitarbeit bei Schulentwicklungs- und Sozialplanung/Jugendhilfeplanung.

Zu Beginn der Arbeit in Stadtteil-Konferenzen sollten alle Institutionen und Teilnehmer mit den jeweiligen Angeboten und Arbeitsweisen vorgestellt werden. Die gegenseitige Kenntnis der Arbeitsfelder und -methoden stellt eine wichtige gemeinsame Basis für die Zusammenarbeit dar.
Auch ist zu empfehlen, dass organisatorische Dinge wie Tagungsrhythmus, Einladungen, Geschäftsführung, Moderation und Protokollführung geregelt werden und für die jeweiligen Stadtteilkonferenzen ein etwa 4- bis 6-wöchiger Tagungsrhythmus mit wechselnder Moderation und Protokollführung verabredet wird.

Bei Bedarf können bestimmte Themen *zielgruppenspezifisch* bearbeitet werden, so dass zu bestimmten Sitzungen auch einzelne Referenten bzw. Aufgaben oder Fragen der Schule im Mittelpunkt stehen.
Überwiegend orientieren sich Themen und inhaltliche Arbeit einer Stadtteil-Konferenz an den Gegebenheiten im Stadtteil, so z. B. der Neueinrichtung von Kindergärten und der Grundschulplanung in Neubau- oder Sanierungsgebieten, hohen Ausländeranteilen an der Wohnbevölkerung, der Zunahme der Jugendkriminalität, der schlechten Versorgung des Stadtteils mit kindergerechten Spiel- und Aufenthaltsorten, dem hohen Anteil an Alleinerziehenden. Solche Bedingungen prägen entscheidend das soziale Klima und haben direkte und indirekte Auswirkungen auf das Schulleben und den Unterricht. Indem durch die Bereitstellung von entsprechenden Daten und subjektiven Eindrücken informiert wird, können leichter Verständnis und Hilfsbereitschaft für die jeweils andere Gruppe entstehen.

Faktisch ist denkbar, dass z. B. in einer Schule eines Stadtteils über einen längeren Zeitraum in verschiedenen Klassen verschiedene Projekte der außerschulischen Sozial-, Kultur- oder Gesundheitsangebote durchgeführt werden. Angeregt werden solche Vorhaben auch in Stadtteil-Konferenzen. Daran sind beispielsweise das Jugendamt, der Kinderschutzbund, die Erziehungsberatung und der soziale Dienst eines Trägers beteiligt. Kinder und Jugendliche können Informationen über Aufgaben und Arbeitsweise der jeweiligen Institutionen durch Erörterungen von Beispielen aus der Praxis erhalten. Rollenspiele können durchgeführt werden und einen Besuch bei der Erziehungsberatung oder im Jugendamt vorbereiten. Diskussionen über Jugendkriminalität, Scheidung der Eltern, Umgangsweisen mit Kindsmisshandlung bzw. -missbrauch und anderen Problemsituationen werden durch außerschulische Fachleute (auch) im Unterricht geführt. Das konkrete Erleben einzelner Mitarbeiterinnen und Mitarbeiter außerschulischer Anbieter relativiert häufig das noch von Eltern ausgesprochene Vorurteil bzw. die Drohung gegenüber Jugendamt, Erziehungsberatung usw. Insofern führt über die Stadtteil-Konferenz auch eine direkte Verbindung in die Schule und zum Abbau von Hemmschwellen.
Die ständigen Mitarbeiter/innen repräsentieren letztlich viele wichtige Knoten des Netzes, das für Kinder und Jugendliche in einem bestimmten Umfeld geknüpft werden sollte, z. B. Kindertagesheime, Bürgerinitiativen, Jugendhäuser, Jugendgerichtshilfe, Erziehungsberatungsstellen, Abenteuerspielplatz, kirchliche Jugendämter, Schulen u. a. m.

Im Mittelpunkt der Stadtteil-Konferenzen stehen nicht partikuläre Interessen Einzelner, sondern die Lebenswirklichkeit von Kindern und Jugendlichen in dem gemeinsamen Stadtteil. Unterschiedliche Erfahrungen und Sichtweisen, auch die verschiedenen Arbeitsmethoden, helfen, ein Problem differenzierter auszuloten. Für Lehrer bedeutet eine Teilnahme meistens, Bereitschaft aufzubringen, die Kategorien schulpädagogischen Denkens und Handelns zeitweise zurückzustellen. Die durch die Arbeit in der Schule geprägten Vorstellungen sind nur *ein* möglicher Ansatzpunkt bei der gemeinsamen Arbeit mit den Partnern aus anderen Einrichtungen.

Wie wichtig die Mitarbeit von Schulpädagogen in Stadtteil- Konferenzen sein kann, dokumentieren die folgenden Berichte:

Aus dem Bericht eines Sozialarbeiters:

»Die überwiegende Zahl der Lehrerinnen und Lehrer sind ***im Stadtteil Fremde****. Sie wohnen nicht hier und kennen außer dem Standort ihrer Schule nur die Autobahnabfahrt bzw. -auffahrt. Dass sie in letzter Zeit verstärkt auf uns zukommen, führe ich weniger auf bessere Stadtteilkenntnis oder eigenes Interesse an unserer Arbeit zurück, als vielmehr auf Hilflosigkeit und den wachsenden Druck, ohne die Inanspruchnahme von außerschulischer Hilfe im schulischen Alltag nicht mehr zurechtzukommen.«*

Eine Stadtteil-Konferenz wird bei Berücksichtigung bestimmter Familien zu einer Erziehungskonferenz:

Bericht eines Lehrers:

»Eigentlich war mir die Idee aus dem neuen Jugendhilfegesetz sehr einleuchtend; alle diejenigen, die mit einem Kind oder Jugendlichen in einem Krisenfall zu tun haben, setzen sich zusammen und beraten gemeinsam, welche Schritte zur Lösung unternommen werden können. Das heißt dann im Ernstfall: Es treffen sich Vertreter/innen aus den Sozialdiensten, eine Erzieherin aus dem betreuenden Kindertagesheim oder Hort, die Klassenlehrer/in usw. und natürlich die Eltern.

Das Problem bei der ersten Erziehungskonferenz, an der ich als Vertreter der Schule teilnahm, lag darin, dass zwar Termin und Ort des Treffens verabredet, aber nicht festgelegt worden war, wie lange das Gespräch dauern, wer die Moderation übernehmen sollte.

Inzwischen habe ich andere Konferenzen erlebt, und wir haben als Gesprächspartner offensichtlich aus den Fehlern der anfänglichen Treffen gelernt. Die Aufgabe der Erziehungskonferenz ist zunächst einmal, möglichst viele an der Betreuung des Kindes und am System der betroffenen Familie mitwirkenden Personen an einen Tisch zu bringen. Dies habe ich als hilfreich für alle Beteiligten erlebt.

Das erste Gespräch führt in der Regel dazu, dass sich diese Personen kennen lernen und darstellen, in welchem Bereich sie mit der Familie zu tun haben. Darauf folgt die Klärung der Problemsicht der einzelnen Mitglieder der Konferenz. Ich halte diesen Punkt für außerordentlich wichtig, weil dabei immer wieder deutlich wird, wie unterschiedlich diese Situationen eingeschätzt und entsprechend der eigenen Biografie bewertet werden. Besondere Beachtung verdient dabei auch die Einschätzung durch die Familie selbst. Die Gefahr, dass sonst Maßnahmen angedacht werden, mit denen die Familie nicht einverstanden ist, darf nicht übersehen werden.

Ist diese Hürde genommen, d. h. eine Übereinstimmung darüber erzielt, welche Schwierigkeit vorrangig ist und wo Hilfsmaßnahmen eingeleitet werden könnten, geht es um praktische Schritte. Diese können sein:

Die Beantragung besonderer Förderstunden,

– die Verabredung eines Termins mit der Erziehungsberatung,

– die Suche nach Betreuungsmöglichkeiten im Anschluss an die Schule,

– aber auch eine Herausnahme des Kindes aus der Familie für einige Zeit.

Gemeinsam nach Lösungen zu suchen und zu sehen: Was ist machbar, wo sind die Grenzen - das habe ich als eine Erfahrung kennen gelernt, die Verständnis für die Arbeit anderer Institutionen schafft und bei mir das Gefühl der Solidarität hat wachsen lassen. Ich brüte nicht mehr allein vor mich hin, sondern habe Verbündete, die mit mir Überlegungen anstellen und entsprechend breiter und gelegentlich unkonventioneller wird die Palette der Möglichkeiten. Ich halte die Erziehungskonferenzen inzwischen für eine gute, weil erfolgbringende Möglichkeit, die vielfältigen Problemsituationen, vor die wir in der Schule tagtäglich gestellt sind, anzugehen. Nicht verschwiegen werden sollte trotzdem, dass es natürlich auch hier immer wieder schwierig ist, gemeinsam Terminabsprachen zu treffen, Einschätzungen in Einklang zu bringen, nicht in die Falle der Konkurrenz zwischen den Institutionen zu laufen usw.

Für besonders wichtig halte ich auch den folgenden Faktor:

Alle an einer Erziehungskonferenz Beteiligten unterliegen, wenn sie nicht besonders davon entbunden sind, der Schweigepflicht.«

(SCHOLZ, H., Macht Schule, 1992, Heft 4)

Meistens werden Kinder bzw. Jugendliche mit massiven Problemen bei der Bewältigung von alltäglichen Schulsituationen von der Schule gemeldet. Häufiger noch wenden sich Sozialpädagogen des Sozialdienstes, der sozialpädagogischen Familienhilfe usw. an die Konferenz.
In der Erziehungskonferenz kann neben anderen Hilfen zur Erziehung zusätzliche schulische Erziehungshilfe beschlossen werden. Für jeden Schüler wird immer wieder im Einzelnen neu zu überlegen sein,

- wie eine tragfähige Beziehung zum Kind bzw. Jugendlichen hergestellt werden kann,
- welche Konflikte im persönlichen Umfeld thematisiert und gelöst werden können,
- wie Selbstwertgefühl und Gemeinschaftsfähigkeit gesteigert werden können,
- wie und wann soziale Lernprozesse in Gang gesetzt werden können,
- an welchem Ort eine Betreuung/Beschulung möglich ist,
- welche Lerndefizite vorrangig aufgearbeitet werden können,
- was das Kind/den Jugendlichen interessiert und für den Unterricht motivierend wirken könnte,
- wie die Angebote der Gemeinde bzw. des Stadtteils im Einzelnen für die Umsetzung der Hilfen genutzt werden können.

2.2 Sozialplanung in der Gemeinde und Träger des Sozialwesens

Noch werden gemeinsame und integrative Planungskonzepte, die Jugendhilfeplanung, Kultur- und Schulentwicklungsplanung sowie Gesundheitsplanung als eine einheitliche und an abgestimmten Planungszielen orientierte kommunale Sozialplanung verstehen, erst ansatzweise praktiziert. Wird aber davon ausgegangen, dass alle Lebensbereiche in engstem Zusammenhang stehen (vgl. Kap. 7.2) und das Soziale in der Planung alle Lebensbereiche umfasst, bedeutet das insgesamt einen großen und auch praktischen Entwicklungsbedarf.
Wenn für die Bereiche, in denen die vielfachen sozialen Bedürfnisse der Kinder, Jugendlichen und Erwachsenen befriedigt werden müssen, Gerechtigkeit und gleiche Voraussetzungen für die Entfaltung der Persönlichkeit vorhanden sein sollen, sind auch Schulfachkräfte in die Sozialplanung einzubeziehen.

Demgegenüber sieht die herkömmliche Sozialplanung der Kommunen meist so aus, dass vorwiegend drei Bereiche gemeint sind:

Jugendhilfeplanung,

Sozialhilfeplanung und

Gesundheitsplanung.

Abb. 3: Sozialplanung in der Gemeinde

Jugendhilfeplanung	Sozialhilfeplanung	Gesundheitsplanung
u. a. zuständig für:	u. a. zuständig für:	u. a. zuständig für:
Spielplätze	Ambulante Hilfseinrichtungen	Wohnungsbau
Kindertagesstätten	Beratungs-einrichtungen	Bekämpfung von Lärm
Bolzplätze	Altenheime	Überwachung von Luft und Wasser
Jugendzentren	Nachbarschafts-einrichtungen	Erholungsplätze
Kinder- und Jugend-erholungen	Bedarfsgerechten Wohnraum	Kinderspielplätze
Heime	Soziale Dienste	Skateboardanlagen
		Schwimmbäder

Spätestens bei Stadtteil-Konferenzen treffen beteiligte Schulpädagogen auf die Vertreter des Sozialwesens, die sogenannten freien und öffentlichen Träger. Ihre Beziehung zueinander ist durch das Subsidiaritätsprinzip geregelt, welches die Nachrangigkeit staatlich-öffentlicher Maßnahmen gegenüber den Vorhaben privater Träger bzw. Wohlfahrtsverbänden festhält.
Die freien Träger, auch privatgesellschaftliche Träger genannt, haben in Deutschland einen sehr hohen Anteil an den Trägerschaften sozialer Einrichtungen, wie Kindergärten, Krankenhäusern, Altenheime usw.
Von den Einrichtungen der öffentlichen Träger im sozialen Bereich sind besonders das Jugendamt (vgl. Kap. 2.3) und das Sozialamt zu nennen.

Tab. 4: Träger des Sozialwesens

Öffentliche Träger	**Privatgesellschaftliche Träger**	
Bund, Länder, Gemeinden und kreisfreie Städte		**Jugendverbände**
	Verbände der Wohlfahrtspflege	**Deutscher Bundesjugendring**
	Arbeiterwohlfahrt	Evangelische Jugend Deutschlands
	Caritasverband	Feuerwehrjugend
	Diakonisches Werk	Jungsozialisten
	Deutscher Paritätischer Wohlfahrtsverband	Gewerkschaftsjugend
	Deutsches Rotes Kreuz	Sportjugend
	Zentralwohlfahrtsstelle der Juden in Deutschland	Deutsche Kath. Jugend Falken
		Deutscher Pfadfinderbund
	Einzelverbände	Deutsche Landjugend
	Familienverbände	Naturschutzjugend
	Frauenverbände	Deutsche Wanderjugend
	Selbsthilfeverbände	u. a. m.
	Hilfswerke/Stiftungen	

2.3 Das Jugendamt

Finanzielle Not treibt immer mehr Leute zum Jugendamt

Frankfurt, 15.03.1995 (FR):
»Wir haben sehr viel zu tun mit wirtschaftlicher Not«, sagt der Leiter des Jugendamtes. Vor allem die hohen Mieten brächten selbst normalverdienende Familien in Existenznot. Im Verein mit anderen Problemen lässt die wirtschaftliche Not auch die Arbeit in den Beratungsstellen des Jugendamtes anschwellen.
Ratsuchende Kinder, Jugendliche und Eltern müssen mittlerweile auf einen Termin in der Erziehungsberatungsstelle warten. Akute Fälle erhalten allerdings in allen Beratungsstellen sofort einen Termin.
»Die Zeiten, wo es als bloße Eingriffsbehörde gehandelt oder allein Sozialleistungen vermittelt habe, seien längst passeé. Veränderte Formen der Armut, strukturelle Arbeitslosigkeit sowie soziale Notlagen als Folge einer neuen Wohnungsnot bestimmen die Arbeit der Berater.
Die Probleme schlagen sich offenbar häufig in Trennung und Scheidungen nieder. Für die Kinder selbst werden spezielle Gruppenangebote zu Trennungskonflikten gemacht.«

Die Jugendämter sind auf örtlicher Ebene für die Durchführung der Aufgaben der Jugendhilfe verantwortlich. Sie sind in den Landkreisen als Kreisjugendämter und bei den kreisfreien Städten als Stadtjugendämter zu finden. In manchen Bundesländern ist geregelt, dass auch kreisangehörige Einzelgemeinden selbst ein Jugendamt einrichten können. Zu den Aufgaben jeden Jugendamtes gehört u. a. die Förderung und Aufsicht von Einrichtungen wie Kindergärten, Jugendfreizeitstätten, Spiel- und Erholungsplätzen. Ziel ist jeweils eine gemeindenahe und die vielseitigen Bedürfnisse und Anliegen der Jugendhilfe befriedigende Arbeitsweise.
Seit den 50er-Jahren ist die Struktur des Jugendamtes zweigeteilt. (vgl. Tab. 5) Ihr zufolge übernimmt der *Jugendhilfeausschuss*, der früher auch Jugendwohlfahrtsausschuss hieß, die konzeptionellen, ressortübergreifenden Aufgaben, während die *Verwaltung des Jugendamtes* die konkrete Durchführung der praktischen Jugendhilfe versucht.
Der *Jugendhilfeausschuss* setzt sich wie folgt zusammen:

1. Zwei Fünftel der Mitglieder werden von Vertretern der Träger freier Jugendhilfe (das sind Vertreter aus DRK, AWO, Diakonischem Werk, Caritas usw.) gestellt und
2. drei Fünftel der Mitglieder werden von der politischen Vertretungskörperschaft gestellt. Als beratende Mitglieder können u. a. Vertreter des Gesundheitsamtes, des Jugendgerichts usw. an den Sitzungen teilnehmen.

Der *Jugendhilfeausschuss* befasst sich anregend, fördernd und beratend mit allen Aufgaben der Jugendhilfe des Kreises bzw. der Gemeinde. Regelmäßig sind die aktuellen Problemlagen von Kindern und jungen Menschen zu erörtern und daraus Anregungen bzw. Vorschläge für die Weiterentwicklung zu formulieren. Daraus wird ein Kinder- und Jugendhilfeplan aufgestellt – und zwar öffentlich. *Da hierbei nicht zu übersehen ist, dass die Lebensprobleme der Schüler auch deren Lernprobleme beeinflussen können, ist bei bestimmten Punkten der Tagesordnung eine entsprechende Teilnahme von Schulvertretern der jeweiligen Jugendausschusssitzungen ratsam.*

Dem Jugendhilfeausschuss steht die *Verwaltung des Jugendamtes* gegenüber. Der jeweilige Leiter des Jugendamtes sorgt dafür, dass die laufenden Geschäfte vollzogen werden. Dafür bestehen bei den Jugendämtern verschiedene soziale Dienste, die von sozialpädagogischen Fachkräften wahrgenommen werden. *Allgemeine soziale Dienste (ASD)* bestehen häufig als gemeinsame Organisation der Sozialhilfe, Kinder- und Jugendhilfe sowie der Gesundheitshilfe. Der ASD, an dem sich auch Lehrkräfte wenden können, unterhält im Regelfall auch die sozialpädagogische Familienhilfe, die eine wichtige Entlastung für Kinder aus Familien mit Risiken und Problemen werden kann (vgl. Kap. 3.4). Die Fachkräfte des ASD werden sozialpolitisch immer wichtiger, ihre Anbindung und Funktionen sind allerdings noch widersprüchlich, da unterschiedliche sozialpolitische Zielsetzungen hier eine Rolle spielen (ordnende / kontrollierende Aufgaben gegenüber aktivierender Unterstützung und Selbsthilfeansätzen).

Durch die Pflicht des Jugendamtes, das Recht jedes Kindes auf Förderung seiner Entwicklung und Erziehung zu einer eigenverantwortlichen und gemeinschaftsfähigen Persönlichkeit zu gewährleisten (§ 1 KJHG), sind Jugendämter häufig wie folgt gegliedert:

Tab. 5: Aufbau eines Jugendamtes

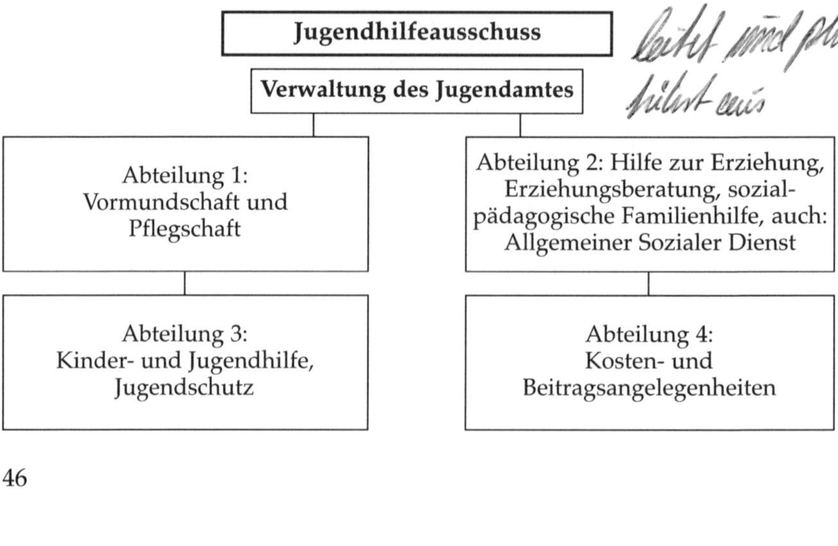

2.4 Jugendverbände

»In Jugendverbänden und Jugendgruppen wird Jugendarbeit von jungen Menschen selbst organisiert, gemeinschaftlich gestaltet und mit verantwortet. Ihre Arbeit ist auf Dauer angelegt und in der Regel auf die eigenen Mitglieder ausgerichtet, sie kann sich aber auch an junge Menschen wenden, die nicht Mitglieder sind.« (§ 12 KJHG)

In jedem Bundesland haben sich Jugendverbände in einem *Landesjugendring* zusammengeschlossen. Bei den einzelnen Jugendverbänden handelt es sich um politische, weltanschauliche und überparteilich orientierte Gruppen, die die praktische Arbeit mit Kindern und Jugendlichen vor Ort suchen.

Bitte fragen Sie sich selbst:

- Welche Schülerinnen und Schüler kennen Sie, die Mitglieder in einer Jugendgruppe oder in einem Jugendverband sind?
- Wissen Sie, welche Jugendverbände in Ihrer näheren Umgebung Angebote machen?
- Wie wäre es, Schülerinnen und Schüler eines bestimmten Jugendverbandes in Ihrem Unterricht als »Fachleute« auftreten zu lassen?

Hinweis:

Welche Jugendverbände in Ihrer Gemeinde bzw. im Stadtteil aktiv sind, können Sie über die Stadt- und Kreisjugendringe und über das Jugendamt erfragen.

Als Beispiele werden im folgenden Teil einige Jugendverbände und ihre Aufgaben in eigenem Wortlaut vorgestellt. Die Auswahl verzichtet bewusst auf bestimmte partei- oder konfessionell gebundene Gruppen, sie will vielmehr deutlich machen, mit welchen Möglichkeiten Lehrerinnen und Lehrer rechnen können, die grundsätzlich einen Weg zu der außerschulischen Jugendarbeit suchen oder in bestimmten Fragen des Unterrichts oder des Schullebens auf deren Kompetenz und Hilfe setzen wollen.

Die Jugendverbände werden meistens auf ein (auch kleines) Kooperationsangebot gern eingehen; sitzen doch nicht deren potentielle Mitglieder in den Schulklassen.

Deutsche Wanderjugend

»Ziel unserer Jugendarbeit ist die persönliche Entfaltung und Selbstverwirklichung von Kindern und Jugendlichen, damit diese durch soziales Lernen sowie das Tragen von Eigen- und Mitverantwortung soziales und gesellschaftspolitisches Handeln verwirklichen können.

Im jugend- und gesellschaftspolitischen Bereich setzt sich unsere Jugendorganisation problembewusst mit aktuellen Fragen auseinander, verhält sich jedoch parteipolitisch neutral.

Zu den selbstgestellten Aufgaben gehören:
- dass jedem Jugendlichen auf der Grundlage einer sozialen Wirtschaftsordnung die Möglichkeit zu qualifizierter Ausbildung und menschenwürdiger Arbeit gegeben wird,
- dass ein verständnisvolles Miteinander mit ausländischen Bürgern geschaffen wird,
- dass Kinder und Jugendliche lernen, ihren wachsenden Freizeitbereich persönlichkeitsfördernd und umweltbewusster zu gestalten, um damit eine Alternative zum unbewussten Konsumieren der Medien und zum kommerziellen Freizeitangebot zu bieten,
- dass langfristig die natürlichen Lebensgrundlagen der Menschen gesichert werden,
- dass in der Bevölkerung über ökologische Zusammenhänge aufgeklärt wird,
- dass das öffentliche Verkehrswesen Vorrang erhält vor dem motorisierten Individualverkehr.

Für uns als Jugendorganisation eines Wanderverbandes gehört das Wandern zu unseren ureigensten Aufgaben, wobei wir uns insbesondere um kind- und jugendgerechte Formen bemühen. Das Wandern in seinen vielfältigen Formen ist von hohem gesundheitlichen Wert, fördert das soziale Handeln, vermittelt Naturerkenntnisse und bringt die Probleme unserer bedrohten Umwelt näher.

Eine der wichtigsten Aufgaben unseres Wanderverbandes ist die musischkulturelle Arbeit. Nicht zuletzt erfüllt musisch-kulturelle Bildung die Bereitschaft, mit anderen verantwortlich zu handeln und damit an der Neugestaltung sozialer und kultureller Lebensbedingungen mitzuwirken.«

(Deutsche Wanderjugend, Landesverband NW, 1995, Wuppertal)

Jugendfeuerwehr

Der weitaus größte Teil der jugendlichen Mitglieder von Jugendfeuerwehren – Mädchen und Jungen – ist im schulpflichtigen Alter zwischen 10 und 17 Jahren.

> »Neben der fachbezogenen Feuerwehrarbeit betreibt die Jugendfeuerwehr bei ihren Jugendgruppenstunden überwiegend die allgemeinen jugendpflegerischen Aktivitäten. Die liegen im Bildungsbereich, wo Bildungsmaßnahmen zu den Themen Zeltlager, Sport, Medien, Öffentlichkeitsarbeit, Computer und die Aus- und Weiterbildung von Jugendgruppenleitern gehören, im Bereich der Jugenderholung und der Organisation von Ferien- und Freizeitmaßnahmen, im Umweltschutz sowie im Bereich der Dritte-Welt-Arbeit.«
>
> »Es werden in enger Zusammenarbeit mit Kindergärten und Schulen Unterrichtsstunden zu dem Thema Brandschutzerziehung von der Jugendfeuerwehr gestaltet und durchgeführt.
>
> Auch bei den immer wieder durchzuführenden Evakuierungs- bzw. Räumungsübungen der Schulen sind die Jugendfeuerwehren gern gesehene Helfer auf örtlicher Ebene, deren Mitglieder ja auch Schüler/innen der betreffenden Schule sein können«.
>
> *(Jugendfeuerwehr NW, 1995, Solingen)*

Jugendrotkreuz

»Unsere Orientierungspunkte sind:
- Wünsche und Bedürfnisse unserer Mitglieder
- Grundlagen des Roten Kreuzes
- Erfordernisse der Gesellschaft
- Ereignisse im internationalen Bereich

Unsere Verbandsziele sind:
- soziales Engagement
- politische Mitverantwortung
- Bemühungen um den Frieden
- Einsatz für die Gesundheit

Schwerpunkte sind:
- Initiierung von Lernprozessen für eine emanzipierte Hilfe im individuellen und gesellschaftlichen Bereich
- Ermöglichen von Erfahrungen und Erlebnissen
- Übernahme von Verantwortung

- Durchführung von Programmen, Aktivitäten und Experimenten
- Gelegenheit zu Freude und Spass
- Erlebnis von Gemeinschaft
- Schulaufgabenhilfe
- Hilfe für jugendliche Umsiedler
- Informationen für Schüler- und Lehrlingsprobleme

u.a.m.

Unsere Arbeit besteht u. a. aus Foto- und Filmarbeit, Werken und Basteln, Singen und Spielen, Laienspiel, Folklore und Medienarbeit.

Neben der Gruppenarbeit bieten wir verstärkt Projekte zu verschiedenen Themenbereichen an, die auch Nicht-Mitgliedern offen stehen. So nutzen zahlreiche Schulen unser Angebot, um das Thema Gesundheitsförderung im Unterricht und in Projekten zu behandeln.«

(Jugendrotkreuz Nordrhein, 1995, Düsseldorf)

Naturschutzjugend

Die Naturschutzjugend innerhalb des Naturschutzbunds Deutschlands organisiert sich in Kinder- und Jugendgruppen an deren Wohnorten und auf Kreisebene.

Die Jugendgruppen auf Ortsebene bieten die Möglichkeit, gemeinschaftlich zu arbeiten, Spass zu haben und sich kritisch mit gesellschaftlichen und politischen Fragen auseinander zu setzen.

»Einerseits betreiben die Jugendgruppen praktischen Naturschutz: Sie schaffen Lebensräume für Tiere und Pflanzen, indem sie z. B. Tümpel, Hecken und Obstwiesen anlegen. Andererseits betreiben sie Öffentlichkeitsarbeit zu Umweltschutzproblemen wie Abfall, Verkehr, Wasser usw.

In den Kindergruppen konzentriert sich die Arbeit in erster Linie darauf, die Natur kennen zu lernen. Denn nur was man kennt, kann man auch schützen. Es werden Spiele in der Natur durchgeführt, um die Natur zu erleben und sinnlich zu erfahren. Mit Kindern werden Aktionen im praktischen Naturschutz durchgeführt, wie z. B. das Bauen von Vogelkästen oder Insektennisthilfen.«

Der Verband hat sich zum Ziel gesetzt, Umweltschutzprojekte in Schulen zu initiieren und durchzuführen.

(Naturschutzjugend, 1995, Wesel)

- Bund der Pfadfinderinnen und Pfadfinder (BDP)
- Deutsche Pfadfinderschaft Sankt Georg (PSG)
- Verband Christlicher Pfadfinderinnen und Pfadfinder (VCP)

»Die Arbeit in unseren Verbänden vollzieht sich nach dem Prinzip der Selbstorganisation. Die Gruppen werden von Ehrenamtlichen geleitet. Im Zusammenwirken von Klein- und Großgruppe werden, mit ständiger Zunahme der Eigenverantwortlichkeit, alle Fragen des Zusammenlebens der Gruppe auf demokratischer Grundlage behandelt. Unsere Jugendarbeit ist auf Dauer angelegt und will das Mitglied möglichst ein langes Stück im Kindes- und Jugendalter begleiten. Diese Art der Arbeit ermöglicht es nicht, kurzfristige Erfolge sichtbar zu machen. Vielmehr wird durch die Kontinuität ein breites Erfahrungsfeld aufgebaut, das zwar erst später, damit aber umso mehr wirksam wird.«

Erziehungsziele der Pfadfinder:

- »Die Entfaltung aller geistigen und körperlichen Fähigkeiten ist das Grundprogramm unserer Arbeit. 'Learning by doing' kennzeichnet diese allseitige Ausbildung eigener Fähigkeiten. Das ist unser Anspruch an die Ganzheitlichkeit. Dieser Anspruch gewinnt zunehmend an Bedeutung, weil die Spezialisierung und Einseitigkeit in der Entwicklung der Person in vielen Bereichen unserer Gesellschaft zunimmt. Andererseits wird immer mehr Beweglichkeit und Kreativität verlangt, um sich schnell auf neue Situationen einzustellen. Die Übernahme von Verantwortung ist ein Schlüsselbegriff für die Gestaltung des eigenen Lebens, aber auch die Arbeit in den verschiedenen gesellschaftlichen Gruppen. Im eigenen Verband lernen die Mitglieder sehr früh schon Verantwortung zu übernehmen.
- Alle Prinzipien verlieren an Wert, wenn sie nicht ständig überprüft und angewandt werden. Ausgehend von der Grundlage unseres Lebens und der Intention, die Schöpfung zu bewahren, erleben unsere Mitglieder Natur in ihren vielfältigen Formen im praktischen Tun vor Ort.
- In einer Vielzahl von selbstgestalteten Programmen erfahren und entdecken die Mitglieder immer neue Formen des Lebens und Lernens.
- Das Pfadfindertum war von Anfang an in seiner gesellschaftlichen Zielsetzung ausgerichtet auf die Pflicht für den eigenen Staat und auf den Frieden weltweit. Diese Pflicht für den eigenen Staat bedeutet, nicht alles dem Staat zu überlassen, sondern selbst Verantwortung zu übernehmen und zwar sowohl für sich als auch für andere. Die Verpflichtung zum Frieden fördert das Pfadfindertum durch die Internationalität, die dazu beiträgt, Begegnung zwischen jungen Menschen aller Nationen, Rassen und Religionen zu ermöglichen.«

(Ring Deutscher Pfadfinder- und Pfadfinderinnenverbände, Soest 1995)

2.5 Zusammenarbeit zwischen Schule und Jugendhilfe

Eine verbindliche Zusammenarbeit zwischen Schulen und Trägern der Jugendhilfe / des Jugendamtes hat erst in jüngster Zeit begonnen. Sie ist Ausdruck des *zunehmend größer gewordenen Bedarfs an sozialpädagogischer Unterstützung der Erziehungsprozesse an Schulen* und hat im neuen Kinder- und Jugendhilfegesetz (KJHG) zur Kodifizierung einer Kooperationsverpflichtung geführt (§ 81 KJHG) (vgl. Kap. 2.1).
Während einige Bundesländer, wie das nachfolgende Beispiel aus Niedersachsen zeigt, zentrale Empfehlungen herausgegeben haben, die für Schulen und Jugendämter gleichlautende Hinweise zu den Möglichkeiten einer Kooperation enthalten, regen andere Bundesländer, wie zum Beispiel Mecklenburg-Vorpommern (s. u.), zu lokalen oder regionalen Kooperationsverträgen mit einzelnen Jugendhilfeträgern an. Ausgehend von der örtlichen Bildungs- und Jugendhilfeplanung sollen hier einzelne Schulen, zu denen auch Eltern und Schulvereine zählen, längerfristige (ca. dreijährige) Kooperationsverträge mit örtlich vertretenen Jugendhilfeträgern schließen (zu »Jugendhilfeträgern« vgl. Kap. 2).
Die Kooperationsverträge geben u. a. Auskunft über gemeinsame Ziele und Aufgaben, stellen die beteiligten Einrichtungen und ihr Personal vor (bei den Schulen werden auch Aussagen zu ehrenamtlichen Tätigkeiten von Lehrern gemacht), sichern die finanziellen und räumlichen Absprachen und klären Haftungs-und Aufsichtsfragen.
Beide nachfolgend mitgeteilten Beispiele regen an, auch dann die Kooperation mit Jugendhilfeträgern oder dem Jugendamt »vor Ort« zu suchen, wenn (noch) keine entsprechenden Erlasse der Landesbehörden vorliegen. Wie aus Kapitel 12 hervorgeht, sind zur Zeit fast alle Bundesländer am Ausbau einer institutionalisierten Zusammenarbeit zwischen Schule und Jugendhilfeträger / Jugendamt stark interessiert.

Das Beispiel Niedersachsen

Zusammenarbeit zwischen Schule, Jugendamt und freien Trägern

Bitte überlegen Sie:

- Gibt es an Ihrer Schule eine beauftragte Lehrkraft als Ansprechperson für die Zusammenarbeit mit Jugendhilfeträgern/Jugendamt?
- Gibt es in Ihrem Schulbezirk regelmäßige Kontakte auf der Ebene der Amtsleiter, Schulleiter, Schulräte?

»1 *Allgemeines*

1.1 *Schule und Jugendamt haben neben den Erziehungsberechtigten das gemeinsame Ziel, Erziehung und Bildung junger Menschen zu fördern. Sie haben zwar spezifische Aufgabenstellungen, die ihnen übertragenen Aufgaben überschneiden sich jedoch in vielfältiger Weise.*

1.2 Von daher leitet sich der Auftrag zur ständigen und engen Kooperation zwischen Schule und Jugendamt ab.

1.3 Die Zusammenarbeit dient beiden Partnern.

Die Schule kann durch das Jugendamt und die freien Träger der Jugendhilfe sozialpädagogische Beratung und Unterstützung, insbesondere für problembelastete Schülerinnen und Schüler sowie Schülergruppen, erhalten.

Das Jugendamt erfährt auf Grund der abgestimmten Zusammenarbeit mit der Schule rechtzeitig Bedarfs- und Problemsituationen und kann diesen früher begegnen, als es den sozialen Diensten sonst in der Regel möglich ist.

Beide Partner können auf Grund dieser Zusammenarbeit einen tieferen und umfassenderen Gesamtüberblick über die Situation der jungen Menschen in der Region bekommen.

1.4 Die nachfolgenden Empfehlungen und Hinweise sollen dazu beitragen, die Zusammenarbeit zwischen Schule und Jugendamt zu entwickeln und zu intensivieren.

2 *Möglichkeiten und Formen der Zusammenarbeit*

2.1 *In jedem Jugendamt und in jeder Schule sind Ansprechpartnerinnen und Ansprechpartner für die Zusammenarbeit zu benennen und dem jeweils anderen Partner mitzuteilen. Ihnen obliegt es, Kontakte herzustellen und Informationen zu vermitteln.*

In den Schulen sollte die Schulleiterin oder der Schulleiter oder eine von der Schulleitung beauftragte Lehrkraft (z. B. die Beratungslehrkraft) die Aufgaben als Ansprechpartnerin oder Ansprechpartner wahrnehmen.

2.2 Die Ansprechpartnerinnen und Ansprechpartner von beiden Seiten sollten sich regelmäßig zu gemeinsamen Besprechungen treffen. Soweit dies erforderlich ist, kann auch das Schulaufsichtsamt oder das Jugendamt die Ansprechpartnerinnen und Ansprechpartner aus allen oder aus mehreren Schulen zu gemeinsamen Besprechungen einladen. Bei Bedarf können auch Vertreterinnen und Vertreter der Schulabteilungen von Bezirksregierung und des NLJA, Vertreterinnen und Vertreter der freien Träger der Jugendhilfe sowie der Polizei und ggf. Vertreterinnen und Vertreter sonstiger Stellen an diesen Besprechungen teilnehmen.

2.3 Mitarbeiterinnen und Mitarbeitern der Jugendhilfe sollte die Möglichkeit zur *Teilnahme an Konferenzen und Dienstbesprechungen* der Schule gegeben werden. Vertreterinnen und Vertreter der Schule sollten entsprechend an Dienstbesprechungen des Jugendamtes teilnehmen können.

2.4 Die Schule kann Mitarbeiterinnen und Mitarbeiter der Jugendhilfe zu Informationsveranstaltungen für *Eltern einladen;* die Anregung kann auch vom Schulelternrat oder von Klassenelternschaften ausgehen.

2.5 Die Schule kann Mitarbeiterinnen und Mitarbeitern der Jugendhilfe Gelegenheit geben, insbesondere an *Elternsprechtagen* Beratungsgespräche in Räumen der Schule anzubieten.

2.6 Das Jugendamt bzw. der öffentliche Träger der Jugendhilfe und Schule fördern die *Zusammenarbeit von Kindergarten und Grundschule.* Auf die dazu herausgegebenen Empfehlungen (Erl. vom 27.09.1979 – SVBl S. 291) wird verwiesen.

2.7 Bei der Planung und Durchführung von *Freizeitangeboten* im Rahmen von Jugendarbeit stimmt sich die Schule mit dem Jugendamt bzw. dem öffentlichen Träger der Jugendhilfe ab. Die Angebote der freien Träger der Jugendhilfe sollten Berücksichtigung finden.

2.8 Schulen und Einrichtungen der Jugendsozialarbeit sollten sich abstimmen, um jungen Menschen gezielte *Hilfen beim Übergang von der Schule in die Berufs- und Arbeitswelt* gewähren zu können.

2.9 Schule und Jugendamt sollen insbesondere bei Maßnahmen des erzieherischen *Kinder- und Jugendschutzes* (z. B. Sucht- und Gewaltprävention) gemeinsame Aktionen (Workshops, Theateraufführungen, Aktionswochen u. a.) für junge Menschen durchführen. Örtliche Aktivitäten von anderen Jugendhilfeträgern sind einzubinden.

2.10 Gemeinsame Aktivitäten in den Bereichen der Jugendarbeit, der Jugendsozialarbeit sowie des erzieherischen Kinder- und Jugendschutzes sollten jeweils nach einem *zielgruppenorientierten Ansatz* geplant und durchgeführt werden. Dabei sind insbesondere die spezifischen Belange von Mädchen und jungen Frauen, Ausländerinnen und Ausländern, Aussiedlerinnen und Aussiedlern sowie benachteiligten und problembelasteten jungen Menschen zu berücksichtigen.

2.11 Ansätze, *Schule* als einen für den Stadtteil bedeutsamen Lern- und Kommunikationsort *zu öffnen,* können durch das Jugendamt bzw. öffentliche Träger der Jugendhilfe nachhaltig unterstützt werden und zu einem gemeinsamen Konzept von Stadtteil- bzw. Gemeinwesenarbeit führen.

2.12 Der gegenseitige Zugang zu regionalen sowie überregionalen bereichsspezifischen *Fortbildungsveranstaltungen* sollte ermöglicht werden.

Es bieten sich insbesondere gemeinsame Fortbildungsveranstaltungen (Lehrerinnen- und Lehrerfortbildung / Fortbildungen der Jugendhilfe) an. In der regionalen Lehrerinnen- und Lehrerfortbildung arbeiten die Jugendämter mit den regionalen Fortbildungsbeauftragten und den Koordinatoren für Lehrerinnen- und Lehrerfortbildung bei den Bezirksregierung zusammen (NLI-Programm, regionale und schulische Lehrerinnen- und Lehrerfortbildung).

2.13 Im Rahmen des *Vorbereitungsdienstes für die Lehrämter* kann den Studienreferendarinnen und Studienreferendaren und Lehramtsanwärterinnen und Lehramtsanwärtern Gelegenheit gegeben werden, die Arbeit des Jugendamtes kennenzulernen.«

(Schulverwaltungsblatt Niedersachsen, 1994, Heft 4, Amtlicher Teil, S. 91)

Das Beispiel Mecklenburg-Vorpommern

Formen der Zusammenarbeit zwischen Jugendhilfeträgern und Schulen:

1. Kooperationsvertrag

Örtliche Jugendhilfeträger sollen als Grundlage schulbezogener Jugendhilfe einen Kooperationsvertrag mit den jeweiligen Schulen abschließen. Freie Träger sollen die jeweiligen schultragenden Gemeinden mit einbeziehen.
Ausgehend von der örtlichen Jugendhilfeplanung und unter der Beteiligung von Schulen und der jeweiligen schultragenden Gemeinden müssen solche Kooperationen frühzeitig geplant und umgesetzt werden.
Die Schulkonferenz ist gemäß § 76 Absatz 7 Nr. 1 (Schulgesetz Mecklenburg-Vorpommern) frühzeitig in die Erarbeitung von Kooperationen einzubeziehen, da sie über Einrichtungen und Umfang von freiwilligen Schulveranstaltungen zu entscheiden hat. Wünschenswert ist, dass Lehrer, Eltern, Schüler und, falls vorhanden, ein Schulverein in die Erarbeitung von Kooperationen einbezogen werden. Der jeweiligen Schulaufsichtsbehörde soll der Kooperationsvertrag zur Kenntnis vorgelegt werden.

Der Kooperationsvertrag sollte jedenfalls folgende Regelungen enthalten:

- Kooperationspartner
- Schule – Träger der Jugendhilfe – schultragende Gemeinde oder -verbund
- Langfristiger Kooperationszeitraum (möglichst nicht unter drei Jahren)

- Beschreibung der Aufgaben und Ziele des Jugendhilfeträgers (z. B. Möglichkeiten der Teilnahme am Unterricht, Beratung mit Lehrern- andere Kooperationsformen)
- Anzahl, Arbeitsschwerpunkte der durch den Jugendhilfeträger beauftragten Mitarbeiter (ggf. Aussage über das Weisungsverhältnis), Aussage zur ehrenamtlichen Tätigkeit von Lehrern, Eltern und Schülern
- Mitwirkungsrechte der Schüler
- Finanzielle und räumliche Absicherung der Arbeit
- Kostenanteile des Trägers, der schultragenden Gemeinde, der Eltern der Schüler, des Schulvereins oder Dritter
- Verpflichtungsermächtigung für einen Zeitraum, möglichst nicht unter drei Jahren
- Unterscheidung zwischen Sach- und Personalkosten
- Räumliche Voraussetzungen und Nutzungsrechte
- Aussagen über Haftungs-, Versicherungs- und Aufsichtsfragen
- Im Hinblick auf die Arbeit des Jugendhilfeträgers und seiner Mitarbeiter in eigenen Räumen oder in Räumen der Gemeinde
- Ggf. im Hinblick auf die Nutzung eines Schulgebäudes
- Regelung im Konfliktfall
- Unterrichtspflichten
- Schadensersatz
- Begleitung der Arbeit durch

  - Jugendamt
  - Schulkonferenz
  - Gemeinde
  - Schulamt bzw. Schulverwaltungsamt

2. *Weitere Kooperationsmöglichkeiten*

a) Sozialpädagogische Arbeitskreise an der Schule

Zur Unterstützung schulbezogener Jugendhilfemaßnahmen sollten Arbeitskreise gebildet werden, die eine kooperative ganzheitliche Zusammenarbeit aller am Projekt Beteiligten anstreben. Solche Arbeitskreise sollten frühzeitig in die Entwicklung von Kooperationen eingebunden werden und innovativ die Weiterentwicklung der jeweiligen Maßnahmen betreiben.
Der Arbeitskreis an einer Schule berät u. a. über die im Zusammenhang mit dem Projekt stehenden inhaltlichen, personellen sowie organisatorischen Fragen.

Dem Arbeitskreis sollen angehören:

- Teilnehmer des Schüler-, Lehrer- und Elternrates
- Mitarbeiter des jeweiligen kooperierenden Trägers

- Mitarbeiter des öffentlichen Jugendhilfeträgers (bei kreisangehörigen Gemeinden empfiehlt sich der jeweilige zuständige Mitarbeiter in der Sozialverwaltung)
- im Falle einer beruflichen Schule Mitarbeiter der zuständigen Arbeitsverwaltung.

b) Regelmäßige Arbeitskontakte auf der Ebene der Amtsleiter und Schulräte

Schul- und Jugendamtsleiter sowie der zuständige Schulrat sollen regelmäßig zu gemeinsamen Beratungen zusammentreffen. Ziel dieser Beratungen sollte die Begleitung der in dem jeweiligen Landkreis bzw. der kreisfreien Stadt ansässigen Kooperationsprojekte sowie deren personelle und finanzielle Absicherung sein (Datenaustausch, schulpsychologische Dienste u. a. m.). Beim Übergang von der Schule in die berufliche Bildung ist es ratsam, das Arbeitsamt mit einzubinden.

c) Jährliche gemeinsame Sitzungen der Bildungs- und Jugendhilfeausschüsse

Damit schul- und jugendhilfspolitische Tendenzen auf der kommunalen Ebene frühzeitig erkannt und im Hinblick auf die Zuständigkeit der jeweiligen Gebietskörperschaft bearbeitet werden können, sollte mindestens jährlich eine gemeinsame Sitzung der Schul-(Bildungs)- und Jugendhilfeausschüsse durchgeführt werden.

3 Das Kinder- und Jugendhilfegesetz (KJHG)

In diesem Kapitel werden die wichtigsten Paragrafen des KJHG und die dafür bestehenden Einrichtungen und Dienste in der Gemeinde beschrieben, die von Bedeutung auch für die Schule sind und von denen Lehrkräfte wissen sollten, um sie weiterempfehlen oder mit ihnen zusammenarbeiten zu können.

Im Kontext einer stärkeren Verschränkung schul- und sozialpädagogischer Kooperation ist es angemessen, auch für Lehrkräfte an Schulen das Kinder- und Jugendhilfegesetz darzustellen. Das geschieht zum einen in der Absicht, einen Einblick in die gesetzliche Arbeitsgrundlage der »Nachbarprofession« zu geben. Zum anderen wird dabei die schon mehrfach angesprochene Aufgabenüberschneidung von Schule und Jugendhilfe deutlich.

Das 1991 (alte Bundesländer) bzw. 1990 (neue Bundesländer) in Kraft getretene Kinder- und Jugendhilfegesetz kann für alle im Bereich der Jugendhilfe Beschäftigten ohne Zweifel zu der wichtigsten, weil verbindliche Orientierung gebenden Arbeitsgrundlagen gerechnet werden. Dessen genaue Kenntnis an sozialpädagogischen Arbeitsplätzen und in Jugendämtern kann vorausgesetzt werden. Für Schulpädagogen und im Schulbereich Tätige ist das KJHG dagegen in anderer Hinsicht bedeutsam: Lehrerinnen und Lehrer können im KJHG erstmals die oft als konfus wahrgenommene Arbeit der Jugendhilfe konkret begründet und in ihren einzelnen Arbeitsbereichen und Aufgaben begrifflich und inhaltlich systematisch beschrieben finden.

Bevor die einzelnen Arbeitsschwerpunkte des neuen Kinder- und Jugendhilfegesetzes genannt werden, ist festzuhalten, dass Jugendhilfe heute nicht mehr als randständige Fürsorge oder als isolierte Freizeitgestaltung Angebote macht, sondern zunehmend mehr auf das gesamte Lebensumfeld aller Heranwachsenden eingeht. Jugendhilfe als neuerdings garantiertes Leistungsangebot für alle Kinder und Jugendlichen beschäftigt sich auch mit politischer Bildung und kulturellen und arbeitsweltbezogenen Themen ebenso wie mit Spiel, Sport, Geselligkeit und Erholung. Es muss die Schule nachdenklich machen, dass bei struktureller Unterschiedlichkeit auf sehr ähnlichen Arbeitsfeldern und mit gleichen Adressaten gearbeitet wird.

Die Einordnung der Jugendhilfe in das Sozialgesetzbuch, wie es mit dem Kinder- und Jugendhilfegesetz 1991 geschah, hat noch deutlicher werden lassen, wie eng die Verflechtung der Bereiche Erziehung und Soziales, also auch von Jugendhilfe und Schule, heute geworden ist.

Die Einbeziehung der erzieherischen Hilfe, wie sie im KJHG festgeschrieben ist, in das System der Leistungen des Sozialgesetzbuches kommt außerdem einem Wandel des bisherigen Begriffs der »sozialen Sicherung« gleich, der nunmehr immer stärker auch immaterielle Leistungen durch soziale Dienste und Einrichtungen einschließt.

Tab. 6: Gliederung des Kinder- und Jugendhilfegesetzes (KJHG)

I *Allgemeine Vorschriften*

II *Leistungen der Jugendhilfe*

1. Jugendarbeit, Jugendsozialarbeit, erzieherischer Kinder- und Jugendschutz
2. Förderung der Erziehung in der Familie
3. Förderung von Kindern in Tageseinrichtungen und in Tagespflege
4. Hilfe zur Erziehung

III *Andere Aufgaben der Jugendhilfe*

1. Vorläufige Maßnahmen zum Schutz von Kindern und Jugendlichen
2. Schutz von Kindern und Jugendlichen in Familienpflege und in Einrichtungen
3. Mitwirkung in gerichtlichen Verfahren
4. Pflegschaft und Vormundschaft für Kinder und Jugendliche
5. Beurkundung und Beglaubigung

IV *Schutz personenbezogener Daten*

V *Träger der Jugendhilfe, Zusammenarbeit*

1. Träger der öffentlichen Jugendhilfe
2. Zusammenarbeit mit der freien Jugendhilfe, ehrenamtliche Tätigkeit
3. Gesamtverantwortung, Jugendhilfeplanung

VI *Zentrale Aufgaben*

VII *Zuständigkeit*

VIII *Heranziehung zu den Kosten, Kostenerstattung*

IX *Kinder- und Jugendhilfestatistik*

X *Straf- und Bußgeldvorschriften*

Das Kinder- und Jugendhilfegesetz bestimmt, dass jeder junge Mensch ein Recht auf Förderung seiner Entwicklung und auf Erziehung zu einer eigenverantwortlichen und gemeinschaftsfähigen Persönlichkeit hat (§ 1). Das Gesetz wendet sich also an Kinder und Jugendliche, sieht diese aber als Teil der Lebens- und Entwicklungsgemeinschaft Familie. Daher sind auch Eltern in ihrer Erziehungsverantwortung Adressaten des Jugendhilfegesetzes. Das Gesetz löste das seit 1922 gültige Jugendwohlfahrtsgesetz (JWG) ab. Im Gegensatz zu diesem hat das KJHG einen eindeutig präventiven Charakter und es treten deshalb z. B. Eingriffe in die Familien in den Hintergrund. Mithilfe des Gesetzes sollen die Autonomie von Kindern, Jugendlichen und Familien gestärkt, ihre eigenständigen Möglichkeiten zur Hilfe und Selbsthilfe aktiviert werden. Selbstverantwortung und Mitarbeit an den gemeinsamen Entwicklungshilfen sind integrale Bestandteile der einzelnen Leistungsangebote, deren wesentliche Inhalte im Folgenden aufgeführt werden:

1. *Jugendarbeit*

> *»Jungen Menschen sind die zur Förderung ihrer Entwicklung erforderlichen Angebote der Jugendarbeit zur Verfügung zu stellen. Sie sollen an den Interessen junger Menschen anknüpfen und von ihnen mitbestimmt und mitgestaltet werden, sie zur Selbstbestimmung befähigen und zu gesellschaftlicher Mitverantwortung und zu sozialem Engagement anregen und hinführen.« (§ 11 KJHG)*
> *»Jugendliche« sind nach dem KJHG Personen zwischen 14 und 18 Jahren. (§7)*

Zu den Schwerpunkten der Jugendarbeit gehören:

a) außerschulische Jugendbildung mit allgemeiner, politischer, sozialer, gesundheitlicher, kultureller, naturkundlicher und technischer Bildung

b) Jugendarbeit in Sport, Spiel und Geselligkeit

c) Arbeitswelt-, schul- und familienbezogene Jugendarbeit

d) internationale Jugendarbeit

e) Kinder- und Jugenderholung

f) Kinder- und Jugendberatung

Die genannten Leistungen der Kinder- und Jugendarbeit werden entweder von öffentlichen Trägern wie Gemeinden oder von sogenannten freien Trägern angeboten. Dazu zählen Kirchen, Umweltschutzverbände, Pfadfinder, Deutsches Rotes Kreuz, Jugendgruppen u. a. m. (vgl. Kap. 2)

Gemeinsame Merkmale aller Jugendarbeit sind

- Freiwilligkeit der Teilnahme
- Orientierung an den Bedürfnissen der Adressaten
- Beteiligung der Jugendlichen an Planung und Gestaltung der Projekte
- Verzicht auf Leistungskontrollen
- Gruppenorientierung und Erfahrungsbezug

Die Angebote können entweder als sogenannte offene Jugendarbeit für alle Jugendlichen oder als sogenannte Verbandsarbeit für Mitglieder bestimmt sein.

2. *Jugendsozialarbeit*

»Jungen Menschen, die zum Ausgleich sozialer Benachteiligung oder zur Überwindung individueller Beeinträchtigungen in erhöhtem Maße auf Unterstützung angewiesen sind, sollen im Rahmen der Jugendhilfe sozialpädagogische Hilfen angeboten werden, die ihre schulische und berufliche Ausbildung, Eingliederung in die Arbeitswelt und ihre soziale Integration fördern« (§ 13 KJHG).

Insofern umfasst Jugendsozialarbeit vor allem berufsbezogene Hilfen unter Berücksichtigung ganzheitlicher Förderung, wie z. B. Jugendwerkstätten, Ausbildungs- und Beschäftigungsmaßnahmen, erlebnispädagogische Angebote (vgl. Kap. 9).

3. *Kinder- und Jugendschutz*

»Jungen Menschen und Erziehungsberechtigten sollen Angebote des erzieheri schen Kinder- und Jugendschutzes gemacht werden.« (§ 14 KJHG)

Hier sollen jungen Menschen geeignete, präventive erzieherische Angebote zur Verfügung stehen, die sie dazu befähigen, sich besser vor gefährdenden Einflüssen zu schützen, die Kritikfähigkeit zu schulen, und Eigenverantwortlichkeit zu entwickeln - so z. B. bei Medienangeboten, Beratung, Elternarbeit.

4. *Allgemeine Förderung der Erziehung in Familien*

»Müttern, Vätern, anderen Erziehungsberechtigten und jungen Menschen sollen Leistungen der allgemeinen Förderung der Erziehung in der Familie angeboten werden. Sie sollen dazu beitragen, dass Mütter, Väter u. a. Erziehungsberechtigte ihre Erziehungsverantwortung besser wahrnehmen können.« (§ 16 KJHG)

Die Förderung der Erziehung in der Familie umfasst insbesondere folgende Leistungsangebote:

a) Familienbildung, die auf Bedürfnisse und Interessen von Familien in unterschiedlichen Lebenslagen und Erziehungssituationen eingeht und die Familien in Formen der Selbst- und Nachbarschaftshilfe zum Zusammenleben mit Kindern besser befähigt.

b) Beratungsangebote in allgemeinen Fragen der Erziehung und der Entwicklung von jungen Menschen.

c) Familienfreizeit-Angebote und Angebote zur Familienerholung, insbesondere in belastenden Familiensituationen.

5. *Beratung in Fragen der Partnerschaft, Trennung und Scheidung (§ 17 KJHG)*

Von den derzeit jährlich rund 150.000 Scheidungen sind etwa 100.000 Kinder betroffen. Für Kinder ist es meist besonders schwer, diese Entscheidung ihrer Eltern zu verstehen und zu verkraften. Häufig entwickeln sich daraus Persönlichkeitsstörungen. Der hohe Anteil von Kindern allein erziehender geschiedener Eltern an Heim- und Pflegekindern ist ein Indiz für die Schwierigkeiten, mit denen die Kinder und Jugendlichen aus gescheiterten Bindungen zu kämpfen haben.
Das Kinder- und Jugendhilfegesetz sieht Beratungsangebote in Fragen der Partnerschaft, Trennung und Scheidung vor. Familien soll geholfen werden, Problemsituationen rechtzeitig selbst zu bewältigen, bevor es zu einer Krise kommt.
Nach einer Trennung soll versucht werden, zu einem einvernehmlichen Konzept zu gelangen, wozu vor allem gehört, eine möglichst gemeinsame Elternverantwortung für das Kind unter den Jugendlichen auch nach einer Trennung/Scheidung sicherzustellen.

6. *Beratung und Unterstützung bei der Ausübung der Personensorge*

»Mütter und Väter, die allein für ein Kind oder einen Jugendlichen zu sorgen haben oder tatsächlich sorgen, haben Anspruch auf Beratung und Unterstützung bei der Ausübung der Personensorge einschließlich der Geltendmachung von Unterhalts- oder Unterhaltsersatzansprüchen des Kindes oder Jugendlichen« (§ 18 KJHG)

Allein Erziehende haben Anspruch auf Beratung und Unterstützung. Umgekehrt gilt: Mütter und Väter, denen die elterliche Sorge nicht zugesprochen wurde, haben Anspruch auf Beratung und Unterstützung bei der Ausübung ihres Umgangsrechts, bei der Herstellung von Besuchskontakten und allen Fragen, die das gemeinsame Kind betreffen. Gerade in diesem Bereich besteht ein erheblicher Bedarf an Hilfestellung,wie Schüler/-innen und Eltern – oft ganz nebenbei – anklingen lassen.

7. *Betreuung und Versorgung des Kindes in Notsituationen*

> *»Fällt der Elternteil, der die überwiegende Betreuung des Kindes übernommen hat, für die Wahrnehmung dieser Aufgabe aus gesundheitlichen oder anderen zwingenden Gründen aus, so soll der andere Elternteil bei der Betreuung und Versorgung des im Haushalt lebenden Kindes unterstützt werden.« (§ 20 KJHG)*

In diesem Paragraphen wird der »klassische« Fall geregelt, der häufig erlebt werden kann: Die Mutter hat die Erziehung der Kinder übernommen – Mutter wird krank, Vater kann keinen Urlaub nehmen, weil er seinen Anspruch ausgeschöpft hat, Großeltern oder Tanten sind nicht in Reichweite – was geschieht mit den Kindern?
Für solche Notsituationen sind die Ansprüche jetzt anzumelden. Es besteht darauf ein Rechtsanspruch. Beim Jugendamt kann eine Haushaltshilfe oder Erzieherin als ambulante Hilfe angefordert werden, so dass vor allem die Kinder in ihrer gewohnten Lebensumwelt bleiben können und nicht einer früher üblichen Heimzuweisung ausgesetzt sind (§ 20 KJHG).

Wohl die bekanntesten Regelungen des KJHGs sind in den Paragrafen zur Förderung von Kindern in Tageseinrichtungen zu finden:

> *»In Kindergärten, Horten und anderen Einrichtungen, in denen sich Kinder für einen Teil des Tages oder ganztags aufhalten, soll die Entwicklung des Kindes zu einer eigenverantwortlichen und gemeinschaftsfähigen Persönlichkeit gefördert werden.*
>
> *Die Aufgabe umfasst die Betreuung, Bildung und Erziehung des Kindes. Das Leistungsangebot soll sich pädagogisch und organisatorisch an den Bedürfnissen der Kinder und ihrer Familien orientieren.« (§ 22 KJHG)*
>
> *»Zur Förderung der Entwicklung des Kindes, insbesondere in den ersten Lebensjahren, kann auch eine Person vermittelt werden, die das Kind für einen Teil des Tages oder ganztags entweder im eigenen oder im Haushalt des Personensorgeberechtigten betreut (Tagespflegeperson).« (§ 23 KJHG)*
>
> *»Alle Kinder, für deren Wohl eine Förderung in Tageseinrichtungen (§ 22) oder in Tagespflege (§ 23) erforderlich ist, sollen eine entsprechende Hilfe erhalten. Die Länder regeln die Verwirklichung dieses Grundsatzes durch Landesrecht und tragen für einen bedarfsgerechten Ausbau Sorge« (Rechtsanspruch auf einen Kindergarten-Platz). (§ 24 KJHG)*

Eine genauere Erläuterung, auch hinsichtlich der Bedeutung dieser Paragrafen für die Schule, erfolgt im Kapitel 4.

Die Tagesbetreuung von Kindern hat in den letzten Jahren an Bedeutung sehr gewonnen. Angeboten werden müssen deshalb Plätze in Kindergärten, Horten, das »Tagesmutter«-Modell und andere Angebote an Tagesbetreuung.
Das Angebot an Plätzen in Tageseinrichtungen für Kinder aller Altersgruppen ist noch unzureichend. Das Kinder- und Jugendhilfegesetz sieht vor, es bedarfsgerecht und flächendeckend auszubauen. Das fällt in die Kompetenz der Länder und Kommunen. Eltern ist angesichts dieses Dilemmas allerdings deutlich zu erklären, dass sie einen Rechtsanspruch auf Tagesbetreuung haben. Er ist beim Jugendamt anzumelden und gegebenenfalls nach schriftlich erfolgter Ablehnung beim Verwaltungsgericht einzuklagen (Antrag auf Erlass einer einstweiligen Anordnung).

8. Hilfe zur Erziehung (§ 27 KJHG)

Das Kinder- und Jugendhilfegesetz bietet ein abgestuftes System von Hilfen. Das kann ein klärendes Gespräch mit einer Sozialarbeiterin sein, das kann auch eine sozialpädagogische Familienhilfe sein (vgl. Kap. 3.4), eine Hilfe bei Schwierigkeiten eines Jugendlichen in der Schule oder im Beruf. Hilfen sollten möglichst ambulant geleistet werden, indem in der Familie Personen aus dem Bereich der Jugendhilfe beratend und unterstützend tätig werden. Das geschieht entweder ständig oder in gewissen, regelmäßigen Abständen. Teilstationäre Hilfen sind vorgesehen, die das Kind oder den Jugendlichen in seiner Familie belassen, ihm aber z. B. im Anschluss an die Schule eine qualifizierte Förderung sowie pädagogische Hilfe unter Einbeziehung der Eltern bietet.

Die wesentlichen Hilfen zur Erziehung sind:

a) Erziehungsberatung (§ 28) (vgl. Kap. 3.2)

b) soziale Gruppenarbeit (§ 29)

c) Erziehungsbeistand, Betreuungshelfer (§ 30)

d) sozialpädagogische Familienhilfe (§ 31) (vgl. Kap. 3.4)

e) Erziehung in einer Tagesgruppe (§ 32) (vgl. Kap. 3.3)

f) Vollzeitpflege (§ 33)

g) Heimerziehung oder betreute Wohnform (§ 34).

Von diesen Hilfen werden – wegen ihrer besonderen Bedeutung auch für die Schule und die beratenden Lehrkräfte – die *Erziehungsberatung* (Kap. 3.2), die *sozialpädagogische Familienhilfe* (Kap. 3.4) sowie die *Erziehung in einer Tagesgruppe* (Kap. 3.3) gesondert vorgestellt.

Für alle genannten Hilfen gilt, dass der Personensorgeberechtigte und das Kind oder der Jugendliche vor ihrer Entscheidung über die Inanspruchnahme einer Hilfe zur Erziehung mitbestimmend beteiligt werden. Außerdem soll eine Entscheidung im Zusammenwirken mehrerer Fachkräfte getroffen werden (§ 36 KJHG), mit denen zusammen ein *Hilfeplan* aufzustellen ist. Ein Hilfeplan gibt Auskunft über den erzieherischen Bedarf, die zu gewährende Art der Hilfe, sowie über die notwendigen Leistungen. Bei Aufstellung und Durchführung dieser Hilfepläne sollten auch Schulen bzw. einzelne Lehrer beteiligt sein.

Ein Beispiel zeigt, wie ein Hilfeplan initiiert werden kann:

Riko, 13 Jahre, hat Probleme in der Schule. Seine Leistungen sind schlechter geworden, er fehlt immer häufiger, die Mitschüler beklagen sich über seine wachsende Aggressivität. Vor einem halben Jahr haben sich seine Eltern im Streit getrennt, Riko ist den Nachmittag über allein, weil seine Mutter wieder in ihren alten Beruf als Sekretärin zurückkehren musste. Das Geld reichte nicht.

Die Mutter hat wiederholt in der Elternsprechstunde Rat gesucht. Mit dem Vater will sie nichts mehr zu tun haben, obwohl der Junge an ihm hängt. Im Prinzip wäre der Vater bereit, sich mehr um den Jungen zu kümmern. Der Lehrer von Riko gab der Familie den Rat, in einer Beratungsstelle die Probleme durchzusprechen.

Der Anruf bei der Erziehungsberatungsstelle hat Überwindung gekostet, aber nach dem ersten Gespräch war die Hemmschwelle weg. Es beteiligten sich sogar beide Eltern, so dass der Lehrer nachträglich von Riko hörte: »Danke, dass Sie mit meiner Mutter gesprochen haben!«

Der Beratungsprozess ist z. Zt. noch nicht abgeschlossen; alle Seiten suchen nach einer Lösung für Riko, die den Eltern die Möglichkeit gibt, auch nach ihrer Trennung ihre Verantwortung für Riko wahrzunehmen.

3.1 Jugendarbeit

Jugendarbeit, ein Teilgebiet der Jugendhilfe, bezeichnet Bildungs- und Erziehungsmaßnahmen, die den schulisch vermittelten Inhalten näher als andere Angebote der Jugendhilfe sind. Der oben zitierte § 11 KJHG ebenso wie das nachfolgende Beispiel aus Nordrhein-Westfalen lassen die Breite des Angebots von Jugendarbeit erkennen. Der Gegensatz zur Schule besteht in der charakteristischen Freiwilligkeit von Jugendarbeit und dem Fehlen verbindlicher Curricula bzw. Rahmenrichtlinien.

Jugendarbeit sucht heute unter besonders großen Schwierigkeiten (finanzielle Kürzungen, Schließung von Jugendtreffs u. a.) ein breites Spektrum von Bildungs- und Erziehungsangeboten auch in Konkurrenz zu kommerziellen und medial vermittelten Freizeitinteressen anzubieten. Besonders die Arbeit der Jugendverbände (vgl. Kap. 2.4) und die offene (für »Nichtorganisierte«) Jugendarbeit leidet darunter, dass – meist umgekehrt proportional zur Notwendigkeit – Jugendarbeit in ökonomischer Abhängigkeit von jährlich neu zu bewilligenden Haushaltsmitteln eingeschränkt wird. Wie das nachfolgende Beispiel nahe legt, gewinnen Schulen durch eine Kooperation mit der Jugendarbeit der Jugendhilfe oft neue Motivation und ein eigenes Profil (vgl. Kap. 5).

Großen Raum nehmen mittlerweile die Kooperationsprojekte zwischen Jugendhilfe und Schule ein, die Hilfen am Übergang von der Schule in den Beruf bieten. Verstärkt wurde die Notwendigkeit zu diesen Maßnahmen, die grundsätzlich Auftrag der Jugendberufshilfe sind, durch die wachsende Ausbildungs- und Berufsnot junger Menschen. Diese Maßnahmen setzen häufig in Haupt- und Sonderschulen an und unterstützen den Übergang durch Hilfen zur Berufsorientierung, durch Vermittlung von arbeitsweltbezogenen Erfahrungen sowie durch nachgehende Betreuung von Jugendlichen in der Ausbildung.

Im Laufe der vergangenen Jahre ist hierbei eine Entwicklung und Verlagerung des Schwerpunktes beobachtbar. Hatten die sozialpädagogischen Projekte zu Beginn eher die Vermeidung des Schulversagens im Auge, stellen sich die Maßnahmen heute stärker als Hilfen bei der Bewältigung des schwierig gewordenen Übergangs in den Beruf dar und intervenieren so in aktuellen Krisensituationen.

Ein Beispiel für Jugendarbeitsangebote in Kooperationen mit Schulen bietet das nachfolgende Beispiel aus Nordrhein-Westfalen:

Jugendarbeit an berufsbildenden Schulen:

Das Beispiel Nordrhein-Westfalen

RdErl. d. Kultusministeriums NRW v. 16.6.1987

Die Jugendarbeit, die die Landesarbeitsgemeinschaft Jugendarbeit an berufsbildenden Schulen NW e. V. zusammen mit den Bezirksarbeitsgemeinschaften an den berufsbildenden Schulen und Kollegschulen des Landes durchführt, ist eine wichtige, die berufliche Bildungsarbeit erweiternde Aufgabe. Sie hilft Jugendlichen, ihre Persönlichkeit in sozialer, politischer und kultureller Hinsicht zu entwickeln. Sie öffnet zusätzlich Möglichkeiten für Jugendliche, sich mit ihren Lebensbedingungen im beruflichen und privaten Leben und seinen Veränderungen auseinanderzusetzen.

Jugendarbeit knüpft an die Lebenswelt der Jugendlichen an. Ihre Inhalte und Methoden müssen ständig weiterentwickelt werden. Lernfelder, Organisations-, Aktions- und Lernformen sind offen für Veränderungen.

Die Jugendarbeit an berufsbildenden Schulen erstreckt sich besonders auf die Bereiche:

- politische Bildung (z. B. Schülerzeitung, Schülervertretung, Schulmitwirkung, Thematisierung aktueller politischer Probleme, internationale Begegnung)
- darstellende Kunst (z. B. Tanz, Theater, Puppenspiel, Musik)
- bildnerisches Gestalten (z. B. visuelle Kommunikation, Formbildung, Drucke)
- Medienarbeit und Medienpädagogik (z. B. Videografie, Hörspiel, Fotografie)
- technische Bildung (z. B. Elektrotechnik, Metalltechnik, Amateurfunk, Modellbau, elektronische Datenverarbeitung)
- Sportprojekt (z. B. Bau von Sportgeräten, Kanuwanderfahrten, Radwanderfahrten, Segelsurfen, Segelfliegen, Segeln mit Großschiffen)
- Spiel und Spielpädagogik (Interaktionsspiele, Kreativitätsspiele, Fantasiespiele, Ausdrucksspiele)
- Umweltprojekte (z. B. ökologische Wanderung, Naturerkundung, geologische Erkundung, Anlegen von Schulgärten und Biotopen, Umweltschutzmaßnahmen)

Die Jugendarbeit an berufsbildenden Schulen wird in freiwilligen Arbeitsgemeinschaften, Neigungs- und Projektgruppen organisiert. Sie umfasst schulische und außerschulische Veranstaltungen, Schullandheimaufenthalte, Seminare und internationale Jugendbegegnungen.
Zur Qualifizierung der Mitarbeiterinnen und Mitarbeiter veranstalten die Landesarbeitsgemeinschaften und die Bezirksarbeitsgemeinschaften Jugendarbeit NW e. V. Multiplikatorenlehrgänge, Fach- und Arbeitstagungen und Einführungsseminare für Studienreferendarinnen und Studienrefendare an berufsbildenden Schulen.
Für Lehrerinnen und Lehrer, die in der Jugendarbeit der Schule tätig sind, z. B. Jugendobleute, Leiterinnen und Leiter von Arbeitsgemeinschaften, Neigungs- und Projektgruppen, kann die Lehrerkonferenz eine Entlastung aus dem allgemeinen Entlastungskontingent gewähren.

3.2 Erziehungsberatung (EB) und Schule

»Erziehungsberatungsstellen und andere Beratungsdienste und Einrichtungen sollen Kinder, Jugendliche, Eltern und andere Erziehungsberechtigte bei der Klärung und Bewältigung individueller und familienbezogener Probleme und der zugrunde liegenden Faktoren, bei der Lösung von Erziehungsfragen sowie bei der Trennung und Scheidung unterstützen. Dabei sollen Fachkräfte verschiedener Fachrichtungen zusammenwirken, die mit unterschiedlichen methodischen Ansätzen vertraut sind« (§ 28 KJHG).

Einer Lehrerin oder einem Lehrer sind folgende Schüler vielleicht schon öfter begegnet:

- Marco scheint den Anforderungen leicht gewachsen zu sein, leider sind seine Leistungen aber weit unter dem Durchschnitt. Sein Fachlehrer hat es bereits mit vielen Zugangsweisen versucht: Alle Ermunterungen, ebenso wie alle Kritik, bleiben fruchtlos.
- Henrik, als Einzelner durchaus ansprechbar und einsichtig, kann sich im Klassenverband nicht »normal« verhalten. Immer wieder zeigt er Verhaltensauffälligkeiten, die das Arbeiten für alle erschweren und die Anlass für entnervende Auseinandersetzungen sind.
- Alidas Eltern kommen und wissen nicht mehr weiter: Ihre Tochter erledigt ihre Hausaufgaben zuverlässig, trotzdem bleiben die schulischen Erfolge aus. Das Mädchen zeigt Ängstlichkeit, ja Verstörtheit, wenn nur von der Schule die Rede ist.

Oftmals liegt hier ein Konfliktpotentzial nicht nur zwischen Lehrer und Schüler bzw. Eltern und Kind, sondern auch zwischen Elternhaus und Schule. *In solchen Situationen braucht der Lehrer Hilfe*, erst recht, wenn die Verhaltensauffälligkeiten möglicherweise auf einem gestörten Verhältnis zwischen dem Schüler und ihm selbst beruhen könnten. Schwierig kann es aber auch für die Eltern sein, die sich aufgrund des engen Kontaktes zum Kind nicht in der Lage sehen, die erforderliche Änderung der Situation von sich aus vorzunehmen.
Jetzt könnten Schulpsychologen und Beratungslehrer hinzugezogen werden (vgl. Kap. 10.1). Wenn diese nun aber überlastet sind und/oder eine Lehrkraft die Anonymität einer Beratung sucht, so sind *Erziehungsberatungsstellen (EB) ein möglicher Anlaufpunkt, um sich Hilfen von außen zu holen.*
Erziehungsberatungsstellen sind meist unter dem erweiterten Namen der *Erziehungs-, Jugend- und Familienberatungsstelle* von Gemeinden oder Wohlfahrtsverbänden getragene Einrichtungen. Sie haben seit Beginn dieses Jahrhunderts einen sprunghaften Ausbau erlebt und erfüllen seit Bestehen des Kinderjugendhilfegesetzes (1991) den individuellen Rechtsanspruch auf eine kostenfreie Beratung, zu der Kinder, Jugendliche und Erwachsene freiwillig kommen können. Neuere Kennzeichen sind deshalb Bürgernähe, offene Sprechstunden und andere präventive »niederschwellige« Angebote.
Die Kontaktaufnahme und die Beratung bei einer Erziehungsberatungsstelle sind freiwillig und kostenlos.
Deshalb ist ein gegenseitiger Besuch gut geeignet dafür, die jeweils praktizierten Arbeitsformen, Methoden usw vorzustellen. Gleichzeitig sollte aber auch die Möglichkeit genutzt werden, *Elternabende und Themenabende* für das gesamte Schuljahr zu vereinbaren.
Da die Mitarbeiter und Mitarbeiterinnen an Erziehungsberatungsstellen

Bei einer *Zusammenarbeit* zwischen Schulen und Erziehungsberatungsstellen benötigen beide Seiten vor allem *Informationen über den jeweils anderen Bereich.* Erst wenn man sich kennt, arbeitet man auch gern zusammen.

meist ein multiprofessionelles Team sind, d. h. Psychologen, Sozialpädagogen, Heilpädagogen, Ärzte usw; werden psychologische, pädagogische oder medizinische Fragen von Beziehungs- und Verhaltensstörungen, von Schulproblemen ebenso wie von Problemen zwischen Elternhaus und Schule fachkundig erörtert werden können.

Mögliche Themen sind:

- Verhaltensstörungen,
- Fragen der Sexualität und Sexualerziehung,
- Themen der Mädchen-Jungen-Beziehungen,
- Außenseiterrollen,
- aktuelle Fragen der Gewalt usw.

Sämtliche Mitarbeiter unterliegen der Schweigepflicht, d.h. nur mit dem Einverständnis der Kinder bzw. Jugendlichen oder deren Personen-Sorgeberechtigten dürfen Informationen an Dritte weitergegeben werden.
Vielfältig sind auch die Angebote der *praktizierten Methoden* und Arbeitsformen: Neben tiefenpsychologischen, verhaltenstherapeutischen, gesprächstherapeutischen und gestalttherapeutisch orientierten Arbeitsformen setzen sich heute zunehmend integrativ angewandte und systemisch verstandene Angebote in den Beratungsstellen durch (vgl. Kap. 7.2).
Ein informierter Lehrer wird gegenüber Eltern gewisse Schwellenängste vor dem Besuch einer Erziehungsberatungsstelle vermindern, wenn er den Eltern die Aufgaben und Arbeitsweisen der Beratungsstelle erläutern kann.
Es ist aber auch möglich, dass nach den Kontaktgesprächen und dem Kennenlernen *in der Schule Beratungsgespräche* eingeräumt werden, die als *Sprechstunden der Erziehungsberatungsstelle* abgehalten werden.
Lehrern steht also frei, Fragen, die sich im Umgang mit Schülern ergeben, von sich aus mit Mitarbeitern einer Erziehungsberatungsstelle zu erörtern.
Die schulpädagogischen Kompetenzen bleiben dabei die Grundlage für den Kontakt mit anderen professionellen Institutionen, d. h. eine Lehrkraft soll nicht versuchen, über eine entsprechende Sensibilisierung für Aufgaben und Methoden der anderen Einrichtung hinaus auch deren Kompetenzen zu erwerben.
In einer fachübergreifenden Kooperation bestehen heute bereits regionale *Treffen in Arbeitskreisen.* Es verwundert nicht, dass bei diesen Anlässen auch

das jeweilige »Image« und Selbstbewusstsein der Institution nach außen dargestellt werden soll. Vermutlich haben sich in der Vergangenheit nicht nur Schulen durch Schwerpunkte zu profilieren versucht, sondern auch manche Beratungsstellen »einen privilegierten Sonderstatus für ihre Arbeitsbedingungen und ihren methodischen Arbeitsansatz gesichert und sich aus den drängenden und mühseligen Aufgaben der gemeinen Jugendhilfe herausgezogen« (KOLPP, S. 137). Die heute oft zugespitzte Situation von Kindern und ihren Familien erzwingt allerdings zunehmend mehr, das persönliche und institutionelle Außen-Image zugunsten einer stärkeren Vernetzung einzuschränken. Dazu können z. B. offene Sprechstunden, Ausbau der Kooperationen zwischen Beratungsstelle und Schule, die Förderung und Unterstützung selbstständiger Elterngruppen im Stadtteil und insgesamt der Abbau institutioneller Schwellen zählen.

> *»Viele Familien finden den Weg zur Beratung nicht. Die Berater ihrerseits gehen wiederum in der Regel nicht dorthin, wo diese leben. Unterschichtsfamilien, Familien, die von Langzeitarbeitslosigkeit betroffen sind bzw. von sozio-ökonomischen Problemen geprägt sind, bleiben, auch wenn sie aufgrund ihrer Notlage Krisenintervention oder therapeutische Hilfen brauchen, auf den allgemeinen Sozialdienst und die Beratungsstellen der Wohlfahrtsverbände angewiesen, die für sie leichter und ohne schwere Ängste erreichbar sind.«*
>
> *(8. Jugendbericht, 1990, Bonn, Bundestagdrucksache 11/6576)*

Hier werden Lehrkräfte auch vergeblich auf das Angebot der Erziehungsberatungstellen hinweisen können. Von besonderer Bedeutung wird deshalb die Ergänzung der Angebote einer Erziehungsberatungsstelle durch andere Institutionen sein, wie *Kinderschutzzentren, Pro familia-Beratungsstellen* und niedergelassenen *(Sprach-, Bewegungs-)Therapeuten.*
Schließlich läßt sich bei der Erstellung von stadtteilbezogenen Kinder- und Jugendplänen in Stadtteil-Konferenzen eine Zusammenarbeit zwischen Erziehungsberatungsstelle und Schule institutionalisieren. (vgl. Kap. 2.1)

Schulprobleme haben einen hohen Stellenwert in den Beratungsstellen. Die Erscheinungsformen der Schulschwierigkeiten, die Erziehungsberatungsstellen vorgetragen werden, lassen sich unterteilen in

1. Schulangst,
2. Lern- und Leistungsstörungen,
3. senso-motorische Störungen,
4. soziale Schwierigkeiten im Klassenverband.

Von besonderer Bedeutung können »blinde Flecken« bei Lehrerinnen bzw. Lehrern bei der Diagnose von Erziehungsschwierigkeiten sein, mit deren

Existenz beim Stande der jetzigen Lehrerausbildung immer gerechnet werden muss. Vielfach merkt dann die Schule nicht, dass sie familiäre Konflikte und Leidensdruck bei Eltern und Kindern verstärkt. Ein Beispiel: Die Beanspruchung der Kinder durch die Schule ist zu vergleichen mit der Beanspruchung der Erwachsenen im Beruf. Eltern nehmen dabei Schwierigkeiten der Kinder mit der Schule bisweilen als existentielle Bedrohungen wahr. In einer Art »Identifikation mit dem Aggressor« machen Eltern dabei auch überzogene Leistungsforderungen, die die Schule an ihre Kinder stellt, voll und ganz zu ihren eigenen, verstärken so bisweilen den Leistungsdruck noch – und die Schule merkt das auch nicht.

Schulschwierigkeiten können allerdings auch bzw. parallel zu den von der Schule erzeugten Problemen Symptome sein für ein dysfunktionales Familiensystem. Das ist z. B. dann der Fall, wenn ein Kind bei bestehenden Unsicherheiten oder Konflikten zwischen den Eltern als »Bundesgenosse« in der Paarbeziehung missbraucht wird. Weitere Beispiele hierzu sind in den empfehlenswerten Büchern von RICHTER zu finden: »Eltern, Kind und Neurose« und »Patient Familie«.

Ein Fallbeispiel aus der Erziehungsberatung: Der Schüler Thimo

Thimo S.,	9 Jahre, Grundschule, 2. Klasse
Vater:	46 Jahre, Landwirt
Mutter:	41 Jahre, Hausfrau
Geschwister:	Sebastian, 13 Jahre, Realschule, 7. Klasse
	Oliver, 15 Jahre, Gymnasium, 8. Klasse

Thimo hatte von Schulbeginn an erhebliche Schwierigkeiten in der Schule. Er litt fast ständig an Kopfschmerzen. Nachdem eine vermutete Gehirnhautentzündung abgeklärt war, rieten Arzt und Lehrer zum Besuch einer Beratungsstelle. In der Klasse arbeitete Thimo im Vergleich zu den meisten anderen Schülern sehr langsam, er wurde fast nie rechtzeitig fertig. Er saß meistens allein, da nach seiner Aussage niemand neben ihm sitzen wolle. Er wolle auch »sowieso lieber allein sitzen«. Nach Angaben seiner Mutter sei die Lehrerin von Thimo sehr »streng« auf Ordnung bedacht und streiche oft weniger »saubere« Arbeiten durch und lasse sie nochmals machen.
Die Familie lebt auf einem Bauernhof, der von Herrn und Frau S. bewirtschaftet wird. Die Erziehung der Kinder liegt hauptsächlich bei Frau S., da der Vater zumeist auf dem Feld beschäftigt ist. Er kümmert sich auch deshalb weniger um die Schulprobleme von Thimo, weil seine Frau nach seiner Meinung in jeder Beziehung zu ordentlich und zu besorgt sei. Er selbst habe auch in den ersten Schuljahren Schwierigkeiten gehabt, später sei ihm die Schule viel leichter gefallen.

Bei gemeinsamen Gesprächen zwischen Lehrer, Thimo und seiner Mutter wiederholte Frau S. sehr oft noch einmal die Fragen des Lehrers an Thimo und versuchte diese so umzuformulieren, dass Thimo das Antworten leichter fiel.

Bevor Sie vom Fortgang der Beratung erfahren: Halten Sie Thimo für das Problem oder für einen Symptomträger (vgl. Kap. 7)?

Was vermuten Sie, kann hinter Thimos Lernschwierigkeiten stecken?

Formulieren Sie bitte Hypothesen, bei denen die nachfolgenden Gesichtspunkte zu berücksichtigen sind:

a) Die Frage nach der Paarbeziehung der Ehegatten und deren möglichen Konflikten in Beziehung zu Thimos Symptom.
b) Die Frage nach dem Verhältnis der Mutter zu ihrem Sohn Thimo hinsichtlich Selbstständigkeit/Unselbstständigkeit von Thimo.
c) Die Frage nach den belastenden Erfahrungen Thimos zum Schulbeginn im Hinblick auf sein Selbstbewusstsein.
d) Die Frage nach dem Verhalten der Lehrerin als fördernd bzw. auslösend hinsichtlich der Symptomatik von Thimo.

Als Ergebnis dieser Diagnose könnten die folgenden Punkte als Übereinstimmung zwischen Erziehungsberatern und Lehrer gefunden worden sein:

- *Eltern* sind einzubeziehen, die Mutter mit der Absicht, »loslassen« zu können und den Vater verstärkt in die Erziehung einzubinden.
- Die *Schule* sollte ebenso wie die Eltern das Selbstvertrauen von Thimo durch Ermöglichung von Erfolgserlebnissen bestärken.
- *Thimo* muss Gelegenheiten bekommen, selbst etwas zu vollbringen und schrittweise Eigenverantwortung zu übernehmen, zunächst bei den Hausaufgaben.
- Möglicherweise sollten *außerschulische Berater* mit den Eltern über eine direktere Konfliktaustragung zwischen beiden Ehepartnern sprechen.

Um die Kontakte zwischen Schule und Erziehungsberatungsstelle von Anfang an auf einer realistischen Grundlage zu suchen, sei abschließend darauf hingewiesendass in der Beziehung zwischen Beratern und Lehrern bestimmte Eigenarten auftreten können, die ihre Ursachen in der jeweiligen Berufssozialisation haben.
Als schwierig kann sich z. B. erweisen, wenn Lehrkräfte von der Erziehungsberatung Hilfe mit der Absicht erwarten, den Schüler wieder anpassungsfähiger zu machen. Auch wer die Aussage des systemischen Familientherapeuten SELVINI-PALAZZOLI nicht teilen will, dass »die Erfahrung lehrt,

dass die Schule in der Mehrzahl der Fälle vom Berater nichts anderes erwartet, als dass er ihre Angaben mit einem wissenschaftlichen Anstrich versieht und dann bestätigt«, wird dennoch die unterschiedlichen Sichtweisen auf das Kind bzw. den Schüler berücksichtigen müssen. Das resultiert auch daraus, dass Lehrer im Allgemeinen keine systembezogene Sichtweise von Schulschwierigkeiten erworben haben (vgl. Kap. 7.2). Gerade in diesem Bereich ist eine Zusammenarbeit zwischen Lehrkräften und Beratern lohnend.

3.3 Erziehung in einer Tagesgruppe

> *»Hilfe zur Erziehung in einer Tagesgruppe soll die Entwicklung des Kindes oder des Jugendlichen durch* soziales Lernen in der Gruppe, Begleitung der schulischen Förderung und Elternarbeit *unterstützen und dadurch den Verbleib des Kindes/Jugendlichen in seiner Familie sichern«. (§ 32 KJHG)*

Pädagogin:
»Kinder entwickeln sich toll«

NWZ, Oldenburg, 17.06.96

Kinder aus problematischen Familienverhältnissen müssen nicht unbedingt in einem Heim oder bei Pflegeeltern untergebracht werden.
Das zeigen die Erfahrungen der sozialpädagogischen Tagesgruppe an der Kanonstraße.
Die Mädchen und Jungen kommen nach der Schule in die Tagesgruppe und bleiben dort bis etwa 17 Uhr. In dem Haus wird gemeinsam gegessen, gespielt und gelernt, »dann geht es zurück in die Familie«, so das Vorstandsmitglied Annette Ziegler.
»Durch unsere Hilfe fühlen sich die Kinder nicht abgeschoben, denn sie werden nicht aus den Familien herausgerissen.«
Außerdem werde die Betreuung in der Tagesgruppe nicht als Strafe empfunden.
Voraussetzung sei jedoch, dass die Eltern durch Gespräche in die Arbeit eingebunden werden. Nach Angaben der Pädagogin haben sich die Leistungen in der Schule und das Sozialverhalten der Jungen und Mädchen wesentlich verbessert. »Aber auch in den Familien haben wir einiges bewegen können«, so A. Ziegler.

Auch diese Hilfsmöglichkeit für Kinder und Jugendliche mit Entwicklungsproblemen sollten Lehrerinnen und Lehrer kennen, um ggfs. mit einem Sozialarbeiter des Jugendamtes, einem Sozialen Dienst von Wohlfahrtsträgern oder anderen Stellen darüber sprechen zu können. Soziale Gruppenarbeit ist für ältere Kinder und Jugendliche gedacht und zielt auf das auch in Schulen anerkannte Ziel des sozialen Lernens in der Gruppe.
Einer belasteten Familie, die mit ihren heranwachsenden Kindern nicht mehr zurechtkommt, wird nach § 32 KJHG eine professionelle Hilfe bei der Erziehung eines Kindes zur Seite gegeben. *Erziehungsbeistand* oder *Betreuungshelfer* sind Fachkräfte, die mit dem Kind oder dem Jugendlichen zusammen in dessen gewohntem Umfeld versuchen, die Erziehungsprobleme zu überwinden. Das Kind verbleibt also in seiner Familie.
Vor allem das soziale Lernen in der Tagesgruppe ist fortzuführen in der Schule, so dass es auch deshalb notwendig wird, zwischen Lehrern und Betreuungshelfern bereits präventiv Kontakte mit der Absicht aufzunehmen, Schülern bei der Bewältigung von Entwicklungsproblemen möglichst das soziale Umfeld zu belassen. Die jeweiligen Familien sind dabei einzubeziehen, wenngleich das Ziel in der Förderung und Begleitung der Verselbstständigung besteht.

3.4 Sozialpädagogische Familienhilfe

Offensichtlich hat in dem Beispiel Sabines Lehrerin bereits gewusst, dass außerschulische Hilfe für Sabine beim Jugendamt zu bekommen war. Wohl weniger bekannt war ihr bisher die Einrichtung der sozialpädagogischen Familienhilfe. Worum geht es bei ihr?
Die sozialpädagogische Familienhilfe (SPFH) ist eine relativ neuartige Hilfeform, die die *Familienfürsorge* früherer Zeiten abgelöst hat.

> *»Sozialpädagogische Familienhilfe soll durch* intensive Betreuung *und* Begleitung *Familien*
> - *in– ihren Erziehungsaufgaben,*
> - *bei der Bewältigung von Alltagsproblemen,*
> - *der Lösung von Konflikten,*
> - *im Kontakt mit Ämtern und Institutionen*
>
> *unterstützen und Hilfe zur Selbsthilfe geben (§ 31 KJHG)«.*

Im Unterschied zu anderen erzieherischen Hilfen steht bei der sozialpädagogischen Familienhilfe die *gesamte Familie* im Mittelpunkt. Nicht einzelne Familienmitglieder sind Adressat eines sozialpädagogischen Angebotes, sondern alle Familienmitglieder.

Bericht einer Sozialpädagogin:

»Ein eher unbedeutend erscheinendes Ereignis markierte zunächst das familiäre Problem: Sabine, 13 Jahre alt, hatte in der Schule drei Tage gefehlt. Die allein erziehende Mutter von drei Kindern war krank geworden und das Mädchen musste die Fortführung des Haushalts übernehmen. Nach diesen drei Tagen ging Sabine aber weiterhin nicht zur Schule. Die Herbstferien kamen und auch danach blieb sie der Schule fern.

Die Lehrerin wandte sich ans Jugendamt, führte an, dass Sabine auch früher schon mehrmals unentschuldigt gefehlt hätte, dass wiederholte Nachfragen, Einladungen zur Sprechstunde, schriftliche Verweise bei der Mutter zu keiner Reaktion geführt hätten. Die Anregung der Lehrerin lautete: Da die Mutter offensichtlich ihren Erziehungsaufgaben nicht nachkommen könne, die Zukunft von Sabine also gefährdet sei, solle das Jugendamt einschreiten.

Die Familie erklärte sich einverstanden mit einer Probephase von 3 Monaten, während der für die vielfältigen Belastungen eine sozialpädagogische Familienhelferin vermittelt wurde.

Als ich die Familie näher kannte, war von Schulverweigerung, wie die Lehrerin das nannte, nichts zu spüren. Im Gegenteil. Ich fand Mutter und Tochter verzweifelt vor und hilflos ob der Dimensionen, die das »Schulproblem« mittlerweile angenommen hatte. Nachdem sie drei Tage gefehlt hatte – so sagte Sabine mir – hätte sie sich einfach nicht getraut, sich wieder den Vorwürfen ihrer Lehrerin und der Mitschüler auszusetzen. So sei sie weiterhin zu Hause geblieben und mit jedem Tag sei die Angst, wieder hinzugehen, größer geworden. Nun wussten beide nicht mehr, wie sie aus dieser Situation herauskommen konnten und waren erleichtert über meinen Vorschlag, mit der Lehrerin zu reden.

Die Lehrerin war überrascht und betroffen, als sie von diesen Hintergründen für Sabines Fehlen hörte, blieb aber dennoch skeptisch und fragte nach den Maßnahmen, die nun getroffen würden. Als sie hörte, dass die Maßnahme sozialpädagogische Familienhilfe in meiner Person vor ihr stünde, blieb ihre Skepsis zwar bestehen, ich spürte jedoch, dass sie im Verlauf des Gespräches über Ziele und Vorstellungen meiner Arbeit mit Sabine mich als »Maßnahme« akzeptierte. Sabine ging am nächsten Tag wieder in die Schule!«

Nicht alle Familien sind für sozialpädagogische Familienhilfe (SPFH) geeignet. Um dennoch Lehrerinnen und Lehrern Gelegenheit zu geben, eine mögliche SPFH-Hilfe vorzuschlagen, muss geprüft werden, ob bei einer Familie vermutet werden kann, dass ihre Mitglieder die Grundprinzipien der betroffenen Beteiligung und der Freiwilligkeit voraussichtlich übernehmen wollen und welche Aufgabenbereiche von den nachfolgend genannten wohl im Vordergrund stehen werden (vom Sozialarbeiter zu entscheiden). Häufige Aufgabenbereiche in der sozialpädagogischen Familienhilfe sind:

- Beratung der Eltern in Erziehungsfragen
- Mithilfe bei Behördenangelegenheiten
- Beratung der Eltern bei Partnerproblemen
- Schuldenregulierung
- Anregung der Kontaktaufnahme zu anderen Familien
- Schularbeitenhilfe
- Erstellung von Wirtschaftsplänen
- Anleitung zur Haushaltsführung und Mithilfe
- Beratung in Ernährungsangelegenheiten

Wichtige Anlässe für den Einsatz der sozialpädagogischen Familienhilfe können demnach sein:

- Überlastete Familien mit Kindern bzw. unvollständige Familien,
- Familien mit mangelnder bzw. eingeschränkter Erziehungsfähigkeit,
- mit wirtschaftlichen Problemen, ungünstigen Wohnverhältnissen oder hoher Verschuldung (Arbeitslosigkeit),
- mit Vernachlässigung von Kindern, mit oft äußeren Verwahrlosungserscheinungen und Erziehungsschwierigkeiten und/oder
- mit Schulschwierigkeiten und Problemen bei der Freizeitbewältigung.

Sozialpädagogische Familienhelfer/innen können indirekt die Arbeit von Lehrern sehr unterstützen, indem besonders bei festgefahrenen Schul- und Elternhauskonflikten Brücken gebaut werden. Sozialpädagogische Familienhelfer/innen halten sich bewusst eng an die Prinzipien, *nicht zu strafen, nicht abhängig zu machen, nicht zu stigmatisieren* (vgl. auch Kap.7.3).
Die gesamte Hilfeleistung einer SPFH beruht auf der Freiwilligkeit der Inanspruchnahme der Angebote und hat die Autonomie der Betroffenen (Hilfe zur Selbsthilfe) als Ziel. Wenn dadurch einer Familie ermöglicht wird, Impulse für eine neue Problemsicht und mögliche Lösungen zu bekommen, Kinder im schulischen und Freizeitbereich besser zu fördern und sowohl inner-

halb wie auch außerhalb der Familie konfliktfähiger zu werden, so kann kein Zweifel daran bestehen, dass Schule und Lehrer mehr über sozialpädagogische Familienhilfe wissen und erfahren sollten.
Um Lehrkräften eine bessere Einsicht in die Möglichkeit der SPFH zu geben, soll nachfolgend ein entsprechender Ablauf eines SPFH-Einsatzes vorgestellt werden.

Die Durchführung einer sozialpädagogischen Familienhilfe

Im Jugendamt wird bekannt, dass eine bestimmte Familie für eine solche Maßnahme in Frage kommt. Dies kann durch den Bezirkssozialarbeiter, eine Erziehungsberatungsstelle oder einen Verband angeregt worden sein. Aber auch aus der Schule kann der Hinweis kommen. Theoretisch gibt es noch die Möglichkeit, dass sich eine Familie selbst meldet und um diese Hilfe bittet. Es folgen verschiedene Entscheidungsschritte. An ihnen wird die Familie fast durchgehend beteiligt, so dass am Ende schließlich die Familienmitglieder nicht nur mitsprechen sondern letztlich in eigener Verantwortung entscheiden.

a) *Diagnosephase*
In einer Diagnosephase werden die Problembereiche der Familie »sortiert«. Erste kleine Teilziele werden formuliert und gemeinsam mit der Familie, dem Sachbearbeiter des Jugendamtes und der sozialpädagogischen Familienhelferin schrittweise umgesetzt (z. B. Schulschwierigkeiten der Kinder, Umgang mit Behörden, Schulden usw.).

b) *Hauptphase*
Die Hauptphase dauert in der Regel etwa ein Jahr und umfasst die eigentliche Arbeit mit der Familie. Die kleinen überschaubaren Schritte müssen sehr gut und von der Familie nachvollziehbar strukturiert sein, so dass die Helferin bei aller Aktivität mit und in der Familie die Verantwortung letztlich nicht selbst übernimmt und die Familie passiv werden lässt. Der Familie wird während dieses Prozesses ein Gespür dafür gegeben, umlernen zu können, Veränderungsbereitschaft praktisch zu prüfen und die Beziehungen zwischen den Mitgliedern der Familie neu zu definieren.

c) *Ablösungsphase*
Sie beginnt, sobald die Familie anfängt, bestimmte Funktionen selbst zu übernehmen und eine Stabilisierung veränderter Verhaltensweisen in wesentlichen Bereichen gegeben ist. Ist das Ziel *Hilfe zur Selbsthilfe* erreicht, zieht sich die Einsatzkraft Stück für Stück aus der Familie heraus. Sie wird mit der Familie jedoch abgesprochen haben, dass sie sich

weiterhin an geeignete Stellen wenden kann, falls sie weitere Hilfen bzw. Informationen benötigt. Nach Beendigung einer sozialpädagogischen Familienhilfe sollten Familien befähigt sein, die in ihrer Umgebung bestehenden Hilfsmöglichkeiten sinnvoll zu nutzen. Dazu ist u.a. auch die Schule zu zählen. Mit Wissen der Familie kann während des gesamten abgelaufenen Prozesses der Kontakt zwischen Familie, Sozialarbeiterin und betroffener Schule aufrechterhalten werden. Schulische Fachkräfte können so eine *nicht verurteilende Haltung* gegenüber den Familienmitgliedern lernen und die Entwicklung einer Familie nachvollziehen.

4 Der sozialpädagogische Betreuungsbedarf steigt – von der Tageseinrichtung zur sozialpädagogischen Ganztagsschule

In diesem Kapitel wird ein Überblick über die Schulkinderbetreuung gegeben und dabei besonders auf die Beziehung zwischen Hort und Schule eingegangen.

4.1 Zum sozialpädagogischen Betreuungsbedarf

Die in vielen Bundesländern eingeführten vollen Halbtagsschulen bzw. Betreuungsschulen können als Mittelding und Kompromiss zwischen traditionellen Halbtagsschulen und Ganztagsangeboten betrachtet werden. Z. Zt. entwickeln sich hier die unterschiedlichsten neuen Formen, weil die Nachfrage nach Ganztagsangeboten groß ist. Diese Angebote stehen zwischen Schule, Jugendarbeit und Hort. Um schulische Angebote handelt es sich, wenn sie organisatorisch der Schule eingegliedert sind und von ihr inhaltlich verantwortet werden. Hat die Schule dagegen kein Weisungsrecht gegenüber den Mitarbeitern des Ganztagsangebots, wie z. B. gegenüber Sozialpädagogen aus Jugend- oder Wohlfahrtsverbänden, so handelt es sich um Tageseinrichtungen oder Angebote der Jugendarbeit. Eine Unterbringung in der Schule ist dabei unerheblich.

In Grundschulen werden neuerdings Tageseinrichtungen, die täglich etwa drei Stunden betreuen, als Ersatz für eine volle Halbtagsschule eingerichtet. Sie unterscheiden sich von Horten dadurch, dass sie keinen umfassenden Erziehungsauftrag wahrnehmen, sondern als Ergänzungsangebot zur Schule zu verstehen sind.

Die in den Paragrafen 22 – 24 des Kinder- und Jugendhilfegesetztes (KJHG) dargestellten Grundsätze (vgl. Kap. 3) haben dazu geführt, dass in den letzten Jahren eine an den Lebensbedingungen der Kinder und ihrer Familien ausgerichtete sozialpädagogische Förderung und Organisation (Rechtsanspruch auf einen Kindertagesstättenplatz) die Diskussion bestimmen. Wie an anderer Stelle ausführlich beschrieben (Hopf, 1995), haben sich in diesem Prozess *die Auffassungen der Vorschul- und Grundschulpädagogen* unter dem Eindruck der veränderten Lebensbedingungen der Kinder *angenähert* und sind zum Teil im Grundschulunterricht als Innovationen nicht mehr wegzudenken (z. B. Freiarbeit, gleitender Schulanfang, Stuhlkreis, individuelle Leistungs- entwicklung und Beurteilung).

Exemplarisch für die Beziehungen des schulischen und sozialpädagogischen Politikbereichs zeigen sich im Kooperationsbereich Kindergarten/Grundschule die zur Zeit wirksamen Veränderungen, aber auch die strukturellen Hindernisse:

- die ordnungspolitische Zuständigkeit von meist verschiedenen Ministerien und Trägern,
- die Unterschiede der Ausbildung und Anstellungsbedingungen,
- bei zunehmender Angleichung der Arbeitsweisen und pädagogisch gestalteten Umgebung und
- der Absicht einer kontinuierlichen Persönlichkeitsentwicklung der Kinder.

Statt vieler Worte:

Fragen zur Zusammenarbeit mit Kindergärten:

1. Wissen Sie, was in dem Erlass Ihres Landes bzw. in den Empfehlungen Ihres Kultusministers zur Zusammenarbeit von Kindergarten und Grundschule konkret geschrieben steht?
2. Hat ihre Schule eine Lehrkraft als Beauftragte/n für die Zusammenarbeit mit dem Kindergarten benannt? (z. B. in Baden-Württemberg und in Niedersachsen Pflicht)
3. Erwarten Sie, dass vom Kindergarten »schulreife« Kinder kommen oder nehmen Sie an, dass nicht bei allen Kindern ausreichende Lernvoraussetzungen vorhanden sind, so dass es ebenso zu ihrer Aufgabe gehört, erst noch die Voraussetzungen für schulisches Lernen zu schaffen?

   Hinweis:
   Die zuletzt genannte Auffassung vertritt z. B. das Niedersächsische Grundschulgesetz von 1981.
4. Welchen Vorteil sehen sie darin, dass die Klassenlehrer der einzurichtenden ersten Klassen bereits ein halbes Jahr vor Beginn des Schuljahres benannt werden?
5. Kennen Sie das pädagogische Konzept Ihrer Bezugskindergärten? Haben Sie dort bereits einmal um das »Konzept« gebeten?

   Wissen Sie, mit welchen Methoden und Arbeitsformen in ihren Bezugskindergärten Vorleistungen für den Anfangsunterricht erbracht werden hinsichtlich:

   - Selbstständigkeit der Kinder?
   - Planungsfähigkeit der Kinder?
   - Gesprächsfähigkeit der Kinder?
   - Sozialverhalten der Kinder?

Zur *Zusammenarbeit zwischen Kindergärten und Grundschulen* stehen verschiedene und ausführliche Publikationen zur Verfügung, weshalb an dieser Stelle auf nähere Ausführungen verzichtet wird.

Weiterführende Anregungen finden sich bei :

- Erlasse der Schulen / Kultus- und Bildungsministerien zur Zusammenarbeit Kindergarten – Grundschule
- HORN, A. (Hrsg.), Kindergarten – Grundschule arbeiten zusammen, Weinheim 1982
- HOPF, A., Zusammenarbeit Kindergarten – Grundschule, Ja – aber wie? Oldenburger-Vor-Drucke 110 / 90, Universität Oldenburg 1993f
- PORTMANN, R. (Hrsg.), Kinder kommen zur Schule, AK Grundschule Band 73, Frankfurt / M. 1988
- WEHRFRITZ-AG., Kooperation von Elementar- und Primarbereich, Rodach-Coburg 1980

Während aber der Kindergartenbereich quantitativ und inhaltlich an Bedeutung wesentlich zugenommen hat und seine sozialpädagogisch orientierte Bildungs-, Erziehungs- und Betreuungsarbeit anerkannt ist, hat *der Hort, als außerschulisches Angebot der Jugendhilfe für Schulkinder,* noch immer ein eher negatives Image. Seine Bildungs- und Erziehungsarbeit wird häufig nicht gesehen und dem ihm unterstellten Aufbewahrungscharakter zugeordnet. Gesamtgellschaftlich gesehen, trägt der Hort so, wie er heute besteht, mehr zur Aussonderung und Stigmatisierung von Kindern bei.
Bislang wurde der *Bedarf an Hortplätzen* fast ausschließlich unter Betreuungsaspekten ermittelt. 1990 gab es in der BRD eine Bedarfsdeckung von ca. 5%, bei einem Standardbedarf an Ganztagsbetreuungs- und Erziehungsmöglichkeiten für Kinder, der, regional schwankend, zwischen 40% und 60 % liegt bzw. lag (vgl. BARGEL / KUTHE, 1990, S. 21). Besonders berufstätige Mütter und allein erziehende Elternteile haben hieran ein Interesse. Sieht man auf die ehemalige DDR, so war die Ausgangslage gegenüber den alten Bundesländern ungleich günstiger, zumindest, was den quantitativen Bestand an Schulhorten anbelangt, der für die 1. Klasse mit 93% und für die 4. Klasse mit 65% Versorgung angegeben wird (DIFF, 1992, S. 18). Es kann kein Zweifel bestehen, dass die Tagesbetreuung von Kindern in den letzten Jahren zunehmend auch an Schulen herangetragen wird. Hier liegen Herausforderungen, an denen die sozialpädagogische Kompetenz der schulischen Lehrkräfte wachsen wird.

1. Grundschule und Hort (auch Tagesheim genannt)
Beide Einrichtungen sind zwar getrennt angelegt, die Schulkinder gehen also vor und nach dem Unterricht in die benachbarte Institution. Erforderlich sind aber gerade deshalb gründliche Absprachen über Selbstverständnis und Anforderungen der beiden Bereiche.

»Pädagogische Mittagstische« erobern die Hansestadt

Deutsche Lehrerzeitung, 19.10.95 Hamburg

Immer mehr Schüler in der Hansestadt nutzen den »Pädagogischen Mittagstisch«. Nach den Erkenntnissen nehmen derzeit rund 1.600 Schülerinnen und Schüler täglich das Angebot wahr, eine warme Mahlzeit nach dem Unterricht zu erhalten.

Normann: »Dieses Jahr werden wir die Zahl der Mittagstische um sechs auf 90 in der ganzen Stadt ausweiten, um der großen Nachfrage seitens der Eltern nachzukommen.«
1990 wurde das Projekt »Pädagogischer Mittagstisch« auf Beschluss der Hamburger Bürgerschaft mit dem Ziel eingerichtet, Kindern berufstätiger und sozial benachteiligter Eltern ein warmes Mittagessen anzubieten. Doch das Angebot beschränkt sich nicht nur auf die Mahlzeiten. »Die Kinder erhalten auch eine Betreuung bei den Schulaufgaben«, sagt Edina Normann. »Verschiedene Freizeitangebote ermöglichen zudem eine sinnvolle Beschäftigung bis zum Nachmittag.«
Träger der »Pädagogischen Mittagstische« sind zumeist Jugendhäuser, Schulvereine oder Verbände wie der Deutsche Kinderschutzbund.

2. Grundschule und Hort im räumlichen Verbund
Nach dem Unterricht gehen die Kinder in den hausinternen Hort, werden dort in den Nachmittag hinein betreut und können, auch unter Beteiligung von Lehrpersonen aus der Schule, neben den Hausarbeiten an freiwilligen Projekten teilnehmen.

3. Grundschule als »vollständige« Halbtagsschule
Diese Schule gibt Eltern die Gewissheit, dass ihre Kinder in der Zeit von etwa 7.30 Uhr bis 13.00 Uhr sicher aufgehoben sind. »Betreute« oder »vollständige« Halbtagsschulen erfordern eine entsprechende Raumausstattung, zusätzliche Lehrer- bzw. Pädagogenstellen und geben dann Gelegenheit, Unterrichtszeit und Betreuungszeit durch eine veränderte Rhythmisierung zu integrieren. Durch »kostengünstige« Lösungen werden allerdings zur Zeit (1996) die Chancen eines einheitlichen Lern-, Lebens- und Erfahrungsraums für Kinder kaum realisiert (vgl. Hopf 1993, a. a. O., S. 176 ff.).

4. Schule als Tagesheimschule
Schulen dieser Art haben einen erheblichen Teil Erziehungsaufgaben mehr übernommen, als dies an Halbtagsschulen der Fall ist. Im Zeitrahmen von

etwa 8.00 Uhr bis 16.15 Uhr verbringen alle Kinder gemeinschaftlich den Tag miteinander (Unterricht und freizeitpädagogische Vorhaben wechseln). Die verbindliche Anwesenheit der Schüler, der ganzheitlich angelegte Tag und die sozialpädagogische Professionalität des Personals haben dieser Betreuungsform viel Zustimmung eingebracht.

5. *Die Schule als verbindliche Tagesheimschule*
existiert auch als *offenes Ganztagsangebot*. Hier findet der Pflichtunterricht in der Regel wie an Halbtagsschulen am Vormittag statt. Die Mittagsbetreuung, freie Wahlangebote, Spiel- und Freizeitvorhaben liegen am Nachmittag und sind fakultativ. Das »Freiwilligkeitsprinzip« (Angebotsschule) in dem disponiblen Zeitrahmen gewährleistet zwar vielfältige Zusatzangebote, jedoch nicht unbedingt die »Aufweichung« des traditionellen Vormittagsunterrichts.
Die Vorteile des »gebundenen« Ganztagsschulmodells liegen in der Entzerrung des Vormittags von einer Anhäufung üblicher Unterrichtsfächer durch die Verteilung auf Vor- und Nachmittag, in der Möglichkeit der ganzheitlichen Erziehung und in der deutlich günstigeren Sozialisation innerhalb der Schulgemeinde (vgl. Kap. 5). Lehrer haben hier stärkere Möglichkeiten, reformpädagogische Ideen umzusetzen.
Die Notwendigkeit einer Tagesbetreuung von Schulkindern steigt und die traditionellen Grenzen zwischen Schule und Jugendhilfe in diesem Bereich wie auch zwischen den verschiedenen Bereichen der Jugendhilfe verschwimmen daher rasch. In letzter Zeit entwickeln sich auch neue Betreuungsangebote wie »Häuser für Kinder« und »Über-Mittag-Gruppen« in Jugendhäusern oder »Schülercafes«. Die Geschichte des bundesdeutschen Horts als sozialpädagogische Einrichtung zeigt, dass er im öffentlichen Bildungs- und Betreuungssystem bis heute kaum mehr als eine stigmatisierte Randexistenz eingenommen hat. In fast jeder Schule-Hort-Kooperation muss deshalb mit spannungsreichen und problematischen Beziehungen gerechnet werden. Dazu haben in den vergangenen Jahrzehnten weniger gemeinsame und aus ganzheitlicher Sorge um das Wohl von Kindern bemühte Arbeiten, als vielmehr die unterschiedlichen Auffassungen von Schul- und Sozialpädagogik sowie die deutlich verschiedenen Ausbildungs- und Arbeitsplatzbedingungen der beteiligten Berufsgruppen beigetragen (vgl. ROLLE/KESBERG, 1988).

4.2 Zusammenarbeit zwischen Hort und Schule

Wie eine Umfrage bei 137 Schulen und 122 Horten (Rücklaufquote: 90%) in Niedersachsen (Hannover 1988) ergeben hat, gehen die Anlässe für eine *Zusammenarbeit zwischen Hort und Schule* in den meisten Fällen vom Verhalten einzelner Kinder aus. Als Anlässe werden genannt: Fehlende Hausauf-

gaben, unvollständige Hausaufgaben, Disziplinschwierigkeiten und schlechte Zensuren. Erst an zweiter Stelle der Anlässe stehen allgemeine Erziehungsprobleme sowie Lernschwierigkeiten und Probleme mit dem Elternhaus.
30% der Lehrer/innen dieser Befragung kennen weder den Erziehungsauftrag des Hortes noch das Erziehungskonzept und die Arbeitsbedingungen der Erzieher/innen. 23% der Erzieher/innen kennen weder den Erziehungsauftrag der Schule noch das Erziehungskonzept und die Arbeitsbedingungen der Lehrkräfte. Weitere 50% der Lehrer/innen und 40% der Erzieher/innen sind über die gegenseitigen Erziehungsaufträge, Erziehungskonzeptionen und Arbeitsbedingungen nur sehr vorläufig unterrichtet, so daß nur etwa 1/4 der Lehrkräfte bzw. der Erzieher/innen über den Erziehungsauftrag, die Erziehungskonzeptionen und die Arbeitsbedingungen der jeweils anderen zutreffende Informationen besitzen.
Bei der Beantwortung der Frage, welche *Probleme in der Zusammenarbeit* entstehen, gehen die Ansichten zwischen Hort und Schule auseinander.

Die Schule weist auf folgende Themen hin (in der Reihenfolge ihrer Häufigkeit genannt):

- Zeitprobleme, Belastung, Terminabsprachen erschwert durch unterschiedliche Arbeitszeit
- zu viele Horte
- schlechter Informationsfluss
- Unsicherheiten im Bezug auf Datenschutz
- häufiger Personalwechsel im Hort
- unterschiedliche Erziehungsziele und Erziehungsstile

Die Horte benennen folgende Probleme:

- Zeitprobleme, erschwerte Terminabsprachen, unterschiedliche Arbeitszeiten
- fehlende Bereitschaft der Lehrer zur Zusammenarbeit, z. B. Vorurteile gegenüber dem Hort, mangelnde Anerkennung der Konzeption des Hortes
- unterschiedliche pädagogische Ansichten
- einseitige Kontaktaufnahme seitens des Hortes
- mangelnde Weitergabe von Informationen bei Stundenplanänderungen, Ausfallzeiten, Lehrerwechsel
- Personalmangel, Unterbesetzung im Hort
- Probleme durch Eltern
- fehlende gemeinsame Fortbildung.

Hier liegen *Kooperations- und Informationsdefizite* offen zu Tage. Mangelnde Kenntnisse über die gegenseitigen Arbeitsplätze und Konzeptionen verstellen den Blick dafür, dass Schule und Hort das gleiche Erziehungsziel haben. Der in den Schulgesetzen formulierte Bildungsauftrag der Schule muss auch in der Horterziehung Beachtung finden. Andererseits ist der in § 1 KJHG formulierte Erziehungsauftrag, dass z. B. jeder junge Mensch ein Recht auf Förderung seiner Entwicklung und auf Erziehung zur eigenverantwortlichen und gemeinschaftsfähigen Persönlichkeit hat, auch von der Schule zu berücksichtigen. *Insofern sind die Erziehungs- und Bildungsziele für Schule und Hort gleichartig.*

Auch das zwischen Lehrern und Erziehern meist im Mittelpunkt stehende *Thema Hausaufgaben* führt häufig dazu, dass andere Entwicklungsmöglichkeiten und Themen zu kurz kommen. Zum einen sind Lehrpersonen in der Schule seit langem aufgefordert, über Sinn und Unsinn von Hausaufgaben neu nachzudenken. Zum anderen wird die Zusammenarbeit immer dann erschwert, wenn der Hort von der Schule und den Eltern als Institution angesehen wird, die vornehmlich Hausaufgabenhilfe zu leisten hat. Gerade von Lehrerinnen und Lehrern kann auch das Signal an die Eltern gehen, dass Erziehungs- und Bildungsarbeit im Hort die Gesamtpersönlichkeit des Kindes meint und sich nicht in der Hausaufgabenhilfe erschöpft.

Auch nach der Definition der obersten Landesjugendbehörden soll der Hort entsprechend seiner jeweiligen Lebenssituation Möglichkeiten und Anreize zur Entwicklung der gesamten Persönlichkeit bieten. Das bedeutet unter anderem,

- Kindern soziale Lernerfahrungen zu vermitteln,
- ihnen Entfaltungs- und Spielraum zu gewähren,
- ihre Möglichkeiten zur Freizeitgestaltung zu erweitern,
- ihnen für ihre schulische Situation die notwendigen pädagogischen Hilfen zu geben,
- Kinder mit besonderen pädagogischen Bedürfnissen entsprechend zu fördern.

Hortähnliche Angebote

stellen *Schülerläden* bzw. *Kinderzentren* zur Verfügung. Sie werden meistens von Eltern getragen, wodurch Eltern verstärkt in die sozialpädagogische Arbeit mit einbezogen sind.

Spiel- und Lernstuben existieren allerdings als Kinderzentren oder Nachbarschaftshäuser auch in sozialen Brennpunkten, wo die Eltern häufig in ghettoähnlichen Bedingungen (Sanierungsviertel, Stadtteil mit einem hohen Ausländeranteil, Obdachlosensiedlungen) leben, die sich für sie und die Kinder negativ auswirken.

Kinder und Jugendzentren sind Einrichtungen, die allen Besuchergruppen mit Beginn des Schulalters bis hin zum 24. Lebensjahr offen stehen. Zum Ausgangspunkt ihrer pädagogischen Arbeit nehmen sie die Freizeitgestaltung

derjenigen jungen Kinder und Jugendlichen, die sich nicht durch die Jugendverbandsarbeit ansprechen lassen. Dennoch können Besucherinnen und Besucher eines Kinder- Jugendzentrums zugleich auch Mitglieder von Jugendverbänden oder Sportvereinen sein.
Da sich die *Altersstruktur der Besucher und Besucherinnen in Kinder- und Jugendzentren* immer mehr nach unten verlagert, haben viele Einrichtungen heute separate Kinderbereiche – also Räume, die allein Kindern im Alter zwischen sechs und zwölf Jahren vorbehalten sind.
Wesentliches Merkmal dieser offenen Kinder- und Jugendarbeit ist die *Bedürfnisorientierung* (vgl. Kap. 8.3). Dies bedeutet im Unterschied zur Sozialpädagogik einen weitgehenden Verzicht auf alle lernorientierte Pädagogik und die Annahme des heranwachsenen Menschen als Persönlichkeit mit eigenen Bedürfnissen, auch Lernbedürfnissen. So stellen die sozialpädagogischen Fachkräfte den Kindern und Jugendlichen ein Experimentierfeld zur Verfügung, wo partnerschaftliches und soziales Verhalten, Mitwirkung und Verantwortung an vielfältigen Angeboten entwickelt werden können.
Die Träger von Kinder- und Jugendzentren sind entweder Kommunen, freie Träger oder auch Jugendverbände. In der Regel existiert eine Kooperation mit anderen Einrichtungen, wie z. B. Beratungsstellen, Schulen und Jugendämtern.
Die *kulturellen Angebote* (vgl. Kap. 11) – die meist auch auf eine hohe Nachfrage treffen – gehören zunehmend mehr zum ergänzenden Erziehungs- und Bildungsangebot für Schulkinder. Diese Ausweitung begründet sich zum einen aus dem wachsenden Bedarf, neben der Schule etwas Entsprechendes anbieten zu können, zum anderen aus einer Veränderung der kulturpädagogischen Zielsetzungen.
Kulturpädagogik in Kinder- und Jugendzentren umfasst dann nicht nur die musische Bildung bzw. Ausbildung im Umgang mit künstlerischen Techniken und Ausdrucksformen, sondern bezieht sich zunehmend auf die Lebenswirklichkeit der Kinder. So entstehen zahlreiche sozio-kulturelle Aktivitäten, die künstlerische Audrucksformen mit der Lebenswelt der Kinder, d. h. ihrem sozialen Umfeld, in Verbindung bringen. Auch streben viele *museumspädagogische Dienste* – stadtteilbezogene *sozio-kulturelle Zentren der Kulturverwaltungen* – an, Kinder zur aktiven Teilhabe am kulturellen Geschehen zu ermuntern. Hinzu kommen ein vielfältiges Theater-, Film- und Kinoangebot, städtische Bibliotheken und das Bemühen, Angebote in den jeweiligen Stadtteilen zu etablieren. Kulturpädagogische Angebote haben auch Projekte wie Fotoarbeit, Videoproduktionen, das Organisieren von Stadtteilfesten usw. zum Inhalt.
Bei vielen dieser Angebote ist eine Zusammenarbeit mit schulischen Fachbereichen und Lehrern durchaus sinnvoll und möglich. Damit würde auch die Schule dazu beitragen, die »Kulturlandschaft« für Kinder lebendiger und enger an deren Bedürfnissen orientiert zu gestalten (vgl. Öffnung von Schu-

le und Schulleben, Kap. 5). Je bewusster und gezielter die Schule von solchen kulturpädagogischen Angeboten auswählt und in ihrem Zeitbudget übers Schuljahr integriert, um so geringer wird auch die Gefahr, dass sich speziell Schulkinder angesichts der zahlreichen Aktivitäten als »Kinder mit Terminkalendern« neben der Schule zeitlich übernehmen müssen.

In einer Umfrage des Deutschen Jugendinstitutes (DJI) zeigte sich, dass Schüler- und Schulprobleme für fast die Hälfte der Jugendämter in der Bundesrepublik Deutschland und Berlin in den vergangenen Jahren immer wichtiger geworden sind und in den bestehenden Einrichtungen zunehmend die Arbeit bestimmen (vgl. RAAB/RADEMACKER/WINZENT, 1987). Besondere Bedeutung hat in diesem Zusammenhang die Problematik des Schulschwänzens erlangt.

Mit den *Hausaufgabenhilfen* und *sozialpädagogischen Schülerhilfen* seit Beginn der 70er-Jahre entstanden neue schulbezogene Angebote der Jugendhilfe. Neben der unmittelbaren Unterstützung bei der Erledigung der Hausaufgaben war und ist auch ein wachsendes Angebot sozialpädagogischer Hilfen zur Alltagsbewältigung Bestandteil der Maßnahmen (Freizeitangebote, Schulkontakte, Elternarbeit usw.). Hintergrund für ihre Entstehung war zum einen die wachsende Zahl von Kindern ausländischer Arbeitnehmer (zweite Generation) in deutschen Schulen, die diese vor ganz neuartige Herausforderungen stellte. Zum anderen begann sich – als Folge der Reformanstrengungen im Bildungsbereich – die Bildungsexpansion auszuwirken: Größere Bildungsbeteiligung, höhere Quoten von Übergängen in weiterführende Schulen sowie erweiterte Bildungserwartungen schon in der Grundschule machten für immer mehr Schüler aller Schularten Defizite familiärer Unterstützung bei der Erfüllung schulischer Leistungsanforderungen offensichtlich. Da die im Konzept der Bildungsreform enthaltene Ganztagsschule, die u. a. zum Ausgleich dieser Defizite gedacht war, nicht durchgesetzt werden konnte, wurden Hausaufgabenhilfen und sozialpädagogische Schülerhilfen auch zum Ersatz für diese ausgelassene Reformkomponente.

Parallel dazu beginnt auch die Entwicklung der oben beschriebene Zusammenarbeit zwischen *Hort* und Schule: Einerseits als Folge der Kindergartenreform der frühen 70er-Jahre, die die Anerkennung des Kindergartens als Bildungseinrichtung mit pädagogischem Anspruch brachte; andererseits als Folge des wachsenden Problemdrucks, der auch die Entstehung oben genannter sozialpädagogischer Schülerhilfen beförderte. Der *Hort* orientiert sich mit seinem sozialpädagogisch-professionellen Selbstverständnis an der Kindergartenreform. Die Umsetzung in der pädagogischen Arbeit wird allerdings durch die Dominanz der Schule mit ihrem Hausaufgabendruck beeinträchtigt. Um die notwendigen Freiräume für die eigene sozialpädagogische Arbeit gegen den Anspruch der Schule abzusichern, bemühen sich vermehrt Hortpädagoginnen um eine intensivere Zusammenarbeit mit der Schule.

Zusammengefasst, sind Lehrer/innen herausgefordert, in ganz konkreten Absprachen mit dem Hortpersonal (Erzieher/innen, Sozialpädagog/innen) zu einer größeren Überlappung des Arbeitsgebietes, in dem doch getrennt, aber stets auf dieselben Kinder hin geplant und gehandelt wird, zu gelangen. Für ein besseres gegenseitiges Kenenlernen bieten sich folgende Themen besonders an:

- Vereinbarungen über Schularbeitenhilfe
- Einladungen zu Elternabenden der Grundschule an die Erzieherinnen
- frühzeitige Mitteilung über die Terminplanung der Schule, um Terminüberschneidungen, wie Fasching, Laternenfest usw. zu vermeiden
- regelmäßige Rückmeldung über aktuelle Probleme, auffällige Kinder, Art und Qualität der Hausaufgaben usw.
- regelmäßige Absprachen und Berichte über Unterrichts- und Hortprojekte
- umgehende Information der jeweils anderen Institution über Stundenplanänderungen, Fehlzeiten von Kindern, Verspätungen usw.

Die beschriebenen Ansätze zeigen, dass Formen der Zusammenarbeit von Jugendhilfe und Schule möglich sind.
Sie sind allerdings nach wie vor belastet durch Kooperations-, Status- und

Vereinbarungen zwischen Hort, Eltern und Lehrern hinsichtlich der Hausaufgaben
Martin-Luther-Kindertagesstätte Hildesheim

Kinder sollen lernen, ihre Aufgaben selbständig zu bewältigen.

Der Erzieher leistet Hilfestellung, erarbeitet jedoch nicht erneut mit den Kindern die in der Schule vermittelten Wissensinhalte.

Wenn Kinder den Lernstoff nicht verstanden haben oder die gestellten Aufgaben nicht schaffen, schreibt der Gruppenleiter ein kurze Notiz in das Heft.

Die Eltern sollten die im Hort geleisteten Aufgaben anerkennen und sie abends nicht noch einmal wiederholen lassen.

Wissen die Kinder nicht, welche Aufgaben sie zu erledigen haben, wird empfohlen, die am Tag vorher aufgegebenen Übungen wiederholen zu lassen.

An einem Nachmittag in der Woche werden im Hort keine Hausaufgaben erledigt.

Hierarchieprobleme sowie durch fehlende wechselseitige Akzeptanz und Anerkennung (vgl. Kap. 1.4). So hat die Entwicklung der schulbezogenen Angebote der Jugendhilfe bis heute nicht zu einer angemessenen Ausgestaltung von politisch-administrativen Beziehungen zwischen beiden Bereichen geführt, die eine Aushandlung von Regelungen über Arbeitsteilung und Zusammenarbeit ermöglichen und die Abstimmung der Angebote beider Seiten aufeinander sichern könnten.

Dies würde es z. B. erforderlich machen, den Mitarbeitern der Jugendhilfeeinrichtungen, aber auch den schulischen Sozialarbeitern ein Mitspracherecht bei pädagogischen Entscheidungen der Schule zu sichern und Modelle der »pädagogischen Konferenzen« zu erproben. Noch immer hängt derzeit das Gelingen solcher Zusammenarbeit von den individuellen Möglichkeiten flexibler, unkonventioneller und kooperationsfähiger Sozialpädagogen und Lehrkräfte ab.

5 Schulleben und Öffnung der Schule

In diesem Kapitel wird über sozialpädagogische Möglichkeiten von Schulen berichtet, an denen Lehrkräfte versuchen, Schule als offenen »Lebens- und Erfahrungsraum« in der Gemeinde einzurichten.

Die Vorstellung, dass die Rollenträger »Schüler« und »Lehrer« in Schulen immer gleichzeitig auch als ganze Personen anzusprechen sind, kann als gemeinsames Kennzeichen der »sozialpädagogischen Bewegung« (vgl. Kap. 1.2), wie auch der heute unter der Bezeichnung »Gestaltung des Schullebens« (NRW) bekannten Versuche angesehen werden, die Unterrichtsschule nach Sinn und Inhalt mit Elementen der Jugendbewegung und Jugendhilfe fortzuschreiben.
So sind sozialpädagogische Standards, wie das sozialräumliche Prinzip, das Gruppenprinzip, das soziokulturelle- und das Milieuprinzip (vgl. Kap. 8.3) als institutionelle Bedingungen in der früheren Reformpädagogik und heute im Zusammenhang mit »Schulleben« nachzuweisen.
Gegen die Vorstellung, dass das Schulleben aus einigen wenigen »Highlights«, wie zum Beispiel aus Schulfesten im Laufe eines Schuljahres besteht, meint der Begriff »Gestaltung des Schullebens« die charakteristische gemeinschaftsbildende und durch alle unterrichtlichen und erzieherischen Bemühungen spürbare Ausrichtung der Schule auf die Idee der »Schulgemeinde« (P. PETERSEN) hin.
»Schulleben« kann bewusst gestaltet werden und ist zum Beispiel dort anzutreffen, wo gewohnheitsbildende Formen und Anlässe, wie Pausenkultur, gemeinsames Frühstück in der Klasse, Wochenendfeiern, Wandertage, Schullandheimaufenthalte (vgl. Kap. 11.1) oder Schulchor bzw. -band schließlich eine »Corporate Identity« begründen helfen.
Es trifft zu, dass heute wie zu Beginn des 20. Jahrhunderts der Widerspruch zwischen »Institution« und »Leben« besonders gespürt und zum Thema gemacht wird, »Leben« in die Schule geholt werden soll. Wenn diese Kluft geringer wird, sind Voraussetzungen für die individuellen Lernbedingungen nicht nur verbessert, sondern gleichzeitig dafür geeignet, von der Einheit von Unterricht und Erziehung zu sprechen.

Solche Schulleben-Konzepte zielen auf eine *Öffnung der Schule*, die

- nicht nur kognitives, sondern auch soziales und sozialemotionales Lernen befördern,
- auf außerschulische Interessen und Lebenswelten von Schülerinnen und Schülern Bezug nehmen,
- Lernorte außerhalb der Schule, z. B. im Stadtteil (Betriebe, öffentliche Ein-

richtungen, Krankenhäuser, Museen usw.) erschließen und diese mit dem Lernen in der Schule verbindeen und
- projektorientiert und fächerübergreifend, jenseits von traditionellen Lernformen, Unterrichtsthemen behandeln (vgl. Kap. 5).

Aus diesen Überlegungen sind verschiedene Modelle von »Öffnung der Schule« entstanden (vgl. HOPF, 1992). Dabei hat sich herausgestellt, dass die Öffnung zum schulischen Umfeld nicht immer identisch sein muss mit der unmittelbaren schulischen Nachbarschaft oder dem direkten Einzugsgebiet der Schule, wenngleich hier sehr wichtige Anregungen sein werden. Die Öffnung von Schule meint auch die konzeptionelle Berücksichtigung dessen, was aus unterschiedlichen sozialen, familialen, kulturellen, ethnischen usw. Verhältnissen sowie aus der Berufs- und Arbeitswelt unter didaktischen Gesichtspunkten auf seine Verwendbarkeit hin abzuklären oder exemplarisch aufzunehmen ist.

> *»Die didaktisch zentrale Frage lautet dann für den Unterricht: Inwieweit sind wissenschaftliche Erkenntnisse notwendig, um diese Lebenswelt durchschaubar, verstehbar und den sich entwickelnden Menschen in ihr urteilsfähig, kritikfähig, handlungsfähig werden zu lassen?«*
>
> (KLAFKI, 1985, S. 112).

Didaktische Anregungen zur Öffnung der Schule:

Schulen, die sich der Lebenswelt ihrer Schülerinnen und Schüler öffnen und im Rahmen von »Schulleben« u. a. auch präventive sozialpädagogische Projekte durchführen, können in Absprache mit den außerschulischen Bezugspersonen und -gruppen gemeinsame Aktivitäten in einer Gesamtkonferenz vereinbaren. Danach könnten beispielsweise folgende Unterrichtsprojekte, Freizeit-Clubs oder Arbeitsgemeinschaften entstehen:

1. *Wir untersuchen die Situation älterer Menschen in der Gemeinde/dem Stadtteil.*

- Planung und Durchführung von Interviews, von Treffs auch an Nachmittagen und Abenden.
- Erkunden von Hilfs- und Aufenthaltsangeboten für ältere Menschen, gegebenenfalls Unterrichtsprojekte mit Rentnern und Rentnerinnen gemeinsam planen.

2. *Wir erstellen Karten von wilden Mülldeponien unserer Gemeinde, legen Schullehrpfade an (Ökopfade, historische Lehrpfade usw.)*

3. *Wir planen Arbeitsgemeinschaften bzw. gründen Schülerclubs (in Zusammenarbeit mit außerschulischen Jugendgruppen, Fachleuten, Sozialarbeitern usw.):*

- E-Gitarrenunterricht
- Schülerband
- Fahrrad-AG
- Kanubau- und Fahrt-AG
- Keramik-AG
- Krafttraining
- Computeranimation
- Afrikanisches Trommeln
- Brasilianischer Tanz
- Internationales Kochen
- Airbrush-AG

u. a. m.

Die Realisierung von inhaltlichen Zielvorstellungen einer Öffnung von Schule berührt teilweise strukturelle Rahmenbedingungen. Kombinationen von Schule, Schülerhilfen, Jugendarbeit und Gemeinwesen-Projekten sind hier von großem Interesse.

Öffnung des Unterrichts am Gymnasium:

(Aus: Deutsche Lehrerzeitung, 24 Jg. 1996, S. 9)

»Nach zwei Jahren – :

Öffnung am Gymnasium bedeutet für mich heute:

Wochenplanarbeit: Die Schüler bekommen einen Plan, dem sie entnehmen können, was sie in den nächsten Wochen erledigen müssen und teilen sich die Arbeit selber ein. Schüler suchen sich im Kreuzbau für ihre Arbeit geeignete Arbeitsplätze selber (z. B. im Wintergarten, im Gruppenraum, im Konzentrationsübungsraum, in der Klasse, im Treppenhaus, in einer anderen Klasse ...)

Freiarbeit: Schüler wählen ihre Aufgaben aus einem Angebot selber aus (Ziel: Schüler üben besonders das, was ihnen schwerfällt und übergehen, was sie schon gut können, Steigerung der Motivation).

Viel *Partner- und Gruppenarbeit*

Korrekturen durch Mitschüler

Projektarbeit: z. B. Theaterprojekt, Autorenprojekt, Ökoprojekt etc. nicht nur in der Fachtagewoche

Thementage: (z. B. Pompeji-Ausstellung, physikalisches Experimentieren im electrum …)
Hausaufgaben: werden häufig über mehrere Wochen erteilt (z. B. Lesetagebuch …), nicht alle machen immer die gleiche Hausaufgabe …
Lehrerdoppelbesetzung (statt Förderstunden) in den Fächern Mathe, Deutsch, Englisch
Praktische Arbeit: z. B. experimenteller Physikunterricht in kleinen Gruppen, viel praktische Arbeit auch in Biologie und viel Singen und Flöten in Musik
Fächerübergreifendes Arbeiten (wird angestrebt)
Klassenrat: Eine Stunde in der Woche beraten wir über Probleme der Klasse unter der Leitung eines Schülers.
Klassenraumgestaltung:
Die Klassen sind mit notwendigem Arbeitsmaterial von Schere bis Wörterbuch ausgestattet.
Pinnwände und Bilderrahmen ermöglichen das Befestigen von Informationsmaterial und von Schülerarbeiten und Fotos.
Drahtseile verbessern die Dekomöglichkeit der Klasse.
Pflanzen sorgen für gute Luft (Pflege auch in den Ferien).
Das Clean-Team (auch Schüler) kümmert sich um die Schmutzbeseitigung.
Schüler sitzen an Gruppentischen.
Die *Türen* sind offen.
Willkommen sind Eltern und jeder am Unterricht Interessierte, jeder kann mitmachen, jeder kann helfen.
Verstärkte *Elterninformation* über Schulisches, auch *Nicht-Lehrer* lehren.
Außerhalb der Schule suchen wir Menschen auf, die uns etwas beibringen können, wir laden Fachleute ein.
Auch außerhalb der Schule suchen wir Lernorte auf (z. B. eekholt).
Bemühungen der Grundschule waren Vorbild. Öffnungsansätze unterscheiden sich aber insbesondere dadurch von denen der Grundschule, dass bei uns das Fachlehrerprinzip gilt, d. h., die Schüler werden in den einzelnen Fächern von wissenschaftlich ausgebildeten Lehrern unterrichtet. Öffnung ist auf dem Gymnasium grundsätzlich nur auf ein Unterrichtsfach bezogen möglich.
Wir bemühen uns, die Schule als Lebensraum so zu gestalten, dass sich die Grenzen zwischen Lernen und Leben verwischen.
Manches ist neu, manches ist alt.« (Uwe-Carsten Edeler, Gymnasiallehrer für Deutsch und Physik).

Eine aktuelle schulpolitische Situation, bei der Schulleben und Öffnung der Schule als eine Einheit angesehen werden, ist heute in Nordrhein-Westfalen anzutreffen, wo »Schule als Begegnungsstätte« entwickelt werden soll.
In diesem Sinne nehmen Schulen sozial- und kulturpädagogische Funktionen wahr, die weit über die einer »Unterrichtsanstalt« hinausgehen. (vgl. das Rahmenkonzept des Programms »Gestaltung des Schullebens und Öffnung von Schule« GÖS – NRW, Soest 1989).
Hier ist Schule – zumindestens der Idee nach – zum Ort der Kommunikation und Begegnung zwischen verschiedenen Kulturen, Alltagsstufen und sozialen Gruppen geworden. Die Schule wird zu einem Teil des gesellschaftlichen Lebens im Stadtteil bzw. in der Gemeinde. Sie ist nicht mehr nur Bildungszentrum, sondern auch soziales und kulturelles Zentrum und gleichzeitig Partnerin für Vereine, Initiativen und andere Gruppen im schulischen Umfeld (Community-School/Nachbarschaftsschule).

In derartigen Schulmodellen einer gemeindeorientierten Schularbeit sind verschiedene Prinzipien sozialpädagogisch-systemischen Denkens und Handelns berücksichtig.
Zunächst wirkt sich der Tatbestand fördernd aus, dass zunehmend mehr das komplexe Beziehungsgeflecht von Lebensräumen der Kinder und Erwachsenen Beachtung findet. Das »vernetzte Handeln« der Menschen verschiedener Lebensbereiche, Altersstufen und Berufe stellt alternative Erfahrungsmöglichkeiten auch für Schüler bereit.
Weiterhin fällt auf: Während bisher solche *Stadtteilarbeit* meistens von Initiativen des Kultur- und Sozialbereichs getragen wurde (z. B. Gemeinwesenarbeit der Wohlfahrtsverbände), öffnet sich nun auch die Schule und kann ihren Schülern, aber auch Lehrkräften, authentische Begegnungen mit der realen Gestaltung und Mitbestimmung ihrer näheren Lebensumwelt ermöglichen.
Wenn auf diese Weise die Schule, stets unter didaktischen Gesichtspunkten, ihre Arbeit in Ansätzen auch dorthin »vernetzt«, wo gelebt und gearbeitet wird, dient das in besonderer Weise dem Selbstwertgefühl und der Entwicklung von Identität aller daran Beteiligten (vgl. Sozialpädagogische Prinzipien, Kap. 8.3).
Die Öffnung von Schule bezeichnet schließlich auch den Knotenpunkt, an dem sich Schule mit der Jugendhilfe und den sozialen und anderen Beratungsstellen der Gemeinde verknüpft (Didaktische Möglichkeiten, wie Schule diese Vernetzung leisten kann, sind an anderer Stelle ausführlich beschrieben worden – Hopf, 1992).
Während man bei Schulleben und Öffnung der Schule vorwiegend an Hauptschulen oder Gesamtschulen denkt, zeigt das nachfolgende Beispiel, dass heute in kleinen Schritten innovative Veränderungen auch bei anderen Schularten und sogar im Gymnasium möglich werden:

Die eben erörterte Thematik »Schulleben und Öffnung der Schule« soll durch die zwei *folgenden Beispiele* aus Schleswig-Holstein und Niedersachsen konkretisiert werden (Kap. 5.1 und 5.2). Dabei zeigt sich u. a. die besonders gut gelungene Verbindung von Schule, Jugendhilfe und Gemeinwesenprojekten. Gleichzeitig ist in dem *ersten Beispiel* besonders deutlich zu erkennen, wie wichtig gute kleinräumige »Nachbarschaftsbeziehungen« der Schule, informelle Kontakte und oft auch »zusätzliche« Koordinationszeiten sein werden, wenn die objektiven Unterschiede der verschiedenen Arbeitsbereiche überbrückt werden müssen.

5.1 Die sozialpädagogische Öffnung der Schule

Das Beispiel Lübeck
(aus einem wissenschaftlichen Zwischenbericht von MUTZEK/FRAASCH, Lübeck 1995)

Die Situation an den Schulen

Im Laufe des Schuljahres 1991/92 wurde seitens der Schulleitung einer Grund- und Hauptschule sowie einer Förderschule die auffällige Zunahme von aggressiven Verhaltensweisen bei Kindern und Jugendlichen festgestellt. Konflikte in der Schule führten zu gewalttätigen Auseinandersetzungen in und außerhalb der Schule. Probleme und Spannungen, die ihren Ursprung im außerschulischen Bereich hatten, wurden zunehmend in die Schulen getragen. Besonders die Zeiten vor dem Unterricht, in den Pausen und nach dem Unterricht waren für die Lehrkräfte nicht mehr überschaubar und sie sahen sich außerstande, der zunehmenden Gewalt mit ihren pädagogischen Möglichkeiten zu begegnen, da es umfassenderer Konzepte bedurfte.

Die Anfänge einer kooperativen Projektarbeit

1. Der »Runde Tisch«

Auf Initiative des Lübecker Schulamtes kam es Ende Dezember 1991 zu einer ersten Einberufung des »Rundes Tisches«, an dem Vertreterinnen und Vertreter des Jugendamtes, des Sozial- und Jugenddienstes, des Ordnungsamtes, der Polizei, der Eltern, des schulpsychologischen Dienstes, der Kirche, der Staatsanwaltschaft, der Schulen und des Bezirkspersonalrates für Lehrkräfte teilnahmen. Einvernehmenlich wurde in dieser und in weiteren Gesprächsrunden die Gewaltproblematik als Wechselwirkung negativer Umwelteinflüsse und sozialer Bedingungsfaktoren gesehen. Verhaltensabweichungen von Kindern und Jugendlichen sind als individuell unterschiedlich, fluktuierend und als prozessartige Gegebenheiten zu interpretieren. Erhöhte Gewaltbereitschaft und Gewaltanwendung sollten erst einmal als ein Signal für einen erhöhten Zuwendungs- und Förderbedarf verstanden werden. Die – in der Regel – nur am Vormittag stattfindende Erziehung und Unterrichtung von Kindern und Jugendlichen in der Schule reicht allein nicht aus, um langfristig und wirkungsvoll in den Erziehungsprozess einzugreifen. Auch in Kooperation mit den Eltern ist es nur in Ausnahmefällen möglich, in einer gemeinsamen Erziehungsarbeit nachhaltige Erfolge zu erzielen.

2. *Die Stadtteil-Konferenz*

In den o.g. zahlreichen Gesprächsrunden und Gremien bildete sich in der weiteren Arbeit die sogenannte Stadtteilkonferenz Moislingen. Gemeinsam wurde hier die dringende Notwendigkeit diskutiert, dass neue, präventive, intervenierende, aber auch integrierende pädagogische Konzepte unter dem Aspekt der *Gemeinwesensorientierung* entwickelt werden müssen. Die Hoffnung auf erfolgversprechende und weiterreichende Ansätze lag erst einmal in der Zusage der Konferenzteilnehmer, an der praktischen Umsetzung und aktiven Gestaltung mitzuwirken. Zu einer regelmäßigen Mitarbeit in der Konferenz waren die Vertreterinnen und Vertreter der folgenden Institutionen und Einrichtungen bereit (Stand von Okt. 94):

- Brüder-Grimm-Schule
- Hans-Christian-Andersen-Schule
- Realschule Moislingen
- August-Bebel-Schule
- Schulamt
- Elternvertretungen
- Schulpsychologischer Dienst
- Sozial- und Jugenddienst
- Jugendfreizeitheim
- Mädchen- und Frauentreff »In Via«
- Lernraupe e.V.
- Wichern-Gemeinde
- Kindertagesstätte
- Polizei
- CDU-Ortsverband
- SPD-Ortsverband
- Spielmannszug »Moislingen 86«
- Sportverein »Rot-Weiß Moislingen«
- Barmer Ersatzkasse
- Poliklinik für Kinder- und Jugendpsychatrie

3. *Angebote und Maßnahmen der Schulen*

Im Rahmen des festgeschriebenen Bildungs- und Erziehungsauftrags von Schulen und Unterricht wurde seitens der Schulen seit Beginn der Projektarbeit verstärkt versucht, abweichendem Verhalten von Schülerinnen und Schülern durch folgende Maßnahmen und Angebote zu begegnen:

- Bereitstellung von pädagogischen Zusatzangeboten in den Pausen sowie in den Zeiten vor Unterrichtsbeginn und nach Unterrichtsende
- Verhaltenstraining in der Gruppe und Einzelförderung
- Sozialisationstraining für noch nicht voll »schulreife« Kinder
- verstärkte Angebote im Bereich der Arbeitsgemeinschaften und Projektwochen
- Einrichtung eines regelmäßig stattfindenden Pausenfrühstücks
- Angebot zur Mittagsbetreuung

4. *Kooperative Angebote und Maßnahmen während der Unterrichtszeit*

In Kooperation mit den verschiedenen außerschulischen Projektpartnern kam es zu einer Reihe von gemeinsamen Angeboten und Maßnahmen während der Unterrichtszeit wie z. B.:

- Förderung von Kontaktfähigkeit zur Gewaltprävention im Klassenverband (Schulpsychologische Beratungsstelle, Barmer-Ersatzkasse, Koordinator)
- Gespräche und praktische Übungen zur Prävention sexueller Gewalt im Klassenverband (Lernraupe)
- Bastelgruppe für Eltern (Elterninitiative)
- Psychomotorik (Freie Mitarbeiter)
- Singen und Musizieren (Freie Mitarbeiter)
- Theater und Spiel (Lernraupe)
- Thai Chi (Krankenkasse)
- Tanzen (Freie Mitarbeiter)
- Förderung von schulischer Integrationsfähigkeit (Kindertagesstätte)

5. *Freizeitangebote*

Bei der Einrichtung der verschiedenen Freizeitangebote wurden Schülerinnen und Schüler, Eltern und Lehrkräfte beteiligt. Die rege Beteiligung von Kindern und Jugendlichen aller drei Schularten unterstreicht den auffälligen Mangel in diesem Bereich.
Im Schuljahr 1993/94 wurden die folgenden Angebote und Projektgruppen vorgehalten:

- Schularbeitenhilfe und Nachmittagsbetreuung (Lernraupe)
- Mädchentreff (»In Via«-Mädchen- und Frauentreff)

- Basteln für Kinder und Eltern (Elterninitiative)
- Fahrradwerkstatt (Freie Mitarbeiter)
- Foto und Film (Freier Mitarbeiter)
- Kinderzirkus (Lehrkraft und Lernraupe)
- Leitungsprojekt »Freizeitdrache«
  (Wichern-Gemeinde und Lernraupe)
- Töpfern (Lehrkraft)
- Mittagstisch (Lehrkraft)
- Singen und Musizieren (Freie Mitarbeiter)
- Fußball (Freie Mitarbeiter)
- Karate (Polizei)
- Selbstverteidigung für Mädchen (Lehrkraft)
- Badminton (Lehrkraft)
- Ballspiele (Freie Mitarbeiter)
- Schulgarten (Lehrkraft)
- Tanzen (Freie Mitarbeiter)
- Gesellschaftsspiel (Freier Mitarbeiter)
- Raumgestaltung (Freie Mitarbeiter)

Die durchschnittliche Beteiligung von Kinder und Jugendlichen an den Freizeitangeboten im Zeitraum von September 1993 bis einschließlich Januar 1994 lag bei 231 Personen in der Woche. Schülerinnen und Schüler der Schulen waren mit folgenden Anteilen vertreten:

Förderschule	ca. 30%
Grund- und Hauptschule	ca. 30%
Realschule	ca. 40%

Die mit Abstand am stärksten vertretene Altersgruppe waren dabei die 10- bis 13-jährigen Schülerinnen und Schüler.

6. *Soziale Ziele der Projekte*

Die Projekte zur Gewaltprävention hatten folgende sozialen Ziele:

- Erlernen von Verantwortungsgefühl
- Sinnvolle Freizeitgestaltung
- Steigerung des Selbstbewusstseins
- Unterstützung bei Problemen
- Aggressionsabbau
- Motivierung der Schüler
- Förderung der sozialen Kompetenz
- Erlernen anderer Konfliktbewältigungsstrategien
- Weniger Raufereien / Aggressionen
- Verbesserung des Schulklimas

5.2 Kooperation zwischen Jugendzentrum und Haupt- bzw. Realschule

Das *zweite Beispiel* für eine gelungene Öffnung der Schule durch enge Zusammenarbeit mit gemeindenahen Einrichtungen der Jugendhilfe ist in Hannover-Linden entstanden. Es wird gezeigt, wie eine Schule ihre Interessen formulieren und sinnvoll mit einem Jugendzentrum bzw. Jugendclub oder »Haus der offenen Tür« verbinden kann. Dabei liegen die Grenzen der Zusammenarbeit »in der Realisierung des jeweiligen eigenen Anspruchs der beiden Einrichtungen« und sind »eng an die jeweiligen personellen Kapazitäten gebunden« (Punkt 1.8)

Das Beispiel Hannover-Linden

(Aus: NDS. LANDESJUGENDAMT/KULTUSMINISTERIUM (Hg), Jugendarbeit und Schule, Hannover 1995, S. 45–47)

1. *Ziele der Zusammenarbeit*

1.1 Schule und Jugendzentrum haben das gemeinsame Ziel, Erziehung, Lebensplanung und Bildung junger Menschen zu fördern. Beide haben spezifische Aufgabenstellungen, die sich aber in vielfältiger Weise überschneiden.

1.2 Die Zusammenarbeit von Schulen und Jugendzentren soll für Jugendliche des Stadtteils Linden zu einer verbesserten gesellschaftlichen Teilhabe führen und deren Lebensperspektive in einer sich verändernden Welt entwickeln helfen.

1.3 Durch die Zusammenarbeit der Institutionen im Rahmen eines regionalen Beratungskonzeptes sollen sowohl individuelle Problemlagen der Jugendlichen ganzheitlich bearbeitet werden können als auch Maßnahmen zur Prävention eingeleitet werden.

1.4 Die Zusammenarbeit soll die sozial-emotionalen Zugangschwellen der Jugendlichen zu Jugendhilfeinstitutionen reduzieren helfen und so zu einer Verbesserung der Beratungsarbeit führen.

1.5 Probleme im Stadtteil ergeben sich insbesondere für ausländische Jugendliche (hier wiederum ausländische Mädchen), Jugendliche ohne Abschlüsse und Jugendliche in belasteten sozialen Umgebungen. Durch die Zusammenarbeit können für diese Gruppen besondere Hilfen und weitere Informationsangebote geschaffen werden.

1.6 Beide Einrichtungen setzen sich zum Ziel, die Selbstbestimmungskompetenz der Jugendlichen in ihrem jeweiligen Zusammenhang zu fördern und sich darin gegenseitig zu unterstützen.

1.7 Gemeinsames Ziel ist ebenfalls, die Bearbeitung jugendpolitischer Themen im Stadtteil Linden zu fördern.

1.8 Die Grenzen der Zusammenarbeit liegen in der Realisierung des jeweiligen eigenen Anspruchs der beiden Einrichtungen. Der Umfang der Zusammenarbeit ist eng an die jeweiligen personellen Kapazitäten gebunden. Die Zusammenarbeit darf nicht zu einer Reduzierung des jeweiligen Auftrags der Einrichtung führen.

2. *Formen der Zusammenarbeit*

2.1 Die Schulen und das Jugendzentrum benennen einen verantwortlichen Ansprechpartner für die Zusammenarbeit.

2.2 Ein Mitarbeiter des Jugendzentrums kann an den Gesamtkonferenzen der Schulen des Schulzentrums teilnehmen.

2.3 Ebenso ist die gegenseitige Teilnahme an einrichtungsinternen Fortbildungstagungen (z. B. schulinterne Lehrerfortbildung, Schilf) möglich.

2.4 Bei der Einzelfallberatung findet gegenseitige Kontaktaufnahme und Information zwischen der Beratung im Jugendzentrum und den Beratungslehrerinnen des Schulzentrums statt. Die Beratungslehrerinnen können Beratungsstunden im Jugendzentrum abhalten. Die Mitarbeiter des Jugendzentrums können an Beratungsstunden in der Schule teilnehmen.

2.5 An Elternsprechtagen steht bei Bedarf ein Mitarbeiter des Jugendzentrums ebenfalls für Beratungsgespräche zur Verfügung.

2.6 An einem Tag in der Schulwoche steht ein Mitarbeiter des Jugendzentrums für spezielle Fragen in der Beratung zum Ausländerrecht und der individuellen Unterstützung zur Verfügung.

2.7 Zu Beginn des Schuljahres wird in allen Klassen des 9. Schuljahres im Rahmen des Sozialkunde- und Arbeitslehreunterrichts durch Mitarbeiter des Jugendzentrums über allgemeine Fragen des Ausländerrechts informiert.

2.8 In der Einführungsphase des 8. Schuljahres besuchen die Klassen an einem Tag das Jugendzentrum Posthornstraße.

2.9 Ein Mitarbeiter des Jugendzentrums nimmt regelmäßig an den Schülerrat-Sitzungen der Schule am Schulzentrum teil und unterstützt die Arbeit des Vertretungsorgans. Die Räume des Jugendzentrums können in Absprache mit den Fachkräften der Einrichtung für Sitzungen des Schülerrates genutzt werden.

2.10 Bei der Planung von Projektwochen/Projekttagen der Schulen arbeitet ein Mitarbeiter des Jugendzentrums in der Vorbereitungsgruppe mit.

Das Jugendzentrum kann innerhalb dieser Woche/Tage eigenständige Angebote für die Schüler/innen machen.

2.11 Die Räume des Jugendzentrums stehen für Klassenfeste/-feiern zur Verfügung.

2.12 Die Planung von Schulfesten in den Räumen der Schulen geschieht unter Einbeziehung der Mitarbeiter des Jugendzentrums.

2.13 Das Jugendzentrum kann Angebote für Schülerinnengruppen im Rahmen des AG-Angebotes der Schulen bekanntgeben und durchführen. Diese können sowohl in den Räumen des Schulzentrums als auch im Jugendzentrum stattfinden.

2.14 Die Schulen arbeiten im Rahmen des regionalen Beratungskonzeptes des Jugendzentrums mit. Bei schulischen Veranstaltungen oder Unterrichtseinheiten zu Themen im Bereich des allgemeinen Kinder- und Jugendschutzes (z. B. Sucht-/Gewalt-/AIDS-Prävention) sowie in Fragen der Berufsfindung und Schullaufbahnplanung sollten sie mit den am Konzept beteiligten Fachkräften kooperieren.

2.15 In der Zeit zwischen den Halbjahreszeugnissen und dem Beginn der Anmeldefristen der Berufsbildenden Schulen findet für die Schülerinnen und Schüler der 9. Klassen, die möglicherweise keinen Abschluss erreichen und für die Schülerinnen und Schüler der 8. Klassen, deren Schulzeit nicht verlängert wird, eine ggf. mehrtägige Veranstaltung in Zusammenarbeit mit der Schülerberatung des Jugendamtes und der »Regionalen Arbeitsstelle zur beruflichen Eingliederung junger Menschen in Niedersachsen (RAN)« unter Einbeziehung der Berufsberatung des Arbeitsamtes statt. Diese dient der Information, Orientierung und Beratung dieser Schülerinnen und Schüler für ihre weitere Bildungslaufbahn in Schulen und anderen Ausbildungsmöglichkeiten außerhalb des allgemeinbildenden Schulwesens. Sie kann in eine gezielte Einzelfallberatung und -betreuung bis zum Schuljahresende und darüber hinaus durch die o.g. Institutionen münden. Die Veranstaltung findet als Bestandteil des regionalen Beratungskonzepts in den Räumlichkeiten des Jugendzentrums statt.

2.16 Die Kooperation wird halbjährlich im Rahmen eines Arbeitstreffens strukturiert. Das Treffen hat folgende Aufgaben:

- Regelung der Zusammenarbeit
- Informationsaustausch zwischen den Einrichtungen
- Evaluation der Zusammenarbeit im Laufe eines Jahres
- Abstimmung des gegenseitigen Angebotes für ein Halbjahr
- Weiterentwicklung der Zusammenarbeit

6 Gesundheitsförderung – auch über das Gesundheitsamt

In diesem Kapitel geht es um »Gesundheitsschutz« im weitesten Sinne; es geht um Drogenprävention, um die Möglichkeiten, die der Soziale Dienst beim Gesundheitsamt bietet oder die Mitarbeit beim Kinderschutzbund. Und es geht um unterversorgte »Armutskinder« im Klassenzimmer.

In jüngster Zeit wird *Gesundheitsförderung* zunehmend als umfassendes Konzept zur Erhaltung und Verbesserung der Gesundheit verstanden, bei dem soziale Lebensbedingungen wesentliche Beachtung finden. In mehreren empirischen Untersuchungen sind außerdem signifikante Zusammenhänge zwischen Schulleistungsverhalten und Ernährung, zwischen Gesundheit und Familienstress usw. beschrieben worden (vgl. HURRELMANN, 1994).
Die Weltgesundheitsorganisation (WHO) hat dazu bereits im Jahr 1946 einen zeitgerechten Gesundheitsbegriff aufgestellt: »Gesundheit ist ein Zustand vollkommenen körperlichen, geistigen und seelischen Wohlbefindens, nicht nur Abwesenheit von Krankheit und Schwäche.« Daraus ergeben sich drei bedeutsame Folgerungen:

1. Nicht nur die körperliche, sondern auch die geistige und seelische Gesundheit gehören dazu.
2. Gesundheit hat auch eine soziale Dimension, Gesundheitsförderung ist auch über sozialpädagogische Hilfen zu entwickeln.
3. Der Gesundheitsdienst ist nicht nur Krankendienst, sondern vorrangig vorbeugender Dienst für die Gesunderhaltung, dem alle öffentlichen Institutionen verpflichtet sind, auch die Schule.

Im Sinne der Gesundheitsförderung muss dabei auch die Schule an der Schaffung gesunder Strukturen (vgl. Schulleben) sowie der Förderung der Psychohygiene mitwirken.
»*Gesundheitsförderung* zielt darauf ab, die Menschen zu befähigen, größeren Einfluß auf die Erhaltung und die Verbesserung ihrer Gesundheit zu nehmen« (WHO).
In diesem Verständnis sind Schülerinnen und Schüler schließlich nicht mehr nur Objekte wohlmeinender Aufklärung und Empfänger von Ratschlägen zur Gesundheit, sondern selbst zu aktivieren, um ihre Gesundheit zu erhalten und zu schützen, indem sie sich u. a. auch für gesundheitsfördernde Bedingungen in ihrer Umwelt engagieren.
Auch hier wie in der sozialpädagogischen Diskussion werden die Überlegungen von den alltäglichen Lebenszusammenhängen der Kinder auszugehen haben und sich auf alle Menschen und nicht nur auf Risikogruppen beziehen.
Für die Schule seien im folgenden eine Reihe daraus abgeleiteter Interventi-

onstypen der Gesundheitsförderung unterschieden (vgl. HURRELMANN u. a., Gesunde Schule, Weinheim 1993):

- *Gesundheitsaufklärung:*
  DieVerbreitung gesundheitsrelevanter Informationen
  (z. B. zur Entstehung von Karies) (im Fachunterricht)
- *Gesundheitserziehung:*
  Pädagogisch vermittelte Kenntnisse und Verhaltensweisen (z. B. die gesundheitsrelevante Notwendigkeit der Zahnpflege nach Zuckergenuss)
- *Gesundheitsberatung:*
  Beratung zur Gesunderhaltung bzw. zur Bewältigung von entstandenen Gesundheitsproblemen durch Experten, die in die Schule kommen (z. B. eine Ernährungsberatung) (im Fach- und Projektunterricht)
- *Gesundheitsselbsthilfe:*
  Aktivierung der Betroffenen zur gegenseitigen Unterstützung bei der Bewältigung ihrer Gesundheitsprobleme (z. B. durch ein schuleigenes »gesundes Frühstück«) (im Schulleben, Pausenkultur)
- *Präventivmedizin:*
  Medizinische Untersuchungen zur Krankheitsfrüherkennung (z. B. Besuch des Schulzahnarztes usw.).

Gesundheitsförderung in diesem Sinne bedeutet, auch die außerschulischen Lebenszusammenhänge des Wohnens, Spielens usw. zum Gegenstand gesundheitsfördernder Überlegungen zu machen. Damit ergeben sich viele praktische Bezüge zu anderen Gemeindeeinrichtungen und zu entsprechenden Unterrichtsvorhaben.
Auf der Ebene von Gemeinden sind zur Durchführung *Gesundheitsämter* eingerichtet worden. Das Gesundheitsamt ist eine Fachbehörde, die entweder als staatliche oder als kommunale Institution organisiert ist. Neben dem Amtsarzt sind beamtete Ärzte (Medizinalräte) und fachliches Personal (Sozialarbeiter, medizinische-technische Assistenten u.a.) den Gesundheitsämtern als *»Soziale Dienste«* angeschlossen.

Zu den *Aufgaben des Gesundheitsamtes* zählen gesundheitliche Untersuchungen und Beratungen auch der Schulen, die Beurteilung von Umwelteinflüssen hinsichtlich ihrer Wirkung auf die Gesundheit der Bevölkerung sowie die Gewährleistung einer Reihe von Diensten wie z. B.

- Mütterberatungen,
- Schuleingangsuntersuchungen,
- Impfungen,
- jugendzahnärztliche Untersuchungen,
- Sprachheilbehandlungen.

Dem *Sozialen Dienst* beim Gesundheitsamt sind besonders häufig auch Kinderärztinnen und Kinderärzte angeschlossen, die den Eltern und Lehrern bei Entwicklungs- und Ernährungsfragen kostenlos mit Rat und Tat zur Verfügung stehen.
Zu den *Schutzimpfungen* gehören bei Schulbeginn die Diphtherie, gegen Ende der Grundschule (10./11. Lebensjahr) Tetanus/Polio-Schutzimpfungen und im 12. Lebensjahr die Impfung gegen Röteln. Eine Auffrischimpfung gegen Kinderlähmung und Wundstarrkrampf sollte alle zehn Jahre wiederholt werden. Der *Jugendzahnärztliche Dienst* arbeitet mit den niedergelassenen Zahnärzten zusammen, so dass Kinder in Kindergärten und Grundschulen regelmäßig versorgt sind.
Zur *Sprachheilbehandlung* können Eltern bei Sprachschwierigkeiten ihrer Kinder (Einschulungsuntersuchung) bei kostenloser Beratung im Gesundheitsamt um Hilfe nachfragen.
Wie alle Dienste und Einrichtungen des Gesundheitswesens einer Gemeinde wird auch die Schule in gesundheitshygienischer Hinsicht vom Gesundheitsamt überwacht und beraten.
Der *schulärztliche Dienst* im Gesundheitsamt ist besonders für die Feststellung der Schulfähigkeit zuständig. Bei diesen Untersuchungen haben pädagogische Überlegungen allerdings den Ausschlag zu geben. Dies ist noch nicht immer gewährleistet. Dafür sollten stärker die langjährigen Erfahrungen und das Urteil der Erzieherinnen aus den Kindergärten mitberücksichtigt werden, so dass ein »medizinisches« Urteil bei schulärztlichen Reihenuntersuchungen weniger die Auslese und mehr die differenzierte Förderung eines jeden Kindes in den Mittelpunkt stellen kann.
Sehr wichtig bleiben die frühzeitige Erkennung von Haltungsschwächen, Seh-, Sprach- und Hörbehinderungen durch den Amtsarzt. Ebenso bedeutsam ist angesichts der heutigen gesundheitlichen Belastungen in der Arbeits- und Berufswelt die genaue Feststellung gesundheitlicher Berufsfähigkeit bei Untersuchungen der Entlassschülerinnen und -schüler. Das findet eine Ergänzung durch die gesetzlich angeordneten Untersuchungen Jugendlicher bei Eintritt in das Erwerbsleben.
Zusammengefasst ist heute eine enge Kooperation des Gesundheitsamtes (öffentlicher Gesundheitsdienst) mit der Schule angesichts vielfacher Vernetzung von Entwicklungsbedingungen der Schülerinnen und Schüler unverzichtbar geworden.

6.1 Prävention und Gesundheitsförderung in der Schule

Der Begriff der »Prävention« ist in der Schule wie in der Schulpädagogik noch wenig »übersetzt«, obwohl Prävention, als Vorbeugung oder Prophylaxe verstanden, bereits zu einem Schlagwort geworden ist. Dagegen wird im außerschulischen Bereich, theoretisch und methodisch weit entfaltet, mit präventiven Interventionsstrategien schon länger versucht, unerwünschte Entwicklungen zu vermeiden. In psychosozialen und sozialpädagogischen Handlungsfeldern zählen präventive Konzepte daher häufig zu den innovativen Strategien, wie z. B. in der Jugendhilfe und im neuen Kinder- und Jugendhilfegesetz (vgl. KRAEFT/LUKAS, 1991, S. 68 ff.; BÖLLERT, 1990, S. 471 f.).

Das wesentliche Merkmal der meisten außerschulischen Präventionskonzepte besteht darin, dass sie nicht nur beim einzelnen Betroffenen ansetzen, sondern auch in dessen Familien und im sozialen und ökologischen Umfeld. Somit konzentriert sich Prävention

- sowohl auf die Förderung und Unterstützung des Einzelnen – körperlich, geistig, seelisch, sozial wie auch
- auf die Entwicklung von Bedingungen, die sein persönliches Leben mitbestimmen.

Prävention orientiert sich dann nicht länger mehr an der »defizitären« Person des einzelnen Kindes (vgl. Kap. 7.1) (Methode: soziale Einzelfallhilfe, Stigma: faul, verwahrlost usw.), sondern verlangt, an der Entwicklung der Kinder zu selbstständigen Persönlichkeiten, an ihren Stärken und ihrer Fähigkeit zur Selbstbestimmung und Kooperation im Zusammenhang mit ihren Familien, ihrer Wohnumwelt usw. anzuknüpfen.

> ***Überlegen Sie bitte:***
> *Haben Sie bereits für Ihren Arbeitsplatz, für einzelne Klassenräume, das Lehrerzimmer oder für Ihre Schule insgesamt ein Präventionskonzept erarbeitet?*
> Mögliche Kriterien: *»Sich selbst wohl fühlen wollen«;*
> *»Umweltbelastungen weniger ausgesetzt sein wollen«;*
>
> (Vgl. MILLER, R., Sich in der Schule wohlfühlen, Weinheim 1990, S. 3)

Solche Konzepte der Prävention hatten in den letzten Jahren weitreichende Wirkungen. Zwei bedeutsame Theoreme haben sich dabei immer mehr durchgesetzt:

1. *Prävention muss sich am Prinzip der Ganzheitlichkeit orientieren.*
   »Soziales, psychisches und organisches System durchdringen sich gegenseitig. Die wechselseitige Beziehung zwischen Person und Umwelt (strebt) einem Gleichgewichtszustand zu. Allein in diesem Zustand ist die optimale Entfaltung persönlicher Bedürfnisse und Handlungen in allen Dimensionen möglich« (HURRELMANN, 1988).

2. *Prävention muss sich am positiven Selbstbild des Handelnden orientieren.* Gesucht werden muss nach den jeweils vorhandenen persönlichen und sozialen Stärken und Ressourcen (vgl. Ressourcenkonzept und Kap. 7.1). Sie zu nutzen, fördert das positive Selbstbild des Menschen und die Gewissheit, »den Lebensbedingungen einen subjektiven Sinn zu geben und sie mit den eigenen Wünschen und Bedürfnissen in Einklang bringen zu können.« (ANTONOVSKY, zit. nach HURRELMANN, a. a. O., S. 134)

Zum Präventionsbegriff in der Schule

Im Hinblick auf die eben genannten beiden Theoreme verfügen Schulen und die Schulpädagogik über ein noch wenig geklärtes und in seinen Grundsätzen akzeptiertes Verständnis von Prävention. Dennoch zeigen gegenwärtig verschiedene Innovationsprozesse in den Schulen, dass viele dabei sind, sich auf ein neues Verständnis einzulassen. In zunehmend mehr Bereichen werden die außerschulisch bekannten Theoreme der Ganzheitlichkeit und der »Solutogenese« auch zu schulinternen Orientierungen, wie folgende Tendenzen verdeutlichen können:

- Die Sozialisationsfolgen der »veränderten Kindheit« werden zunehmend berücksichtigt, Kinder als Schüler werden als Personen mit je individuellen Lernvoraussetzungen »akzeptiert«.
- Es wird eine Debatte geführt um mehr Selbstständigkeit und systemisch verstandene Selbsterneuerungsfähigkeit der Schule, um Öffnung von Schule, Profilbildung usw., orientiert an der wechselseitigen Beziehung zwischen Person und Umwelt, zwischen Einzelschule und Einzugsgebiet.
- Die Lern- und Lehrorganisation wird fächerübergreifend auch in Projekten und unter Aufhebung des einengenden 45-Minuten-Taktes versucht, u. a. in Lernwerkstätten, offenem Unterricht, Freiarbeit usw., stark mitbestimmt durch die Idee ganzheitlicher Möglichkeiten der stofflichen Auseinandersetzung.
- Mit der größeren Eigenständigkeit der Kinder korrespondiert ein darauf ausgerichteter pädagogischer »Vertrauenskredit« vieler Schulpädagogen in die Autonomiefähigkeit von Kindern zu individueller Zeit- und Aufgabeneinteilung, ausgerichtet an einem positiven Selbstbild der Handelnden (vgl. Kap. 7.1).

Das Beispiel Sexualerziehung und Prävention

Sexualerziehung wird trotz aller Unterschiede in der Ausführlichkeit und jahrgangsspezifischen Zuordnung in den Schulen der einzelnen Bundesländer als Teil der Gesamterziehung verstanden (vgl. KMK-Empfehlungen vom 30.10.68). Sie ist damit Teil des Erziehungsauftrags der Schule.

»Sexualität« als Bestandteil der Gesamtpersönlichkeit steht in einem dynamischen Austausch zu ihrer Umgebung. Eine sexualfreundliche Sexualerziehung muss deshalb auf die Gestaltung der Lebenswelt und auf die Erhöhung des Wohlbefindens, auch in der Schule, achten. Eine überwiegend verhütungsorientierte und auf »Gefahren« ausgerichtete »Prävention« orientiert sich an einer pessimistischen Vorstellung von Kindern (vgl. Kap. 7.1), produziert Ängste und wirkt tendenziell sexualfeindlich.

Sowohl die isolierte Behandlung des Themas »Sexualität« als auch der »Prävention« als Information und Aufklärung schaffen vor allem Ängste, Entfremdungsgefühle und Sprachlosigkeit. Sexualität ist aber etwas Ganzes. Der Mensch als Ganzheit ist schließlich mehr als die Ansammlung seiner funktionstüchtigen Sinne und Organe (vgl. HOPF, 1995).

Sexualität und Prävention sind daher nicht in einer isolierten »Aufklärung«, eventuell durch (Biologie-)Fachlehrer, zu realisieren. Vielmehr sind alle entsprechenden Bemühungen durch *alle* Lehrer in einen umfassenden pädagogischen Zusammenhang von Person und Umwelt in *allen* Fachbereichen zu stellen. Entsprechend ist eine körperbejahende schulische Lebenswelt zu gestalten, die auch Klassen-, Hof- und Flurgestaltung hinsichtlich ihrer die Sinne fördernden Möglichkeiten untersucht und verändert.

Eine sexualfreundliche Sexualerziehung umfasst stets auch die Absichten der Prävention, sofern sie an der persönlichen Stärke, der Solutogenese und an den Grundbedürfnissen der Schulkinder ausgerichtet bleibt.

Wird Sexualerziehung als Teil der Gesamterziehung verstanden, bleibt sie stets als Medium der Kommunikation auf »Austausch« verwiesen. Sexualerziehung, als Möglichkeit des menschlichen Austauschs gesehen, wird *soziale Erziehung*. Sie hat zum Ziel, das Verhalten des Einzelnen und der Vielen zur Entfaltung kommen zu lassen, indem sie zu mehr Toleranz, Verstehen, Selbstbewusstsein und Verantwortlichkeit verhilft.

Sexualerziehung nach diesem erweiterten Verständnis versucht, vielfältige sinnliche Erfahrungsmöglichkeiten und Möglichkeiten zur Mitgestaltung zwischenmenschlicher Lebensformen bereitzustellen, so dass Kinder erfahren, wie es sich mit den eigenen Sinnen und dem eigenen Körper angenehmer umgehen lässt, um mehr gegenseitiges Verständnis und mehr Zärtlichkeit im seelischen Empfinden, im sozialen Miteinander, im Sprechen und im körperlichen Ausdruck zu erreichen.

Ausschlaggebend werden bestimmte *Erziehungshaltungen*, wenn im Rahmen dieser Sozialerziehung / Sexualerziehung auch die Präventionsabsicht erfolgreich verfolgt wird:

- Lehrerinnen und Lehrer sollten ein ausreichendes Vertrauensverhältnis zu ihren Schülern aufbauen können, so dass auch Gefühle ohne Bloßstellung ausgesprochen werden können.
- Lehrerinnen und Lehrer sollten unterrichtspraktische Konsequenzen aus der Tatsache ableiten können, dass Kinder in erster Linie keine unter-

richtsbedürftigen Wesen sind, sondern Menschen mit Grundbedürfnissen nach Geborgenheit, Neugierde, Leben dürfen, Zuwendung, Anerkennung bekommen können, selbstständig Lernen und Ausprobieren dürfen, Verantwortlichkeit übernehmen dürfen u. a. m.

- Es gilt im Ergebnis einer als Sozialerziehung verstandenen Sexualerziehung, dass über ein positives Verhältnis zum eigenen Körper die Voraussetzungen für ein selbstbewusstes, einfühlsames und konfliktfähiges Verhalten entwickelt werden. Kinder brauchen dafür Einflussmöglichkeiten, um sich zunehmend selbstbestimmter und selbstbewusster an der Gestaltung des Sozialen zu beteiligen.

Die Präventionsabsicht wird im Prinzip um so besser eingelöst werden können, je stärker Schüler/innen die Gestalter ihrer eigenen Entwicklung sein können. Das »Herausschneiden« von Prävention aus dem Lebenszusammenhang, ihre Reduktion auf Informationen und Selbstbehauptungsübungen (besonders für Mädchen) sollte nicht weiter verfolgt werden. Vielmehr sind Lehrerinnen und Lehrer für den Gesamtzusammenhang von Familienmilieu, Lebenswelt und Schülerbiografie zu sensibilisieren. Dabei ist keine professionelle Berufserweiterung, z. B. als Sexualtherapeut, beabsichtigt. So sollte *eine direkte Intervention bei sexuellem Missbrauch nur von entsprechend qualifizierten Fachkräften vorgenommen werden.*

Aber zutreffend gilt auch:
Prävention (von sexuellem Missbrauch) kann nicht losgelöst von einer sexualfreundlichen Sexualerziehung versucht werden, und Sexualerziehung selbst wiederum muss als Teil der Persönlichkeitsentwicklung in den Rahmen des Gesamterziehungsauftrags der Schule gestellt bleiben.

Das Beispiel Drogenprävention

Drogenprävention gehört heute zu den auch in der Schule geforderten Erziehungsaufgaben, nachdem vor allem die Sozialpolitik und die Sozialpädagogik hierzu seit vielen Jahren allein zuständig waren. Gewaltige Antirauschgiftkampagnen (»Mach 'nen Bogen um die Drogen!«) haben Millionen verschlungen, 1992 wurden zum Beispiel für die Kampagne »Keine Macht den Drogen!« 55 Millionen DM ausgegeben.
Erst allmählich setzt sich die Auffassung durch, dass stoffbezogene Aufklärung ergänzt werden muss durch eine am weiten (oben skizzierten) Gesundheitsbegriff ausgerichtete, personenbezogene Prävention. Dahinter steht die Einsicht, dass die Dispositionen für süchtiges Verhalten bereits in der Kindheit gebildet werden. *Was Jugendliche an Drogen-Verhaltensformen entwickelt haben, lässt sich in der Regel auf versäumte bzw. übersehene Bedürfnisse der Kinder im frühen Entwicklungsalter bis zur Pubertät zurückführen.*
In einer neueren amerikanischen Untersuchung (SHEDLER/BLOCK, University

of California) wird beeindruckend gezeigt, wie sich in der Kindheit die Dispositionen bilden. 130 Kindergartenkinder wurden in ihrer Entwicklung bis hin zum 18. Lebensjahr auf ihr Suchtverhalten bzw. ihren Drogenkonsum *in Abhängigkeit vom Verhalten der Eltern und Lehrer* minutiös studiert. Jeweils im 7., 11., 14. und 18. Lebensjahr wurden vierstündige Gespräche mit ihnen geführt. Hinsichtlich ihres Drogenkonsums kristallisierten sich im Alter von 18 Jahren drei etwa gleich starke Gruppen heraus:

- *die Experimentierer,* die gelegentlich, aber nicht öfter als einmal im Monat Marihuana rauchten und nicht mehr als eine andere Droge kannten;
- *die User,* die mindestens einmal in der Woche einen »Joint durchzogen« und Erfahrungen mit mindestens einer anderen Droge hatten;
- *die Abstinenzler,* die Drogen ablehnten.

Als psychisch in bester Verfassung, sozial integriert, vernünftig und charmant erwiesen sich *die Experimentierer;* dass sie ab und zu kifften, entsprach dem Brauch in der Jugendkultur. Um Fehlinterpretationen entgegenzuwirken, stellten die Wissenschaftler jedoch kategorisch klar, sie seien keineswegs der Meinung, »dass Drogenkonsum sich irgendwie günstig auf die psychische Gesundheit Jugendlicher auswirken könnte«. Sie hatten lediglich herausgefunden, dass sich die Experimentierer pubertär »normal« verhielten: *Sie waren neugierig auf Grenzerfahrungen,* brauchten aber den Stoff nicht als Ventil für emotionale Not oder als Kompensation für einen Mangel an echten Beziehungen (vgl. Kap. 9).
Ganz im Gegensatz zu ihnen waren *die User,* die sich jede Woche »zudröhnten« – seelisch schwer angeschlagen, feindselig und entfremdet »von Liebe und Arbeit, die doch dem Leben ein Gefühl von Befriedigung und Sinn verleihen«. Da sich die 18-jährigen verstört und unzureichend fühlten, zogen sie sich zurück und fühlten sich noch schlechter: Sie befanden sich, so die Psychologen, in einem Teufelskreis. Mit den Drogen betäubten sie ihre Gefühle von Isolation und Versagen. Sie konnten ihre Energien nicht auf zukünftige Ziele richten, sondern folgten statt dessen ihren momentanen Impulsen.

Die für die Schule folgenschwere Feststellung:

Solche »Unglückswürmer« waren sie schon als Kinder. Mit 7 Jahren formte sich bereits das Persönlichkeitsbild kleiner Menschen, die unfähig waren, mit anderen Kindern gute Beziehungen herzustellen, aber leicht Sündenbock wurden. Sie hatten kein Selbstvertrauen und konnten nicht stolz auf eigene Leistungen sein, sie kamen sich wertlos und schlecht vor, verhielten sich aber auch wenig vertrauenswürdig und zuverlässig. Sie waren unentschlossen und dachten kaum voraus, hatten jedoch Angst, zu kurz zu kommen.
Mit bewunderten Erwachsenen identifizierten diese Kinder sich kaum. *Den Siebenjährigen, die später Drogen missbrauchten, bedeuteten moralische Werte wie gegenseitiges Geben und Nehmen oder Fairness nicht viel. Ferner waren sie nicht tat-*

kräftig, nicht lebhaft und auch nicht offen für neue Erfahrungen. Unter Stress entwickelten sie körperliche Symptome und konnten sich schwer wieder fangen. Statt viel zu reden, zogen sie sich in nonverbale Kommunikation zurück.
Psychisch angeknackst waren aber auch *die Abstinenzler* – eine Kategorie, die gesellschaftlich keinen Störfaktor darstellte, weil, so SHEDLER und BLOCK, »kategorisch unterstellt wurde, es wäre ein Kriterium für psychische Gesundheit, keine Drogen zu nehmen«. Vielmehr erwiesen sich die abstinenten Teenager als ängstliche Charaktere *mit einem unterentwickelten Potentzial für emotionale Befriedigung und Freundschaft, Wärme und Nähe.*
Dass sie Drogen ablehnten, war weniger Ausdruck von moralischem Rückgrat als die Folge ihrer Entfremdung und ihrer überkontrollierten Wesensart. Sie schoben die Befriedigung ihrer Bedürfnisse unnötig auf und *waren nicht fähig, sinnliche Erfahrungen zu genießen.*
Auch hier die interessante Rückführung des Problems im Grundschulalter: Schon mit 7 Jahren fielen sie nicht durch ihre Eigenschaften, sondern als Kinder ohne Eigenschaften auf: *Sie waren nicht fröhlich, nicht aktiv, nicht neugierig, nicht zugänglich, nicht warmherzig und auch nicht tüchtig, nicht kreativ, nicht geschickt, nicht redegewandt. Stolz auf ihre Leistungen, wie kleine Kinder sein sollten, konnten sie nicht sein. Sie setzten sich auch nicht durch. Sie waren Prototypen des gehorsamen Kindes, schüchtern, ordentlich und sauber.*
Im Alter von 11 Jahren hatte sich das Profil verschärft: humorlos und desinteressiert, verklemmt und gehemmt harrten die unfrohen Halbwüchsigen der Anweisungen Erwachsener, aber auch ihrer Hilfe.
Auffallend glichen sich die *Mütter* derer, die später Drogen verschmähten oder Drogen missbrauchten, in ihren Mängeln. Im Gegensatz zu den Frauen, die den psychisch gesünderen Nachwuchs mit der unverkrampften Probierhaltung aufzogen, wirkten sie kalt und teilnahmslos. Sie waren nicht offen für die Bedürfnisse ihrer Kinder, lehnten ihre Ideen und Vorschläge ab, demotivierten sie durch Kritik und waren dann auch noch frustriert vom Unvermögen ihrer Abkömmlinge. *In einem spannungsgeladenen Widerspruch waren die Mütter zwar außerordentlich erpicht auf die Leistungen ihrer kleinen Objekte, aber sie ermutigten und unterstützten ihre Kinder nicht, sondern übten auf sie Druck aus* (vgl. Spiegel, 45. Jg. 1991, Nr. 21, S. 75 f.).

Ähnliche Ergebnisse sind erst in jüngster Zeit auch in Deutschland vorgelegt worden:

Wie eine Langzeitstudie des Instituts für seelische Gesundheit in Mannheim (1995) gezeigt hat, gibt es einen Zusammenhang zwischen Substanzmissbrauch (Drogenabhängigkeit) und frühkindlichem Verhalten. Jugendliche im Alter von 18 Jahren verfallen nach dieser Studie dann besonders leicht einer Sucht, wie Rauchen, Alkohol- oder Medikamentenmissbrauch, wenn sie als Achtjährige durch ihre extreme Unruhe, durch ausgeprägtes Mogeln, Schulschwänzen oder auch durch starke Konzentrationsstörungen aufgefallen

Aus dem Monatsspiegel der T.-W.-Adorno-Schule
in Elze, Nr. 41, 1994:

Liebe Eltern!

Suchtvorbeugung bedeutet für Eltern vor allem, dass sie ihr heranwachsendes Kind darin fördern, mit Problemen und Schwierigkeiten umgehen zu lernen, damit es keine scheinbar besseren Erlebnisse braucht. Jugendliche suchen nach solchen scheinbar besseren Erlebnissen vor allem, wenn sie nicht zu entscheiden brauchen, weil kaum etwas passiert und alles in längst geregelten Bahnen verläuft. Suchtvorbeugung heißt für Eltern also, dafür zu sorgen, dass ihre Kinder Raum für echte Erlebnisse haben, sich an altersgerechten Aufgaben erproben und Verantwortung übernehmen können.

Die eigenen Kräfte und Fähigkeiten zu erfahren stärkt das Zutrauen, auch neue Aufgaben selbstständig anzugehen. Gelegentliche Misserfolge werden dann weniger als Entmutigung, denn als Ansporn erlebt, es noch einmal und vielleicht anders zu versuchen.

Jugendliche müssen das allerdings »üben«– so wie sie als Kinder laufen lernen oder Fahrrad fahren üben mussten.

Jugendliche, deren Eltern die Aufgabe für sie erledigt haben und denen alle Schwierigkeiten aus dem Weg geräumt wurden, sind auffallend häufig unter Drogenabhängigen vertreten. Sie empfinden Aufgaben und Belastungen oft als Zumutung, mit denen sie eigentlich gar nichts zu tun haben. Wichtig ist, dass Jugendliche Aufgaben in eigener Regie ausführen und so die Einstellung entwickeln: Dafür bin ich verantwortlich.

Zwar haben Alltagstrott und Routine ihren Sinn, Jugendlichen geht solche Routine oft auf den Geist. Sie wollen etwas erleben: Abwechslung, Abenteuer, Risiko. Etwas ausprobieren, bei dem nicht von vornherein feststeht, wie es ausgeht und dabei Spannung, Angst, Lust erleben. Dieses Bedürfnis gibt Gelegenheit, Freiheit zu spüren, seine Kraft und Jugendlichkeit zu erproben und zu bestätigen. Im verplanten Lebensalltag läuft dieses Bedürfnis von Jugendlichen oft ins Leere oder wird mit Ersatz abgespeist. Bei einem solchen Leben auf Sparflamme droht das Bedürfnis des Jugendlichen nach Risiko maßlos zu werden. Er verliert den Bezug zur Realität, vor allem zu den eigenen wirklichen Fähigkeiten und Kräften. Dann sucht er manchmal nach unverhältnismäßigen, oft lebensgefährlichen Risiken.

Deshalb: Wer die Bedürfnisse von Kindern kennt und nachempfinden kann, hat schon einen wichtigen Schritt der Suchtvorbeugung hinter sich. Abenteuerlust, kleine und große Sensationen, Träume und Fantasien von Kindern brauchen Raum. Den müssen wir gemeinsam schaffen!

waren. Bei weit über der Hälfte der später abhängigen Jugendlichen waren im Alter von acht Jahren solche Störungen zu beobachten. »*Im Alter von 13 Jahren waren bereits bei 75% der später abhängigen Jugendlichen Vorhersagen des späteren Suchtmissbrauchs möglich. Potentziell suchtgefährdet sind hier vor allem die 13-jährigen, die bereits hin und wieder rauchen oder trinken, aggressiv sind, die Schule schwänzen, an den Nägeln kauen oder extreme Disziplinprobleme in der Schule haben. Auch spielen familiäre Belastungsfaktoren wie häufiger Streit oder Scheidung der Eltern, schlechte Wohnverhältnisse, Depression der Mutter sowie Kriminalität des Vaters in der Vorgeschichte der später rauchenden oder trinkenden Jugendlichen eine große Rolle.*«
(Esser, G., – Leiter der Arbeitsgruppe Neuropsychologie des Kindes- und Jugendalters im ZI. – , FR vom 22. Februar 1995, S. 28).

Präventive Maßnahmen sind auch in der Schule zu realisieren.

Nach den eben beschriebenen frühkindlichen Belastungsfaktoren und ihren möglichen Folgen sollten Lehrer gefährdete Kinder frühzeitig entdecken und deren »emotionale Abwehrkräfte« stärken, indem sie alles daran setzen, bei den Kindern seelische Ausgeglichenheit, Selbstbewusstsein und Ich-Stärke zu fördern. (Ressourcenoptimierung).
Hierzu ergänzend sind Elterngespräche erforderlich, weil mangelndes Selbstwertgefühl, wie oben gezeigt, auch daher rühren kann, dass die Eltern ihre Kinder demotivieren, ohne es zu wissen. Der Elternbrief (rechte Seite) einer Schule weist hierzu beispielhaft einen Weg.

6.2 Kinder schützen – auch im Kinderschutzbund

Der deutsche Kinderschutz in organisierter Form war eine Reaktion auf Gefährdungen, vor allem der Gesundheit der Kinder und der Kinderarbeit, wie sie im sprunghaft vorangetriebenen Industriezeitalter entstanden. Aus dem Zusammenschluss der »Kinderrettungsvereine«, denen übrigens häufig Lehrer vorstanden, des »Deutschen Vereins der Kinderfreunde« und des »Vereins zum Schutze der Kinder vor Ausnutzung und Misshandlung« wurde 1910 der »Deutsche Kinderschutzverband« gegründet. Während des Nationalsozialismus war der Kinderschutz gleichgeschaltet in der Nationalsozialistischen Volkswohlfahrt. Erst 1953 gründete sich der Deutsche Kinderschutzbund (DKSB). In den 70er-Jahren änderte er seine bis dahin vorherrschende sanktionsorientierte Kinderschutzpolitik zugunsten eines sozialpolitisch orientierten Arbeitens. So spricht der DKSB z. B. heute nicht mehr von Kindesmisshandlung, sondern von Gewalt gegen Kinder und meint damit, dass die Fixierung auf den Täter der Erkenntnis weichen muss, dass die von gesellschaftlichen Strukturen ausgehenden Gewaltakte als wesentliche Voraussetzung für persönliche Gewaltanwendung anzusehen sind.

Da der DKSB zur Zeit (1996) in über 400 (west-)deutschen Ortsverbänden vertreten ist und eine enge Zusammenarbeit von Fachkräften und Laienhelfern eine wichtige Arbeitsgrundlage des DKSB darstellt, können Lehrer und Lehrerinnen daran denken, durch eine mehr oder weniger intensive Zusammenarbeit das eigene Berufsverständnis zu erweitern. Das Prinzip »Hilfe zur Selbsthilfe«, das den Kinderschutzgedanken heute auszeichnet, kann Schulpädagogen grundsätzlich davor bewahren, »Schutz« als bevormundende Eingriffsmöglichkeit misszuverstehen. Gleichzeitig wird zu erwarten sein, dass die psychischen und physischen Grenzen der Belastbarkeit von Kindern deutlicher gesehen werden, sobald die übrige Lebenswelt außerhalb der Schulräume, vor allem in Gestalt der Familienwelten, in den Blick rückt. Lehrerinnen und Lehrer können, wenn sie die den Richtlinien in Schulen entsprechende Gesamtpersönlichkeit des Schülers fördern wollen, die Angebote des DKSB nutzen. Mehr als bisher wird Vorsorge und Hilfe sich einmal auf das einzelne Kind, zum anderen auf die Aufdeckung und (begrenzte) Bearbeitung der Ursachen von Vernachlässigung, Schulversagen usw. beziehen können.
Noch immer stellt in vielen Familien Gewalt in Form von Prügeln, Haare-Ausreissen, seelischer Erpressung, Liebesentzug o. ä. eine in der Öffentlichkeit und der Schule wenig bekannte Art der Übergriffe auf Kinder dar. Lehrer und Lehrerinnen haben die Möglichkeit, aufgrund ihrer täglichen Beobachtungen dieses eher als andere zu bemerken.

Überlegen Sie bitte:

- Haben Sie schon einmal den Verdacht auf Kindesmisshandlung beim Anblick eines Kindes gehabt und wie war dabei Ihre Reaktion?
- Wer ist in Ihrer Gemeinde oder Stadt der bzw. die Kinderschutzbeauftragte und hat Ihr Kollegium diese Person schon einmal zum Gespräch eingeladen?
- Haben Sie erfahren, an welchen Hauptproblemen der Kinderschutzbund in Ihrer Gemeinde zur Zeit besonders arbeitet?

Falls eine Lehrkraft einen Gewaltübergriff ahnt oder vermutet, gehört es *nicht* zu ihrem Aufgabenbereich, ihn selbst aufzudecken. Wohl aber fällt ihr im Helfersystem die Aufgabe zu, geschulte Experten, z. B. des DKSB, zu konsultieren bzw. zu informieren.
Die Mitarbeiter des DKSB verfolgen einige Prinzipien sehr streng:

1. *Anonymität*: Da der DKSB keine Behörde ist, werden keine Informationen weitergegeben. Niemand braucht seinen Namen zu nennen.
2. *Freiwilligkeit*: Die Betroffenen bzw. Ratsuchenden sollen frei entscheiden, ob sie das Angebot annehmen wollen. Eine Zusammenarbeit findet nur statt, wenn z. B. eine Familie es wünscht.

3. *Straffreiheit*: Wirksamer Kinderschutz sieht das Ziel nicht in der Bestrafung der Eltern bzw. Kinder, sondern will Entlastung und Hilfe zur Selbsthilfe anbieten.
4. *Aktive Beteiligung*: Der DKSB begleitet immer nur die Familien auf ihrem Lösungsweg und unterstützt damit die Entfaltung eigener Kräfte und Aktivitäten der Betroffenen.

Die Ortsverbände des DKSB haben vor allem die folgenden Arbeitsschwerpunkte, die den Schulpädagogen bekannt sein sollten, um ggfs. bestimmte Eltern oder Erziehungsberechtigte dorthin verweisen zu können:

- Familienhilfe
- Schülerhilfe
- Familienberatung
- Kleiderläden
- Beratungsstellen
- Spielgruppen
- Eltern-Kind-Gruppen
- Kinder- und Jugendtelefone
- Kind-im-Krankenhaus-Betreuung und anderes mehr.

Familienarbeit und Familienberatung bilden Schwerpunkte
(vgl. auch Kap. 3.4).

Es werden in diesem Rahmen

- Gespräche geführt, die zur Klärung von Schwierigkeiten beitragen,
- Informationen und Angebote in der Gemeinde bekannt gemacht,
- praktische Hilfen im Alltag geleistet, z. B. beim Umzug,
- Mütter und Väter ggf. beim Kontakt mit Behörden unterstützt.

Auch die Arbeit am *Kinder- und Jugendtelefon* ist einzuordnen in den psychosozialen Versorgungsbereich von Kindern und Jugendlichen. Es bietet Kindern, Jugendlichen, aber auch Eltern und anderen Bezugspersonen die Möglichkeit zu einem geschützten Fachgespräch. Für viele Kinder und Jugendliche bedeutet der Griff zum Sorgentelefon die einzige Chance, ohne Kontrolle und ohne die Gefahr der Stigmatisierung durch Amt oder Schule die Möglichkeit zu einem anonymen Hilfegespräch zu kommen.
Der Schulleiter Claus Buhren berichtet, was an seiner Hauptschule mit »schwierigen« Schülern geschah. Nachdem in der Gemeinde ein Arbeitskreis gegründet war, der vor allem vom Deutschen Kinderschutzbund (DKSB) getragen wurde, entwickelte sich eine Kooperation, die bis in die Schule reichte. »Etwa zehn Lehrerinnen und Lehrer beteiligten sich an den sog. »sozialpädagogischen Einzelmaßnahmen« für Schülerinnen und Schüler. Gemeint waren damit einzelne Stunden, die in der Regel der Klassenleh-

> ***Überlegen Sie bitte:***
>
> *Können Sie ihren Schülerinnen und Schülern eine Sorgentelefon-Nummer »für alle Fälle« nennen?*

rer wahrnahm, um mit einzelnen Schülern seiner Klasse regelmäßig und über einen längeren Zeitraum hinweg schulische und/oder private Probleme zu besprechen und zu bearbeiten. Supervidiert wurde die Arbeit der Lehrerinnen und Lehrer von Psychologen, die dem Kinderschutzbund angehörten.

Auf die Ergebnisse dieser Arbeit angesprochen, waren alle beteiligten Lehrerinnen und Lehrer vom Erfolg ihrer Interventionen und Beratungsgespräche äußerst angetan. »Schüler, die während des Unterrichts kaum oder gar nicht zugänglich waren, tauten in diesen Stunden merklich auf. Wir merkten, dass es eigentlich gar nicht so sehr auf die Intensität der Gespräche im Sinne einer fundierten psychologischen Beratung ankam, sondern dass alleine diese besondere Form der Zuwendung, des Kontaktes, beispielsweise bei der gemeinsamen Arbeit bei der Biosammlung oder im Garten, das Verhältnis zwischen mir und dem Schüler derart veränderte, dass er Vertrauen fasste und wir dann oft eine Gesprächsbasis fanden, die sich auch auf die Situation im Unterricht erheblich auswirkte.«

(Aus: BUHREN, C., Community Education als innere Schulreform, Dortmund 1994)

6.3 Kinderarmut erreicht auch die Schulklassen – Sozialhilfe soll Grundbedürfnisse abdecken

Jedes sechste Kind in Deutschland lebte 1995 in einem »einkommensarmen« Haushalt. Die Zahl der Kinder, die in Abhängigkeit von Sozialhilfeleistungen oder in Haushalten von Arbeitslosen aufwachsen, nimmt weiter zu (vgl. AG Wohlfahrtsverbände, Bonn 1995). Nach einer EG-Vereinbarung sind fast 8 Millionen Bundesbürger mit weniger als 50 Prozent des durchschnittlichen Einkommens als »arm« zu bezeichnen.

Keineswegs zeigt sich »Armut« immer so deutlich.

Wenn Kinder in Armut leben, versuchen sie und ihre Familien mit ganz unterschiedlichen »Strategien« die Situation zu beherrschen, die aufmerksamen Lehrkräften in der Regel nicht verborgen bleiben:

Die einen laufen aus den meist mehrfach belasteten Elternhäusern (Schulden, Arbeitslosigkeit, Süchte) weg, die anderen passen sich und ihre Ansprüche unter Scham und Hilflosigkeit an, leiden darunter, z. B. weder zu Geburtstagen einladen zu können noch eingeladen zu werden.

Bericht einer Lehrerin:

»F. will auf keinen Fall auf den Schulhof gehen. Er versucht alle Tricks, um irgendwie drinnen zu bleiben. Schließlich sehe ich, warum. Draußen ist Schneematsch und seine Turnschuhe haben unter dem Ballen fünf-Mark-Stück-große Löcher. Er ist schon auf den Tennissocken gelaufen!

Besonders häufig ist mir die Vernachlässigung der Kleidung in türkischen Familien aufgefallen: Die Familien waren nicht vom Einkommen her arm, sondern wegen übermäßiger Verpflichtungen den Angehörigen gegenüber.
Die Väter arbeiten oft sehr fleißig und verdienen gut, aber die Kinder leben trotzdem in Armut, für sie war einfach nichts übrig, weil, vieles ging in die Türkei.«

(Aus: Stadt Sozial, 1994, Heft 3, S. 23)

Andere beklauen Läden, um an die äußeren Statusmerkmale wie Computerspiel oder Markenkleidung zu kommen, damit sie unter den Gleichaltrigen mithalten können.
Wiederum andere werden nicht nur früh selbstständig, sondern gehen den Verdienstmöglichkeiten unerlaubter Kinderarbeit nach, wobei u. a. das Schuleschwänzen in Kauf genommen wird.
Hinzu kommen mögliche Belastungen durch beengte Wohnverhältnisse, zurückgehende Sozialkontakte (Isolation), Vernachlässigung durch die Erziehungsberechtigten oder Einsparungen gerade bei der Ernährung, so dass auch der *Gesundheitszustand* von in Armut lebenden Schülern signifikant schlechter ist als der bei anderen Vergleichsgruppen (vgl. KLOCKE/HURRELMANN, 1995).
Für Lehrkräfte sollte bei einer derartigen Entwicklungsbeeinträchtigung vieler Kinder die Kenntnis und das Erkennen von Armut und deren Symptomen möglich sein. Doch vielen Lehrerinnen und Lehrern fehlt hierzu der entsprechende Zugang. So wissen viele keine Erklärung für »HLU« oder »HBL« zu geben oder Angaben zur Sozialhilfeberechnung zu machen.
Beide Abkürzungen gehen auf das Bundessozialhilfegesetz (1976, neugefasst 1991) zurück, dessen beide große Gruppen von Hilfeleistungen von Sozialhilfeempfängern in Anspruch genommen werden können:
In unserem Zusammenhang soll es ausreichen, über die beiden großen Leistungsgruppen des Bundessozialhilfegesetzes (BSGH) zu informieren.

1. *Hilfe zum Lebensunterhalt (§ 11–26 BSHG)*
2. *Hilfe in besonderen Lebenslagen (§ 27–65 BSHG)*

Gegenüber dem früheren Fürsorgerecht, das noch von dem Zentralbegriff des »notwendigen Lebensunterhalts« beherrscht war, liegt der Schwerpunkt heute in dem für die einzelnen Hilfen in besonderen Lebenslagen geltenden besonderen Voraussetzungen. Vor einer Inanspruchnahme der *Hilfe zum Lebensunterhalt* (HLU) muss der Hilfesuchende sein Einkommen und Vermögen sowie seine eigene Arbeitskraft zur Beschaffung des notwendigen Lebensunterhaltes für sich und seine Angehörigen nutzen. Dann erst setzt die Berücksichtigung von Regelsätzen ein, die die Bedarfsgegenstände der Hilfe zum Lebensunterhalt abdecken sollen.
Die Regelsätze wiederum sind abgestuft nach der Stellung des Hilfesuchenden im Haushalt (Vorstand, allein Erziehende, Angehörige) sowie Lebensalter bei Kindern und Jugendlichen.
Die Hilfe zum Lebensunterhalt soll die Grundbedürfnisse des täglichen Lebens wie Ernährung, Unterkunft, Kleidung, Hygiene usw. abdecken.
Die *Hilfe in besonderen Lebenslagen* (HBL) hingegen erfasst bestimmte Bedarfsituationen, bei denen davon ausgegangen wird, dass der Hilfesuchende wohl für seinen Lebensunterhalt selbst aufkommen kann, ein besonderer Bedarf allerdings seine Kräfte übersteigt. Das ist z. B. der Fall, wenn unvorhergesehene Krankenhilfen erforderlich werden oder Hilfen bei der Familienplanung, bei Pflege- und Haushaltshilfen usw.

Beispiel einer Regelsatz-Berechnung:

Tab 7: Regelbedarfsberechnung für Sozialhilfe

(Stand: Niedersachsen, 1.Juli 1995)	DM	Regelsatz des Haus haltsvorstandes %
Haushaltsvorstand	526,00	100
Kinder unter 7 Jahren	263,00	50
Kinder unter 7 Jahren bei Alleinerziehenden	289,00	55
Kinder von 7–13 Jahren	342,00	55
Kinder von 14–17 Jahren	473,00	90
Haushaltsangehörige ab 18 Jahren	421,00	80

Dieser Regelbedarf ergibt sich aus dem *Statistischen Warenkorb*. Der Warenkorb wurde 1990 aus dem beobachtbaren Kaufverhalten vergleichbarer Gruppen (= Geringverdiener, mit monatl. Einkommen von DM 800,– bis DM 1.000,–) abzüglich Reisen, Auto und anderer »Luxusgegenstände« errechnet. Die Ermittlung erfolgt also (nicht mehr) nach dem tatsächlichen Bedarf, sondern nach dem Vergleich.

Bitte beantworten Sie sich folgende Fragen:

1. Fällt Ihnen eine Schülerin oder ein Schüler ein, von der/dem Sie wissen, dass ihre/seine Familie ihr Leben mit dem Regelsatz der Sozialhilfe unterhält?

2. Welcher (subjektiv empfundene!) »Mindest-Bedarfssatz« pro Monat entsteht für *Sie* und *Ihre* Familie, wenn Sie einmal Ihre jetzige Situation rechnerisch überschlagen?

Bitte beachten Sie: Erziehungsberechtigte, die sich im laufenden Sozialhilfebezug befinden oder mit ihrem Einkommen nur unerheblich über dem sozialhilferechtlichen Bedarfssatz liegen, können anlässlich der Einschulung ihrer Kinder beim Sozialamt »*Einschulungsbeihilfe*« beantragen. Das sind z. B. Mittel für eine Schultasche, Sportkleidung, technische Geräte usw. Darüber hinaus wird meistens für eine Schultüte mit Inhalt ein Zuschuss bewilligt. Die beantragten Sachen dürfen aber erst nach Erhalt des Bewilligungsbescheides angeschafft werden. *Eltern sind auf die Sozialämter oder auf Arbeitsloseninitiativen zu verweisen.*

Verdeckte Armut kann sich zeigen!

Beachten Sie Ihre Schülerinnen und Schüler einmal »anders«:

- Wissen Sie, ob *jedes* Kind morgens vor der Schule etwas getrunken und gegessen hat?
- Wissen Sie, ob Ihre Schülerinnen und Schüler ein Pausenfrühstück zur Schule mitgebracht haben?
- Wissen Sie, wievielen Ihrer Kinder Geld und die Aufforderung von zu Hause gegeben wird, sich etwas zu essen zu kaufen?
- Wissen Sie, was Ihre Schülerinnen und Schüler auf die Frage antworten würden: *Was* kann man sich *für wenig Geld zum Essen* kaufen?
- Wissen Sie, ob in Ihren Klassen mit »günstigen Gelegenheiten« ein Handel getrieben wird, bei dem nicht klar ist, woher die Sachen stammen (»... von der Palette gefallen«)?
- Wissen Sie, in welchen Familien nur ein Buch im Wohnzimmer liegt, nämlich der Versandhauskatalog?
- Wissen Sie, welche Eltern Ihrer Kinder als »Sammelbesteller« bei einem Versandhaus praktizieren (weil sie selbst vielleicht keinen Kredit dort mehr bekommen)?
- Wissen Sie, wieviel Personen pro Wohnung in den Familien Ihrer Schülerinnen und Schüler leben?

7 Bevor Kinder Probleme machen, haben sie welche

In diesem Kapitel wird eine entwicklungsfördernde von einer -hemmenden Sichtweise vom Kind unterschieden und ein systemorientiertes Denk- und Handlungsmodell vorgestellt, in dem Problemschüler »neu« gesehen werden können und »Strafen« einen anderen Sinn bekommen. Außerdem geht es um das Näherrücken «sozialpädagogischer« und «integrativer« Förderung in Schulen.

7.1 Das Bild vom Kind als Akteur seiner Entwicklung

Im Vegleich zur Schulpädagogik, deren Persönlichkeitsmodelle oft von behavioralen Vorstellungen beeinflusst, sind es ein häufiger theoretischer Bezugspunkt der Sozialpädagogik in der humanistischen Psychologie zu finden (ROGERS,/MASLOW,). Grundlegend für die humanistische Psychologie, die sich in Gestalttherapie, Psychodrama und klientzentrierte Psychotherapie entwickelt hat, ist nach Überzeugung ihrer Anhänger/innen, dass ihr Thema das gesamte menschliche Erfahrungsfeld und nicht nur die pathologischen Aspekte sind. Untersucht werden die Bedingungen, unter denen die Grundbedürfnisse von Menschen erfüllt werden können. Das Anliegen der humanistischen Psychologie sind *Wachstum* und *Selbstverwirklichung*, d. h. die Integration des Individuums in Normen, die nicht von der Gesellschaft festgelegt werden müssen, sondern von seinen eigenen persönlichen Bedürfnissen und Fähigkeiten. MASLOW nennt solche Bedürfnisse »Seinsbedürfnisse«, wie zum Beispiel das Bedürfnis nach *persönlichem* Wachstum, oder das Bedürfnis nach *kreativem Ausdruck.*
Gerade für soziales und sozialpädagogisches Arbeiten ist jedoch wichtig, dass diese Bedürfnisse zur Voraussetzung haben, dass »Mangelbedürfnisse« zuvor befriedigt sind, wie *Hunger, Kälte, Ungeborgenheit* (vgl. MASLOW, Motivation und Persönlicheit, Hamburg 1981).
Dann ist nach dieser Auffassung jeder Mensch fähig und darauf aus, selbst der »Akteur seiner Entwicklung« und seines Wachstums im Geistigen, Sozialen und Seelischen zu bleiben.

Obwohl die Humanistische Psychologie und Pädagogik keine Theorie im streng wissenschaftlichen Sinne entwickelt haben, sind ihre Annahmen besonders in pädagogisch-therapeutischen Prozessen von großer Wirksamkeit.
Eine Arbeitsgruppe amerikanischer Pädagogen und Psychologen hat deshalb versucht, die Bedingungen und Ziele zu nennen, die auch für Lehrende an Schulen als eine Orientierungsgrundlage anzusehen sind (ASCD 1978):

1. *Humanistische Pädagogik* akzeptiert die Bedürfnisse des Lernenden und stellt Erfahrungsmöglichkeiten und Programme zusammen, die sein Potentzial berücksichtigen.
2. Sie erleichtert »Selbst-Aktualisierung« und versucht, in allen Personen ein Bewusstsein persönlicher Wertschätzung zu entwickeln.
3. Sie betont den Erwerb grundlegender Fähigkeiten, um in einer aus vielen Kulturen bestehenden Gesellschaft zu leben. Dies beinhaltet akademische, persönliche, zwischenpersönliche, kommunikative und ökonomische Bereiche.
4. Sie versucht, pädagogische Entscheidungen und Praktiken persönlich zu machen. Zu diesem Zweck beabsichtigt sie, den Lernenden in den Prozess seiner eigenen Erziehung miteinzubeziehen.
5. Sie anerkennt die wichtige Rolle von Gefühlen und verwendet persönliche Werte und Wahrnehmungen als integrierte Teile des Erziehungsprozesses.
6. Sie entwickelt ein Lernklima, das persönliches Wachstum fördert und das von den Lernenden als interessant, verstehend, unterstützend und angstfrei empfunden wird.
7. Sie entwickelt in den Lernenden einen echten Respekt für den Wert des Mitmenschen und die Fähigkeit, Konflikte zu lösen. (ASCD 1978, S. 9 f.)

Während die Jugendhilfe/Jugendarbeit diesen Orientierungen schon dadurch näher ist, dass sie nach dem *Freiwilligkeitsprinzip, Biografieprinzip* und der *Gruppenorientierung* (vgl. Kap. 8.3) zu arbeiten versucht, sind die Orientierungspunkte auch in bestimmten Ansätzen der Humanistischen Pädagogik in Deutschland bekannt (vgl. TAUSCH, 1973 ff.; BUDDRUS, 1995). Deren Forderungen heißen u. a. ebenfalls:

- Die Bedürfnisse der Lernenden berücksichtigen
- alle Bereiche der Persönlichkeit entwickeln
- die »Selbst-Aktualisierung« der Schüler erleichtern
- den Schüler zum Erzieher seiner selbst machen
- die wichtige Rolle der Gefühle anerkennen
- ein verstehendes, unterstützendes und angstfreies Lernklima erzeugen
- einen echten Respekt für den Wert des Mitmenschen entwickeln.

Bei dieser Grundhaltung ist die Wahrscheinlichkeit größer geworden, dass Lehrerinnen und Lehrer einen Erziehungs- und Interaktionsstil entwickeln, der die Heranwachsenden eher als ganzheitliche Personen wahrnimmt und weniger als zu unterrichtende »Schüler«, eher als autonome und zur Selbststeuerung fähige Subjekte und weniger als zu lenkende und zu kontrollierende Objekte.

Die folgende Grafik (Tab. 8) zeigt diese Differenz als idealtypische Gegenüberstellung von zwei möglichen Persönlichkeitsmodellen. Obwohl im Schulalltag weder bewusst noch scharf getrennt von den beiden dargestellten Persönlichkeitsmodellen Gebrauch gemacht wird, korrespondiert jedes der beiden idealtypisch dargestellten Modelle mehr oder weniger mit dem didaktisch-methodischen Verhalten einer Lehrperson.
Eine mögliche Konsequenz aus den dargestellten Modellen besteht darin, dass eine sozialpädagogisch orientierte Unterrichtsarbeit sich nicht in erster Linie durch methodische Anordnungen, bestimmte Materialien oder Lerninhalte auszeichnet, sondern zuerst durch eine entsprechende *Haltung* der beteiligten Lehrerinnen bzw. Lehrer gegenüber ihren Schülerinnen / Schülern als Personen.

Das Schema auf der rechten Seite zeigt idealtypisch mögliche Denk- und Orientierungsmerkmale eines »Kind ist Objekt«- und eines »Kind ist Subjekt«-Modells.

Sobald sich Pädagogen am Kind-als-Subjekt-Modell orientieren, erhält das Kind eher die Chance, »Akteur seiner Entwicklung« zu bleiben, Selbstvertrauen zu erwerben und mit gesundem Selbstbewusstsein Aufgaben zu übernehmen und lösen zu wollen.
Grundlegende Prinzipien sozialpädagogischer Denk- und Handlungsweisen, wie sie besonders in der Jugendarbeit anzutreffen sind, werden hier insofern wirksam, als den Heranwachsenden *ressourcenorientiert* begegnet wird und nicht *defizitorientiert* (Objekt-Kind-Modell).

Bei *ressourcenorientierter Arbeit* (vgl. BANDLER / GRINDER, 1981) bestimmt die Überzeugung das Handeln, dass jedes Kind bzw. jeder Schüler über wenigstens einige erwünschte Eigenschaften, Fähigkeiten, Talente, Interessen, bewundernswerte Charaktereigenschaften usw. verfüge (= Ressourcen), die bei der Überwindung von schwierigen Situationen oder bei der Lösung von Problemen helfend herangezogen werden können.
Eine Lehrkraft, die ressourcenorientiert unterrichten will, wird sich darauf konzentrieren solche Ressourcen herauszufinden. Bei dem einen Schüler werden es zum Beispiel bestimmte Fähigkeiten auf technischem, sportlichem oder im Gebiet der Hobbies sein, bei einer anderen Schülerin sind es vielleicht Eigenschaften wie sich und andere motivieren zu können, konsequent zu sein oder durchhalten zu können, menschliche Kontakte leicht knüpfen zu können oder gute Ideen zu haben (kreativ zu sein).

Tab 8: Das Bild vom Kind

Das Bild vom Kind

Welcher Vorstellung stehen Sie näher?
Erinnern Sie sich dafür an mit Schülern erlebte Situationen und prüfen Sie sich selbst (pro Nennung)!

Objekt – Kind

- Ein Kind ist als »Noch-nicht« Erwachsener anzusehen und zu behandeln
- Kinder sind quasi »Mängelwesen«, vor allem mit noch nicht fertigen Lernbereichen
- Kinder zeigen häufig »ungewöhnliche« und »unübliche« Verhaltensweisen, die zu bewerten sind
- Kinder können von Erwachsenen prinzipiell wenig Zutrauen in ihre Selbstständigkeit verlangen, weil sie eben noch sehr jung sind
- Kinder benötigen für sich einen Erwachsenen als Lernmotor
- Als Schüler sollten Kinder im Unterricht Rationalität als einzig förderlich und Gefühle in der Regel als hinderlich anerkennen lernen

Kind – Subjekt

- Kinder sind autonome Persönlichkeiten und entsprechend zu achten
- Ein Kind ist kein »belieferungsbedürftiges Wesen«, sondern bereits ein »ganzer Mensch«
- Kindern ist grundsätzlich zuzutrauen, ihre Bedürfnisse selber zu artikulieren
- Kinder sind von Geburt an neugierig und lernbegierig
- Kinder sind grundsätzlich bereit und in der Lage, sinnvolle Aufgaben und Situationen für sich selber kompetent zu bearbeiten
- Was ein Kind lernt, liegt letztlich ganz in der Verantwortung seiner selbst
- Kinder benötigen zu ihrer Entwicklung vom Erwachsenen einen Vertrauensvorschuss in ihre Fähigkeit zur Selbstständigkeit
- Kindliche Persönlichkeitsentwicklung ist immer ein ganzheitlicher Vorgang, geprägt durch besondere Lebenssituationen.

Bitte überlegen Sie, über welche einzelnen Ressourcen ein Ihnen bekannter Schüler verfügt, der Ihnen häufig störend oder aufdringlich begegnet:

....

und welche Ressourcen können Sie für eine bestimmte Schülerin entdecken, deren Selbstwertgefühl offensichtlich sehr schwach ist?

....

Planen Sie, die entdeckten Ressourcen zu nutzen und demnächst die Kinder damit zu stärken!

Es kennzeichnet das optimistische Grundverständnis der humanistischen Pädagogik, dass jedem Schüler mit der Erwartung begegnet wird, er werde trotz widriger Lage oder nicht akzeptabler Verhaltensweisen prinzipiell auch über Ressourcen für eine gewünschte Veränderung verfügen.

7.2 Systemisch Denken und Handeln lernen

Zur Einleitung stellen Sie sich bitte ein Mobile vor:

Beispiel: Mobile

Jede Figur in einem Mobile ist mit den anderen verbunden. Bewegt sich eine Figur, lässt sich die Wirkung auf die anderen Figuren deutlich beobachten: Jedes Teil und damit das ganze System verändert seine Position, wenn ein Teil sich bewegt.

Ähnliche Vorstellungen sind als *systemorientierte Denkmodelle* auch in der Sozialarbeit/Sozialpädagogik und Familientherapie bekannt.

(Zur Vertiefung wird folgende *Literatur* empfohlen: BATESON, G., Geist und Natur, Frankfurt 1990; MATURANA, H./VARELA, F., Der Baum der Erkenntnis, München 1987. Neuerdings für Pädagogen: KÖSEL, E., Die Modellierung von Lernwelten, Elztal – Dallau 1993; REICH, K., Systemisch-konstruktivistische Pädagogik, Neuwied 1996)

Vermutlich auch deshalb, weil das Leben der Adressaten von Sozialarbeit direkter wahrnehmbar von Bedingungen ihres sozialen Umfeldes beeinflußt wird, hat *systemisches Denken,* bei dem das Individuum als Teil von größeren

Systemen angesehen wird, hier eher Beachtung gefunden (die größeren »Systeme« sind häufig selbst wieder Anlass für sozialkritische Aktivitäten der Sozialarbeit). Demgegenüber orientiert sich in der Schulpädagogik der schulpädagogische Alltag noch überwiegend am einzelnen Schüler und seinem Verhalten, meist ohne die sozialen Bedingungen dieses Verhaltens (andere Subsysteme) gleichermaßen zielgerichtet zu beachten.

Am Beispiel eines sogenannten Problemschülers werden die unterschiedlichen »Standpunkte« bei systemischem und nicht-systemischem »Hinschauen« in der folgenden Grafik verdeutlicht:

Tab 9: Sichtweisen vom »Problemschüler« (von unten nach oben zu lesen)

	Aussagen	**Beobachter/in: Lehrer/in**
😐 L ☺ ☺ V ☹ Sp M	Keiner versucht, in eine Koalition zu gehen. Jeder denkt und handelt lösungsorientiert.	»Auch ich bin Teil des Systems, jeder trägt Mitverantwortung.« **4. Standpunkt: Systemebene »Familie – Schule«**
☺ ☺ V ☹ Sp M	M und V versuchen, Sp als Bündnispartner zu gewinnen. Sp versucht, über Probleme M und V zusammenzuhalten usw.	»Es gibt keinen Schuldigen – sondern jeder trägt einen Teil Mitverantwortung.« **3. Standpunkt: Systemebene »Familie«**
☺ ☹ Sp M	»Sie verwöhnt ihn.« »Er tyrannisiert sie.« »Sie ist zu streng.« usw.	»Kein Wunder – bei der Mutter.« **2. Standpunkt: Interpersonale Ebene**
☹ Sp	»dumm« »aggressiv« »faul« »unkonzentriert« usw.	»Der nervt mich total.« **1. Standpunkt: Personale Ebene**

(erweitertes Modell nach Henning/Knödler)

Sp = Symptomträger/in V = Vater M = Mutter L = Lehrerin

Das Modell veranschaulicht, dass verschiedene Sichtweisen vom »Problemschüler« möglich sind. Häufig trifft man in Schulen wohl noch die »unterste« Sichtweise an. Sie zeichnet sich durch Einfachheit aus, der Schüler bekommt eine Verhaltensauffälligkeit zugeschrieben (»dumm«, »aggressiv« usw.).
Anspruchsvoller und komplexer werden die Wahrnehmungen von Schülern in der systemorientierten Denk- und Wahrnehmungsweise, die keine »Sündenböcke« mehr erzeugen will und alles Verhalten zunächst einmal als biografisch »sinn-voll« versteht. Der systemorientiert Denkende (hier der Lehrer) weiß sich selbst auch als Teil (=Subsystem), das durch sein Verhalten – mehr oder weniger förderlich für das gesamte System – seine sinn-volle »Wirklichkeit« konstruiert.
Noch aufschlussreicher wird dieses Beispiel, wenn Aussagen von systemisch arbeitenden Familientherapeuten berücksichtigt werden, nach denen Kinder bereit scheinen, nahezu alles zu tun, um eine Situation zu verhindern, in der sie ihren Vater oder ihre Mutter verlieren könnten. Weil sie diese brauchen und wollen, kann es zu *Symptomausbildungen* kommen, wobei die Symptome in ihren Erscheinungungsformen sehr unterschiedlich sein können:
z. B. schulische Leistungsschwächen bei Kindern, Alkoholismus bei der Mutter, körperliche Gewalt beim Vater, Einkoten beim Kind usw.
Lehrkräfte sollten also lernen, Symptome einzelner Personen auch als Symptome ihrer Familie zu verstehen. *Problembildende Symptome machen subjektiv und biografisch also Sinn und haben für den »Besitzer« eine wichtige Funktion.*

Ein Beispiel hierzu:

Die schulische Leistungsschwäche des sonst recht aufgeweckten Kindes (Symptomträger) einer Familie verleitet das Elternpaar immer wieder dazu, kontrollierend und strafend als Eltern in Aktion zu treten. Die bereits länger schwelende Ehekrise »dient« diese aufmerksame Sorge für das Kind, um ihre Beziehung untereinander als Ehepaar vernachlässigen zu können. Da sie in ihrer Paarbeziehung mit strittigen Punkten nicht umgehen können und gegenseitige emotionale Bedürfnisse unbefriedigt bleiben, ist jede »Störung« durch das Kind ein willkommener Anlass, wieder kontrollierend als Eltern in Erscheinung zu treten.

Dieser Kreislauf des Geschehens mag für alle Beteiligten höchst unangenehm sein, alles Verhalten der Beteiligten macht jedoch einen Sinn.
Systemorientiertes Denken und Handeln zeichnet sich dadurch aus, dass ein besseres Verständnis für das gesamte soziale System gesucht wird und danach gefragt wird, wie die Beziehungsmuster aussehen und wie Ereignisse miteinander verkettet sind. Als Hauptmerkmal kann gelten, dass sich die Aufmerksamkeit *nicht auf das einzelne Objekt, sondern auf die Beziehungen* kon-

zentriert, die zwischen den Personen existieren. Die einzelnen Teile können nicht isoliert voneinander verstanden werden.

Das hat weitgehende Folgen, denn systemorientiert Arbeitende legen ihr Hauptaugenmerk nicht so sehr auf das einzelne Individuum als »Fall«, um dessen problematisches Verhalten möglichst rasch »abzustellen«, sondern lernen zunehmend genauer, ein auffälliges Verhalten als Symptom für ein Funktionieren eines größeren Systems anzunehmen. Die wahren Zusammenhänge für die Entstehung von Auffälligkeiten wie Schulunlust, Unterrichtsstörungen (»Klassenclown«), Leistungsversagen, Gewalttätigkeit usw. werden als Symptome einer Ereignisfolge oder von Kreisprozessen verstanden, die sich gegenseitig bedingen können. Jede der beteiligten Personen bedingt mit ihren Handlungen die Handlungen der anderen, die wiederum auf deren Handlungen zurückwirken. Alle beeinflussen sich gegenseitig. Streng genommen: Man kann nicht isoliert eine Handlung als Ursache von anderen betrachten, die Frage nach Ursache und Wirkung ist zu beantworten wie die des Bildes von Henne und Ei.

Unser meist praktiziertes *traditionelles Denken*, das sogenannte linear-kausale Denken, verknüpft hingegen *Zusammenhänge* zwischen Ereignissen unter dem Gesichtspunkt von *Ursache* und *Wirkung:* Eine Lehrerin hat einen störenden Schüler (Ursache) vor die Tür gestellt (Wirkung). Solche Kausal-Modelle enthalten aber unbemerkte (komplizierte) Ereignisfolgen. Hier: Weil der Hausmeister den Falschen ermahnte, fühlte der Schüler sich ungerecht behandelt; weil er daraufhin im Unterricht störte … usw.

Auf die Schule und den Unterricht übertragen, kann festgehalten werden, dass die meisten Reaktionen von Lehrkräften (Strafarbeit, Schimpfen und »Standpauken« o. ä.), die den einzelnen Schüler und dessen (Symptom-)Verhalten meinen, zu kurz greifen. Das Verhalten des Einzelnen scheint besser in einem übergreifenden Kontext verständlich werden zu können. Wenn Lehrerinnen und Lehrer sich hieran erinnern, werden direkte Interventionen nach dem Modell von Ursache-Wirkung (als linear-kausalem Denken) viel seltener Verwendung finden, weil sie kaum mehr als Kurzzeit-Beruhigung sein können.

> ***Bitte überlegen Sie für die folgende Unterichtssituation***
>
> *mögliche Hypothesen und Lösungsanätze, die* nicht *linear-kausalem Handeln folgen, sondern dem system- und ressourcenorientierten Denken:*
>
> Ein Lehrer beobachtet zwei störende Schüler im Unterricht – und verhängt auf der Grundlage seiner Erziehungsautorität und der beobachteten Daten eine Strafarbeit (vgl. auch Kap. 7.3).

Systemisch orientiert zu denken und zu handeln hilft gerade bei abweichenden Verhaltensweisen, bei Klärungsgesprächen in der Klasse und hinterlässt weniger »Sieger« und »Besiegte«.

An diesem Beispiel hält systemisch begründete Kritik fest:

- Eine Hierarchie Lehrer-Schüler ist durchgehend installiert.
- Die Schüler zeigen ein Verhalten, welches vom Lehrer als »Problem« rekonstruiert wird,
- die Schüler sind auf ihr Problem reduziert,
- die Schüler sind das Problem,
- der Lehrer geht in die Rolle des Problemlösers, während die Schüler ihre Verantwortung für die Problemlösung abgeben müssen,
- scheitert die Bestrafung (womit zu rechnen ist), trägt jetzt der Lehrer die Verantwortung.

Insgesamt definiert der Lehrer das Problem *linear*, seine Vorgehensweise ist *defizitorientiert.*

Prämissen zum systemischen Denk- und Handlungsmodell:

1. Systeme (Personen, Schulklassen, Familien, Lehrerkollegien) sind miteinander und ineinander »verschachtelt« und beeinflussen sich gegenseitig.
2. Verändert sich ein Sub-System, so verändern sich auch die Sub-Systeme, mit denen es »verschachtelt« ist.
3. Verändert sich in einem System ein Teil von diesem oder verändern sich die Beziehungen zwischen zwei Teilen, so verändert sich das Gesamtsystem.
4. Alles Schülerverhalten macht subjektiv biografisch Sinn und hat für den Träger des Verhaltens eine (wichtige) Funktion, wie fremdartig, störend oder dumm es auch auf uns wirkt.
5. Solange eine Lehrerin/ein Lehrer ein problematisches Verhalten nur negativ sanktioniert, hat er bzw. sie den Rahmen, den Kontext des Symptomverhaltens von Schülern nicht erfasst.
6. Versucht eine Lehrperson, die in jedem Verhalten und jeder Handlung enthaltene Botschaft bzw. den Sinn zu erfassen, wird es ihr leichter fallen, störendes Verhalten von Schülern weniger als Angriff auf sich selbst zu deuten (»Unverschämtheit«), sondern eher als Anfrage und Aufforderung, wahrgenommen zu werden und aus einem Dilemma herauskommen zu wollen.

Auch wenn eine radikale Systemorientierung abgelehnt wird, können die Prämissen teilweise sehr hilfreich sein.
Bei systemisch orientiertem Denken und Handeln wird die Lehrerin bzw. der Lehrer zunehmend lernen, Kinder »mit anderen Augen« zu sehen. Hilfreich kann zum Beispiel sein, das jeweilige Verhalten als »sinnvoll« und bedeutungsreich in das Muster der familialen oder schulischen Kontexte einzubetten. Denn in dem Symptom-Verhalten (»Störung«) kann unter Umständen eine »gesunde« Reaktion in einem »ungesunden« System gesehen werden, ein Hilferuf, wie der Schmerz bei einer unerkannten Krankheit.
So können Fähigkeiten entwickelt werden, eine Klasse, eine Familie, ein Kind grundsätzlich von »innen« heraus zu verstehen. Vor allem für *Klassenlehrerinnen* und *Klassenlehrer* ist es wichtig, mehr Einblick in Beziehungsmuster und regeln zu bekommen (vgl. Kap. 11).
Bei einer weiteren Verbreitung von Ansätzen systemorientierten Handelns in Schulen kann vermutet werden, dass auch der Unterricht entspannter, menschlicher und gelassener wird, sobald *Schüler als Symptomträger* und nicht als »faul«, »frech«, »unkonzentriert«, »ichsüchtig« usw. etikettiert und »zur Räson« gebracht werden.

Systemisch begründetes, zirkuläres Fragenverhalten

Fragen stellen ist auch für Schulpädagogen eine Kunst (vgl. TAUSCH, 1978). In einer Frage sind Vorannahmen enthalten. *Zirkuläres Fragen* wird oft als besonders geeignete Möglichkeit gesehen, weniger Vorannahmen zu befördern, sondern möglichst viele Informationen vom »System« (z. B. Gruppe) oder »Subsytem« (z. B. Einzelschüler) zu erhalten. Eine zirkuläre Fragetechnik lässt außerdem die subjektive Sicht des/der Befragten eher deutlich werden, lässt ihm/ihr eher Raum für eigene (Lösungs-)Vorschläge, als es »lineare« Fragetechniken nach dem Ursache-Wirkungs-Modell könnten (vgl. u. a. DE SHAZER, 1989).
Wenn, wie gezeigt wurde, das Schülerverhalten als das Ergebnis der Einwirkung eines komplexen sozialen Beziehungssystems wahrgenommen wird, erscheint es unangemessen, zum Beispiel bei einem verhaltensauffälligen Schüler mit »Warum«-Fragen nach einfachen Ursachen für das Verhalten zu forschen. Aus systemischer Sicht lässt sich eine derartige, eindeutige, linearkausale Ursache-Symptom-Denkfigur nicht aufrechterhalten. Hinzu kommt: Selbst wenn ich die Ursache zu kennen glaube, habe ich häufig damit noch keine Strategie zur Lösung des Problems. Wenn ich weiß, wie etwas entstanden ist, hilft mir das nicht unbedingt bei seiner Beseitigung oder Veränderung.

Der systemisch denkende Schulpädagoge wird deshalb fragen:

Nicht: »Warum könnt ihr beiden nicht besser miteinander auskommen?«
Sondern: »Was würdest du dem Rolf gern sagen?«

Die Beantwortung solcher Fragen, die keine Warum-Fragen sind, schaffen Informationen für alle Beteiligten, auch für denjenigen, der antwortet. Die Antworten werden meistens nicht Stereotype sein, sondern lassen Lehrer und Schüler erst einmal innehalten und nachdenken.

Empfehlenswert sind auch folgende Fragen:

- »Was hast du wahrgenommen?«, *nicht*: »Was ist los?«
- »Was hast du erlebt?«, *nicht*: »Wie passierte es?«
- »Wenn ihr weniger Stress miteinander hättet, woran könntest du das erkennen?« *statt*: »Zankt euch doch nicht ständig!«

Die *Wunderperspektive*: »Wenn das Problem nicht mehr da wäre, was wäre dann anders?« – »Was noch? Woran genau würdest du das erkennen?«

- »Was muss bei eurem Disput passieren, damit am Ende alle sagen können, es hat sich gelohnt?«
- »Was würde passieren, wenn eure Versöhnung nicht hält? Wie würdest du reagieren?«
- »Was brauchst du noch?« *statt*: »Dass mir das ja nicht wieder vorkommt!«

Die systemorientierte Fragetechnik kann außerdem die schulpädagogisch bekannte Methode des *fragend-entwickelnden Unterrichts* erweitern helfen. Diese Methode sollte allerdings nicht nur der Lehrer verwenden, sondern Schülerinnen und Schüler sollten ebenso dazu angehalten werden.

7.3 Vom Umgang mit Strafen und Ordnungsmaßnahmen

Ein unmittelbarer Zusammenhang besteht zwischen dem Bild, das Lehrkräfte vom Schüler/Kind haben (vgl. Kap. 7.1) und ihrem Strafverhalten. Je nach leitender Vorstellung sind daher Ordnungs- und Erziehungsmaßnahmen verschieden motiviert: Vergeltung, Abschreckung, Vertrauensbeweis, Besserung u. a. m.
Lehrkräften stehen allerdings amtliche Vorgaben zur Verfügung, die tendenziell fast durchgängig auf das o. g. Persönlichkeitsmodell vom »Kind als Objekt« hinweisen. In Schulerlassen Niedersachsens und Bayerns zum Beispiel werden »zur Sicherung des Bildungs-/Erziehungsauftrages« genannt:

1. *Der schriftliche Verweis durch die Lehrkraft/mündlicher Tadel mit Eintragung in das Klassenbuch*
2. *Zusätzliche häusliche Übungsaufgaben (»Strafarbeiten«)*
3. *Verweisung aus dem Unterricht*
4. *Besondere schulische Arbeitsstunden unter Aufsicht (»Nachsitzen«)*

5. *Der verschärfte Verweis durch den Schulleiter*
6. *Die Versetzung in die Parallelklasse der gleichen Schule durch den Schulleiter*
7. *Der Ausschluss in einem Fach für die Dauer von einer bis zu vier Wochen durch den Schulleiter*
8. *Der Ausschluss vom Unterricht für zwei bis vier Wochen*
9. *Der Ausschluss vom Unterricht für drei bis sechs Unterrichtstage*
10. *Die Zuweisung an eine andere Schule durch die Lehrerkonferenz*
11. *Die Androhung der Entlassung von der Schule durch die Lehrerkonferenz*
12. *Die Entlassung von der Schule durch die Lehrerkonferenz*

Wenngleich in den letzten Jahren wie in den oben genannten Erlassen das diskriminierende Wort *Strafe* offiziell durch »Ordnungsmaßnahme« ersetzt wurde, kann im schulischen Alltag noch immer erlebt werden, wie Affekthandlung und unbewusste Vergeltungsmaßnahmen häufig auch der Abreaktion oder dem Machtanspruch der Lehrkraft entsprechen, viel weniger aber der Einsichtigkeit der Schüler in ihr sanktioniertes Verhalten. Besonders durch häufiges Wiederholen der »üblichen Strafarbeit« kann im Endergebnis die dialogische und angstfreie Beziehung, die von den meisten Pädagogen vermutlich als persönliche Norm weiterhin vertreten wird, verschlechtert und grundlegend zerstört werden.
Der hier zu Tage tretende Widerspruch zwischen Anspruch und Realität wird hauptsächlich zurückzuführen sein

a) auf die mehr oder weniger große Ratlosigkeit bei der Aufgabe, den Herausforderungen einer fast überall zu großen Lerngruppe und ihren unterschiedlichen Individuen begegnen zu müssen und
b) auf die unzureichende Vorbereitung im Umgang mit nicht-strafenden Verhaltensmöglichkeiten.

Ohne hier die strukturellen Schwierigkeiten des heutigen Schul- und Unterrichtsalltags verharmlosen zu wollen (a), soll an dieser Stelle im Kontext eines erweiterten Verständnisses von möglicher Schülerwahrnehmung (systemisch, ressourcenorientiert) auf mögliche Konsequenzen eingegangen werden, die das Kinder- und Jugendhilfegesetz für den Umgang mit sanktionierendem Verhalten nahelegt.
Hinsichtlich einer bereits an anderer Stelle (vgl. Kap. 7.2) dargestellten Tendenz der Schulpädagogik, häufig mit linear-kausalen Denk- und Handlungsmodellen auf Schüler einwirken zu wollen, haben heute auch beim Thema »Ordnungsmaßnahmen« die in den sozialpädagogischen Arbeitsfeldern der Jugendarbeit praktizierten Modelle und Erfahrungen überwiegend zu der Erkenntnis geführt, dass

a) Strafen meistens im Widerspruch zu den eigenen pädagogischen Ansprüchen stehen und

b) Strafen die Verhaltensauffälligkeiten und Konflikte nicht langfristig lösen.

Denn Strafen haben vor allem negative Gefühle zur Folge, auf die Betroffene fast immer mit Rachegelüsten, Schadenfreude, Schuldgefühlen oder Ängsten reagieren, weshalb entsprechende Überlegungen seit kurzem auch eine Rolle in der Jugendhilfe- und Jugendstrafrechtsdiskussion spielen:

»Nahezu einhellig wird unter Experten die Erziehungsfähigkeit vollstreckter Freiheits- und Jugendstrafen bezweifelt. Die unterstellten positiven Wirkungen der Kriminalitätsverhinderung stellen sich eben nicht ein«
(VIEHMANN, 1996).

Die Perspektive wandelt sich deshalb auch in der Jugendhilfe von der Strafandrohung und »Aufrechterhaltung öffentlicher Sicherheit und Ordnung« hin zur Hilfe und Unterstützung des jungen Menschen um seiner selbst willen. Darüber hinaus wird, wie der o.g. Bericht zeigt, in der kriminalpräventiven Diskussion heute die Bedeutung rechtzeitiger, d. h. im Schulalter beginnender, Sozialerziehung betont – statt etwa das Strafmündigkeitsalter herabsetzen oder überhaupt härtere Strafen verhängen zu wollen.

Prävention statt Repression

Berlin. Soziale Entwurzelung von Kindern und Jugendlichen führt zur Kriminalität – diese These vertrat die Justizsenatorin in Berlin. Die Kinderkriminalität sei von 1993 zu 1995 um 41% gestiegen. Als einen Trend hob sie hervor, dass die Kinderkriminalität noch schneller als die Jugendkriminalität steige.

»Forderungen nach Herabsetzung des Strafmündigkeitsalters oder nach härteren Strafen bei den Jugendlichen gehen aus meiner Sicht fehl.«

»In dem Maße, wie es der Schule gelänge, neue Möglichkeiten des sozialen Lernens, integriert in alle Fächer, zu eröffnen, würde Schule auch kriminalpräventiv wirksam«, sagte Prof. Dettenborn von der Humboldt-Universität zu Berlin. Er wies darauf hin, dass soziales Lernen gestaltet werden muss und natürlich auch etwas kostet. Aber die Schule koste es noch mehr, die neue Herausforderung zu ignorieren. »Zu denken ist an die Ausgaben für die Reaktion der Gesellschaft auf Delinquenz Minderjähriger, die Kosten kriminellen Handelns selbst, z. B. des Schulvandalismus, die Kosten für die sich verstärkende Tendenz zum Spezialistentum in der Schule (Schulpsychologe, Beratungslehrer usw.) als scheinbaren Ausweg.« Es sei erstaunlich, wie wenig langfristige Kosten-Nutzen-Überlegungen in der Politik eine Rolle spielten.

(Aus: Deutsche Lehrerzeitung, 31. Jg. 1996, S. 16)

Erziehung bedeutet nach dem neuen Kinder- und Jugendhilfegesetz nicht mehr Disziplinierung, nicht mehr Sühne, sondern Förderung der Entwicklung, Weckung der individuellen Anlagen, Begleitung und Hinführung zu selbstverantwortlichem Handeln. Die Frage sei angeschlossen: Unterscheiden sich diese Ziele von schulischen Erziehungszielen?
Wenn dennoch in der Schule durch Ordnungsmaßnahmen erzogen werden muss, sollte zunächst der Rahmen des »Vergehens« berücksichtigt werden (systemische Denk- und Handlungslogik), was häufig bereits zu größerer Gelassenheit und weniger Affektivität auf Seiten der Lehrkraft führt.
Weil es außerdem oft nicht das Ereignis selbst ist, das einen Lehrer (straffördernd) stört, sondern die Gedanken, Gefühle und Einstellungen zu dem Ereignis, kann durch Beachtung eines anderen Rahmens (umdeuten = reframing) häufig die Wirkung einer bestimmten Wahrnehmung von störendem Verhalten auf den Beobachter bzw. den/die Lehrer/in verändert werden (vgl. Grafik S.121, auch: HENNIG/KNÖDLER, 1987).
Wenn »fehlende Hausaufgaben« oder »Schwätzen«, »freche Antworten«, »Graffiti-Geschmiere« oder »verbotenes Rauchen im Schulgelände« insofern nun in einem anderen Licht betrachtet werden, können die Ereignisse ihre provozierende Wirkung verlieren, eine neue Bewertung erfahren und dann ggf. entweder als Belanglosigkeit unbearbeitet bleiben oder ohne Machtdemonstration nach vorher gemeinsam verabschiedeten Regeln und Prinzipien geahndet werden (»Grenzen setzen und durchsetzen«).
Ausschlaggebend bleibt die *Haltung der Lehrkraft*, die zu verstehen versucht, welche Signale und »Mitteilungen« in der je individuellen Verhaltensweise enthalten sein können.
Im Prinzip bieten die ebenfalls außerschulisch entwickelten Modelle des *Täter-Opferausgleichs*, der *Wiedergutmachung sachlicher Schäden* und der *Verantwortungsübernahme für die Konsequenzen* des eigenen Handelns hinreichenden Anlass, auch in der Schule über ein neues Verhältnis zum Umgang mit meist kurzatmigen Bestrafungen nachzudenken. Die Vermutung darf gewagt werden, dass ein solcher »Perspektivenwechsel« bei der Betrachtung von störendem Verhalten viel öfter die Verbesserung der Lebenssituation und -perspektive von »störenden« Schülern aus meist erziehungsschwachen Elternhäusern in den Blick der Lehrkraft rücken würde.

7.4 Konfliktbearbeitung mit einem Schüler

Wie im vorhergegangenen Kapitel beschrieben, bedürfen Verhaltensauffälligkeiten von Kindern und Jugendlichen, die als Störungen des Unterrichts wahrgenommen werden, häufig eines »Perspektivenwechsels« der Lehrkraft, um weniger emotional, sondern überlegt und ressourcenorientiert zu reagieren. Wie aber ist in einem konkreten Konfliktfall danach zu verfahren?

Beispiel eines Konfliktes:

Ein Schüler, 6. Klasse, hat wiederholt Jackentaschen in Fluren der Schule »geleert«; ein Achtklässler hat ihn entdeckt und meldet ihn.

Die Klärung dieses Konfliktes lässt sich in verschiedener Weise denken. Dem oben genannten Katalog von Ordnungsmaßnahmen entsprechend:

Dem Schüler könnte aufgetragen werden, …
Dem Schüler könnte untersagt werden, …
Der Schüler könnte bestraft werden, …

Es könnte aber auch der Konfliktfall genutzt werden, »*Konfliktfähigkeit*« zu entwickeln, ohne dabei auch die Absicht aus dem Blick zu verlieren, dass ein Konfliktanlass nicht immer zu tolerieren ist. Es könnte geprüft werden, welche Interessen und Bedürfnisse hinter dem Verhalten gestanden haben. Der Klärungsprozess könnte unter dem Leitsatz erfolgen:

Schüler mit Schulproblemen sind von ihren Lebensproblemen eingeholt worden. (»*Die Lebensprobleme der Kinder überwältigen fortwährend ihre Lernprobleme*«, H. v. HENTIG.)

Das Ergebnis eines solchen Einstiegs in die Konfliktklärung wäre der Einstieg in eine professionelle Klärungshilfe, die die Lehrperson beherrschen sollte. In Anlehnung an das in der Sozialpädagogik und Jugendhilfe ausgearbeitete Schritte-Modell zur »Feststellung des erzieherischen Bedarfs« (vgl. z. B. MÜLLER, B., 1993, S. 63 ff.) kann davon ausgegangen werden, dass nicht nur die Wahrnehmung des Lehrers möglicherweise derjenigen der Eltern des Jungen widerspricht, sondern auch aus der Sicht des Jungen noch eine andere Deutung oder Motivation in der Situation als »richtige« ausgegeben wird. Dass hierauf überhaupt eingegangen wird und die Möglichkeit von unterschiedlicher Wahrnehmung konflikthafter Situationen eingeräumt wird, unterscheidet dieses Vorgehen grundsätzlich von denen, die oben nur angedeutet waren und auf dem Modell des »Objekt-Kindes« beruhen. Denn nach dem Subjekt-Kind-Modell wird dem Schüler grundsätzlich zugetraut, seine Bedürfnisse selbst zu artikulieren und von seiner Bereitschaft ausgegangen, sinnvolle Aufgaben und Situationen für sich selber zu bearbeiten (vgl. Kap. 7.1).
Wenn Schüler in dieser Art ernst genommen und geachtet werden, ist damit zu rechnen, dass ein Prozess in Gang gesetzt wird, der weniger Angst und Widerstände provoziert, weil versucht wird, trotz des Konfliktes jeden Menschen als Person, nicht als »Schüler« oder »Pauker«, zu betrachten. Weiterhin

erfahren die Konfliktbeteiligten, dass es Mittel und Wege gibt, überlegt statt emotional zu reagieren.

1. Schritt: *Vorklärung*

Der Lehrer …

Der Schüler bekommt Gelegenheit, seine Geschichte/Deutung zu berichten. Dieser Schritt soll einen Prozess in Gang setzen, der am Selbstbild des Jugendlichen ansetzt und an dessen Vorstellungen über das, was er ist, wer er ist, wer er sein soll, wer er sein möchte und was es zu verändern gibt.

2. Schritt: *Einschätzung*

Der Lehrer arrangiert, dass die Sichtweisen von Freunden, Klassenkameraden, gegebenenfalls auch der Eltern, bekannt werden (vgl. Kap. 7.2).
Der Schüler nennt seine Wünsche und Vorstellungen.

3. Schritt: *Intervention*

Der Lehrer nennt den Vorschlag, mit dem bei dem Schüler eine Besserung erreicht werden soll. Das kann eine Fördermaßnahme sein oder eine zu erbringende Leistung und hat zum Ziel, dass der Schüler sich durch Wiedergutmachung oder eine andere Art der Leistungserbringung in gesundheitlicher, psychischer oder sozialer Hinsicht weiterhin einigermaßen wohl fühlen kann.
Die bis dahin gegangenen Konfliktlösungsschritte setzen bei dem Schüler ein Mindestmaß an Bereitschaft voraus, sich helfen zu lassen, »mitzumachen«.
Das geschieht in Rücksicht auf bisherige Einschätzungen der Mitschüler/innen, auf die bekannten individuellen oder familiären Bewältigungsmöglichkeiten und unter Beachtung informell oder formell zu nutzender Unterstützung und Hilfsangebote.
Beim Lehrer setzen diese Schritte voraus, sich am Modell des »Subjekt-Bilds vom Kind« orientieren zu wollen und an den vorhandenen Ressourcen des Jungen anzusetzen, nicht an dessen »Defiziten« (vgl. Kap. 7.1).

4. Schritt: *Die Verabredung wird durchgeführt*

5. Schritt: *Evaluation*

Die durchgeführte oder auch abgebrochene Vereinbarung oder Leistung wird gemeinsam überprüft und ausgewertet. Jetzt oder bereits während ihrer Durchführung ist die Möglichkeit einer Neueinschätzung der Situation zu beachten.

Der idealtypisch beschriebene Prozess des Vorgehens bei Konfliktregulierungen (ausreichend für eine exemplarische Berücksichtigung im Schulalltag) hat für alle Beteiligten die Vorzüge,

a) durchsichtig und überprüfbar zu bleiben,
b) die Vorstellungen usw. des/der Betroffenen einzubeziehen,
c) die fachliche »Selbstkontrolle« der Lehrerin oder des Lehrers und gleichzeitig die Ausübung seiner Verantwortung zu ermöglichen.

Die Entscheidung, die die Lehrperson im Einzelfall trifft, ist einer doppelten Kontrolle ausgesetzt: Zum einen der Kontrolle durch direkt nicht unbedingt beteiligte Schüler/innen der Lerngruppe, die den Mitschüler oftmals genauer kennen als der Lehrer und überraschend viele stimmige Gesichtspunkte einbringen können. Zum anderen die Kontrolle durch den Betroffenen selbst, der aber nicht Objekt, sondern Subjekt des Klärungsprozesses bleibt. Auch wer sich aus pädagogischer Sicht falsch verhält, verwirkt damit nicht das Recht, als Subjekt statt als Objekt der Klärung angesehen zu werden (vgl. Kap. 7.1).

Das heißt nicht, dass die Lehrerin oder der Lehrer sich bedingungslos an dem zu orientieren hat, was Betroffene wünschen. Vielmehr kann die sozialpädagogische Sicht nicht mehr (aber auch nicht weniger) beanspruchen, als eine fachlich verantwortete »Deutung« zu sein, die der »Validierung« durch ihre Adressaten noch bedarf. Dies schließt nicht aus, dass es auch Fälle geben kann, in denen Wünsche und Deutungen der Adressaten so widersprüchlich sind, dass die Pflicht besteht, auch gegen den Willen des/der Betroffenen zu handeln und dieses Handeln auch durchzusetzen. Dann allerdings handelt es sich um eine Notmaßnahme, die möglichst selten durchzusetzen ist. BERNFELD hat dazu geschrieben: »Die Antinomie zwischen dem berechtigten Willen des Kindes und dem berechtigten Willen des Lehrers löst keine Pädagogik auf. Vielmehr besteht sie in dieser Antinomie.« Entscheidend sei nur, ob dieser Gegensatz durch Unterwerfung der einen Seite gelöst werde oder durch einen Kompromiss, in dem beide Seiten zu ihrem Recht kommen. (vgl. BERNFELD, S., 1974, S. 139)

7.5 Fördern – in integrativer Kooperation und in Schulen für Erziehungshilfe

Integrative Pädagogik, verstanden als Konzept Schule für *alle* Kinder zu gestalten, enthält die grundlegende Neuorientierung, dass Schule und Unterricht sich den individuellen Besonderheiten der Kinder und Jugendlichen gegenüber öffnet.

Der Anspruch ist hoch, weil mindestens auf drei differenzierte Bereiche didaktisch-methodisch kompetent zu reagieren ist:

1. auf Kinder unterschiedlicher Behinderung und auf Nichtbehinderte
2. auf Kinder unterschiedlicher ethnischer und kultureller Herkunft
3. auf Kinder als Jungen und Mädchen

Während die Punkte 2. und 3. weiter unten als Aufgaben besonders von Klassenlehrerinnen und Klassenlehrern beschrieben werden (vgl. Kap.11.2 und 11.3), soll an dieser Stelle von sogenannten *Lern- und Verhaltensgestörten* die Rede sein.

Wie im Kapitel 1.1 bereits begründet, hat sich die Lage der Kinder und Jugendlichen so wesentlich verändert, dass schwerwiegende Verhaltens- und emotionale Störungen auch in den Klassen der Regelschule auftreten können. Es entstanden deshalb immer mehr separate sonderpädagogische Einrichtungen: Von 1960 bis 1985 war eine Entwicklung von 1.100 Sonderschulen mit 34.000 Schülern zu 2.800 Schulen mit 108.000 Schülern zu verzeichnen. 1994 besuchten in Deutschland etwa 166.000 Schüler eine Sonderschule (BMBWF u. T, 1995/96, S. 47 ff.). Dabei sind die regionalen und lokalen Unterschiede auffallend groß, was bereits auf die soziokulturellen Bedingungsfaktoren von Lern- und Verhaltensstörungen hinweist.

Die dafür seit den 80er-Jahren aus den Heimschulen hervorgegangenen sonderpädagogischen Zentren und *Schulen für Erziehungshilfen* haben einerseits durch eine intensive Bildungsdiskussion zur Weiterentwicklung des Schulwesens beigetragen, andererseits aber auch – gefördert durch die Forderung von immer mehr Eltern nach Integration ihrer Kinder in Allgemeine Schulen – innovativ in den übrigen Regelschulen gewirkt.

Die Frage, ob separate Sonderschulen oder integrative Bildungswege geschaffen werden sollten, soll hier nicht entschieden werden. Allerdings kann unter sozialpädagogischer Blickrichtung kein Zweifel daran bestehen, dass zumindest die beiden traditionell sogenannten »Lernbehinderten« und »Verhaltensgestörten« aus dem Kreis der zehn gegliederten Sonderschultypen, die es heute in Deutschland gibt, weitgehend herausgenommen werden sollten. Denn bei sog. Lernbehinderten handelt es sich vorwiegend um Kinder und Jugendliche mit entsprechenden Entwicklungsrückständen, die nur in Bezug auf die jetzigen Anforderungen von Schule definiert sind und vor bzw. nach der Schule eigentlich nicht diagnostiziert werden können. Es hängt also davon ab, ob eine Regelschule ein schulschwaches Kind noch angemessen fördern kann bzw. will.

Ebenso bedeutsam ist die andere Tatsache, dass sog. lernbehinderte Schülerinnen und Schüler ganz überwiegend aus soziokulturell und materiell benachteiligten »erziehungsschwachen« Familien kommen und verstärkt präventiver sozialpädagogischer Hilfen bedürfen. Auch bei sog. Verhaltensgestörten ist ohne sozialpädagogische Intervention nicht mehr auszukommen. Bezeichnenderweise liegt der Anteil männlicher Kinder und Jugendlicher mit Verhaltensstörungen weit über dem der weiblichen (etwa 3/4 zu 1/4) (MUTZECK, 1994).

Weil zudem die definitorischen Grenzen hier sehr offen und fließend sind und praktisch in jeder Schulklasse der Regelschulen Kinder und Jugendliche mit Auffälligkeiten des Sozialverhaltens (»Verhaltensgestörte«) und der Schulleistungen (»Lernbehinderte«) anzutreffen sind, sollten sich allgemeinbildende Lehrerinnen und Lehrer mit den neuen Integrationsentwicklungen auseinandersetzen.
Seit die *Ständige Konferenz der Kultusminister* der 16 Bundesländer im Mai 1994 »Empfehlungen zur sonderpädagogischen Förderung in den Schulen in der Bundesrepublik Deutschland« verabschiedet hat, kommen Regelschulen an der Diskussion über vorbeugende Maßnahmen, gemeinsamen Unterricht in den Regelschulen und schulübergreifende Kooperation nicht mehr ernsthaft vorbei.
Wenn wir von dem übergreifenden Ziel heutiger Schulpädagogik ausgehen, dass die optimale Entwicklungsförderung aller »nichtbehinderten« und »behinderten« Kinder und Jugendlichen in gemeinsamen Schulen erfolgen soll, dann haben hier ganz ähnliche Argumente zu gelten, wie sie im Verhältnis zwischen Schulpädagogik und Schulsozialarbeit genannt worden sind (vgl. Kap. 1.3).
Auch mit der statussichernden Berufspädagogik von Schulsozialarbeit vergleichbar (vgl. Kap. 1.4), werden sonderpädagogische Zentren und Schulen für Erziehungshilfen vermutlich die Integrationsreform jeweils nur so weit mittragen, bis ihre eigene Existenz auf dem Spiel steht. Jene Schulen und Berufsgruppen, die seit jeher ihrem Auftrag und ihrem Selbstverständnis zufolge für die Förderung von sonderpädagogisch bedürftigen Schülern zuständig sind, werden innovationsstrategisch und fachlich nicht zulassen können, dass sie vom System der Regelschulen »geschluckt« werden.
Mittelfristig werden Sonderschullehrer und Regelschullehrer in den Regelschulen zusammenarbeiten können. Damit wäre bereits die Tür aufgestoßen, damit die gemeinsame Verantwortung in gemeinsamen Arbeitsfeldern konkretisiert werden kann.
Aus dieser Zusammenarbeit ergeben sich in unserem Zusammenhang Qualifikationsmöglichkeiten für den Regellehrer in den Bereichen Unterricht, Beratung und Zusammenarbeit. Dadurch, dass – von Förderdiagnostik und der Erstellung von Förderplänen begleitet – Lehr- und Lern-Planung, deren Kontrolle und Durchführung im gemeinsamen Unterricht, in Einzel- und Gruppenförderung geschieht und dabei gemeinsame Absprachen, Konferenzen und Kooperationspraxis stattfinden, wird sonderpädagogische Kompetenz in die Regelschule getragen. Gerade für den Präventionsgedanken, d. h. für die rechtzeitige Unterstützung von Kindern in der Regelschule, die von Entwicklungsstörungen bedroht scheinen, bietet die Zusammenarbeit der Sonderpädagogen und Regelpädagogen viele Chancen.
Diese Ideen versucht man heute teilweise bereits umzusetzen. Dennoch soll nicht verschwiegen werden, dass dieser Prozess nicht leicht ist: Einerseits

erhalten Lehrer/innen in den Regelschulen auch Verantwortung für sog. behinderte Schülerinnen und Schüler, während andererseits die »Sonderschulen« den Auftrag bekommen, nicht länger als Entlastung für die Regelschulen da zu sein, sondern bis hin zu ihrer möglichen Auflösung die »integrative Kooperation« in den Regelschulen zu suchen. Hier zeichnet sich ein vorsichtiger Wandel ab, weg vom System Schule und seinen Strukturen als maßgeblicher Größe hin zur Person des Schülers, zum sozial- oder sonderpädagogisch zu fördernden Kind und Jugendlichen mit seinen ganz individuellen Bedürfnissen und Lebensproblemen.

»Sozialpädagogische Förderung orientiert sich daher an der individuellen und sozialen Situation des Behinderten oder von Behinderung bedrohten Kindes bzw. Jugendlichen und schließt die persönlichkeits- und entwicklungsorientierte Vorbereitung auf zukünftige Lebenssituationen ein.« (KMK-Empfehlungen, 5. Mai 1994)

Darin ist ein Näherrücken an Positionen der Sozialpädagogik zu bemerken, das von den Kultusministern (1994) u. a. dadurch anerkannt wird, dass eine Abkehr von defizitären Sichtweisen gefordert wird (Ressourcenorientierung), die Wohnortnähe gewünscht und als Ziel der sozialpädagogischen Förderung die Erschließung von Lebensmöglichkeiten genannt wird (vgl. Kap. 8). Kinder und Jugendliche müssen in diesem Verständnis nicht immer wieder nur durch ein Handikap definiert sein. Besonders die Schülerinnen und Schüler aus soziokulturell benachteiligten Familien, die mittlerweile oft in mehreren Generationen Förderschulen oder Schulen für Lernbehinderte besuchen, werden von diesem Paradigmenwechsel profitieren.

8 Lernen und Leisten in sozialpädagogischer Hinsicht

In diesem Kapitel geht es darum, die Unterschiede und Annäherungen zwischen Schule und Jugendarbeit noch deutlicher zu machen, was erstens anhand zweier schulpädagogisch zentraler Begriffe erfolgt, nämlich »Lernen« und »Leisten«, und zweitens mit sechs sozialpädagogischen Arbeitsprinzipien, die vorgestellt werden.

Wir erleben in den letzten Jahren aufgrund der gesellschaftlichenVeränderungen eine pädagogische Weiterentwicklung der Schule, die sich tendenziell sozialpädagogischen Prinzipien annähert (vgl. Kap. 1). Zu den gravierenden Akzenten gehört sicher die (wiederentdeckte) Erkenntnis und Anerkennung der Tatsache, dass das Kind bzw. der Jugendliche letztlich »nur« selbst Akteur seiner Entwicklung sein kann (vgl. Kap. 7.1). Ein statischer Lernbegriff, der die vielen individuellen »Aneignungskanäle« der Schüler übersieht, ist heute ebenso fragwürdig geworden wie jede Belehrungsabsicht und kleinschrittige Aufbereitung frontal dargebotener Lerninhalte. Vielmehr wächst die Einsicht zunehmend, dass den Heranwachsenden (im gesetzlich geregelten Schulzwang!) räumliche, zeitliche und mentale Freiräume zu geben sind.
So belegen Innovationen der jüngsten Zeit wie Öffnung der Schule, offener Unterricht, Freiarbeit, volle Halbtagsschule usw. zumindest ansatzweise, dass Rahmenvorgaben eine pädagogische Weiterentwicklung erfahren.
Für die einen steht dabei fest, dass die Schule überzogen hat, indem sie die Erfahrungswelt der Kinder vernachlässigte, kognitives Wissen überbetonte, immer wieder gleichschrittiges Lernen vollzog, zuviel Belehrung und zu wenig Selbstständigkeit zuließ und bei alldem die Lehrerin bzw. der Lehrer als Vermittlungstechniker von Fachproblemen abgestellt wurde.
Andere hingegen vermuten, die Innovationsbereitschaft sei durch die Verunsicherung und oft auch durch das Leiden an den »veränderten« Kindern entstanden, die auf schulische Angebote mit einer früher unbekannten Breite an Reaktionen und Verarbeitungsformen reagieren.
Beide Argumentationen können schließlich zu der Einsicht gelangen, dass die Lernprozesse in der Schule heute an den Erfahrungen der Kinder anknüpfen müssen – und zwar an sehr unterschiedlichen Erfahrungen. Die Rede ist dann bald vom gleichberechtigten »Lernen mit Kopf, Herz und Hand«. Die Teilung der Schülerpersönlichkeit in einzelne »Segmente« soll überwunden und der »ganzheitliche« Erfahrungsansatz der sozialpädagogischen Kinder- und Jugendarbeit getroffen werden.

8.1 Ein erweiterter Lernbegriff

Die Schule nimmt zunehmend mehr Rücksicht auf die individuellen und sozialen Vorerfahrungen sowie die Gewohnheiten der Informationsverarbeitung, wenn sie Lernprozesse differenziert plant und begleitet. Der schulische Lernbegriff ist deshalb offener geworden. Das nach 1945 in rigiden Theorien (Reiz-Reaktions-Lernen, Bekräftigungslernen) gefasste Menschenbild verstand Kinder bzw. Schüler/innen mehr oder weniger als Reiz-Reaktions-Systeme und als Lernobjekte, die beliebig zu belehren waren. Erst nach und nach setzte sich die Ansicht durch, dass Lernende selbst- und eigenverantwortliche Wesen sind, bewusst handelnde und produktive Mitgestalter ihrer Lernprozesse sein können (vgl. Kap. 7.1).
Handlungsfähig zu werden in offenen gesellschaftlichen Situationen, wie sie unsere Gesellschaft heute voraussetzt, bedeutet für Schülerinnen und Schüler, auch in offenen Lernformen selbstständig und in Eigeninitiative zurechtzukommen. So sind offener Unterricht und Freiarbeit zu sichtbaren und zunehmend öfters anzutreffenden Handlungsformen in der Schule geworden. Hier sind nicht mehr nur die fachlichen Lernziele von Bedeutung; es benötigen die Schüler mit der Vielfalt an unterschiedlichen Lebens- und Lernformen auch *Selbstständigkeit, Planungsverhalten* und ein bestimmtes *Sozialverhalten.*
Verstehen wir unter *Selbstständigkeit* die Fähigkeit, unter mehreren Angeboten wählen, ein Angebot durchführen und das Ergebnis verantworten zu können, unter *Planungsverhalten* und *Sozialverhalten* die Fähigkeit, das Material, die Arbeitsschritte und die Zeitperspektive als Kooperationsleistung etwa auch in konflikthaften Gesprächen entwickeln zu können, so stellen diese extrafunktionalen Fähigkeiten offensichtlich gemeinsame Erziehungsziele schulischer und außerschulischer Erziehung dar.

Auch in einem anderen Punkt kommen sich neuere Unterrichtsformen und erweiteter Lernbegriff mit einer in der außerschulischen Kinder- und Jugendarbeit entwickelten Orientierung näher. Während im traditionellen Unterricht meist das symbolische Modell bevorzugt wurde, die Unterrichtung, Belehrung, rasche Korrektur und direkte Anleitung im Mittelpunkt standen, kann heute bezüglich der Wirkung und der Einprägsamkeit sehr viel mehr über ein handlungsbestimmtes Modell erreicht werden. Dabei wird die schon bekannte Beobachtung zum Ausgangspunkt gemacht, dass Schülerinnen und Schüler von der Existenz dessen, was sie selbst gemacht und beobachtet haben, in der Regel weitaus stärker überzeugt sind als von fertig übernommenen Informationen. Diese eigenen Erfahrungen, Primärerfahrungen also, sind als sinnliche Begegnung mit den Sachverhalten den vorformulierten Informationen in der Regel an Überzeugungskraft und Dauerhaftigkeit weit überlegen (vgl. Kap. 9). Reise- oder Lagerberichte von

Jugendlichen der außerschulischen Jugendgruppen, aber auch Schülererinnerungen an Begegnungen mit originalen Schauplätzen oder außerschulische Experten bestätigen diese Zusammenhänge stets aufs Neue.
Eigenes Handeln und unmittelbare Erfahrungen werden dabei in die bereits bestehenden psychischen Strukturen integriert. Die Wirkung ergibt sich aber vor allem daraus, dass eigenes Handeln und unmittelbares Beobachten von besonders positiven und negativen Gefühlen begleitet sind. Diese Gefühle aus Primärerfahrungen können die Entstehung und die Dauer von Wertvorstellungen bei Schülern tief und nachhaltig beeinflussen (vgl. das Kap. 9).

Die Wirkung der Einprägung/des Lernens und die Überzeugungskraft der Informationen werden durch Handeln und Beobachten verstärkt und durch Gefühle beim Lernenden am nachdrücklichsten beeinflusst.

Neben aller geplanten Lehr- und Lernarbeit in der Schule besteht also ein erweiterter Prozess des Lernens, der beinhaltet, dass letztlich ein nicht-rationales Moment ausschlaggebend ist, das kein Pädagoge vorherbestimmen und planen kann. Dies haben Sozialpädagogen der Kinder- und Jugendarbeit mit Lehrern wie RUMPF gemeinsam erkannt, der eindrücklich beschreibt, wie sich Kinder von »diesem Geheimnisvollen anrühren lassen können. Sie staunen über die Pfütze, die über Nacht eine Eisschicht bekommen hat und stellen verwundert verrückte Fragen. Und plötzlich entsteht aus dem Staunen und Ergriffensein die Einsicht, die Erkenntnis!« (RUMPF, 1985, S. 745 f.). Etwas Vergleichbares hat bereits COPEI als den »fruchtbaren Moment im Bildungsprozess« 1930 beschrieben. Schulpädagogen fällt es wohl schwerer als Sozialpädagogen, auf diesen »fruchtbaren Moment« zu warten und nicht auf die Übernahme von Erkenntnissen zu drängen.
Denkt man diesen Tatbestand weiter, können Lehrerinnen und Lehrer letztlich nur Partner, helfende Begleiter, Beobachter im Dienste dieser Lernprozesse werden. Daraus ergibt sich eine klare Absage an alle Unterrichtsmodelle, in denen die Entwicklung als ein vorgegebener Weg, der immer von links nach rechts oder von oben nach unten verläuft, angesehen wird!
Entwicklungspsychologie und Begabungsforschung haben gezeigt, dass es unhaltbar geworden ist, von einer Entwicklung der Kinder auszugehen, die generell nahezu gleichartig, stetig und kontinuierlich verlaufen soll. Vielmehr entwickeln sich weder die Person eines Kindes noch seine einzelnen Fähigkeiten stetig-linear (vgl. FELDMANN/THOMAS, 1996; ZITZELBERG, H., 1991). Indem Kinder z. B. über einen Sachverhalt zu verschiedenen Zeiten lesen oder – was nicht vorher geplant werden kann – in einem anderen Zusammenhang Hinweise auf Ereignisse oder Begriffe dieses Sachverhaltes erhalten, wird er ihnen »klar«. Selbstständiges und handlungorientiertes Lernen bedarf dieser »Grenzerfahrungen«. Letztlich können Kinder ebenso

wie Erwachsene dabei die Erfahrung machen, dass erfolgreiches Lernen an eigene Anstrengungen gebunden ist. Dafür den Freiraum zu geben, ist in der Jugendarbeit üblich geworden, während die Schule die dafür geeignete Unterrichtsorganisation jetzt ganz allmählich zur Verfügung stellt.
Zusammengefasst: Prinzipiell geht es heute zunehmend auch in der Schule darum, von Anfang an die Subjektabhängigkeit des Lernens und Erkennens stärker zu akzeptieren. Das Kind ist der Akteur seiner Entwicklung (vgl. Kap. 7.1). Schüler brauchen als künftige Nutzer und Gestalter der gesellschaftlichen Angebote ihre eigenen Strategien der Informationsgewinnung und -aneignung und dafür unsere Unterstützung auf dem Weg zu eigenständigem Lernen.
Eine Reduktion von Kindern auf Schülerrollen ist der außerschulischen Kinder- und Jugendarbeit fremd. Sie reduziert Heranwachsende nicht auf bestimmte Teilfunktionen der Persönlichkeit, sondern lässt die Kinder und Jugendlichen in ihren Gruppen »ganze Menschen« bleiben.

Aussage eines Jugendleiters:

> *»Mich wundert es nicht, dass im Schulunterricht so viele Belastungen sind, so dass jeweils schon nach 45 Minuten alle in neutralisierte Ringecken fliehen – die Lehrer ins Lehrerzimmer, um sich von den Schülern zu erholen, die Schüler auf den Schulhof, um vor ihren Lehrern sicher zu sein. Wie angespannt muss das menschliche Verhältnis wohl sein, wenn man noch keine Stunde lang miteinander aushält und beieinander bleiben kann!«*

Dieser Beschreibung entsprechen alle Berichte über den heimlichen Lehrplan, der ins Blickfeld rückt, wenn im »Untergrund« des Schulgeländes, in Toiletten, im Fahrradschuppen oder auf Kellertreppen »Ausbruchsversuche« in Gestalt von Bildern oder Zerstörungsakten wahrgenommen werden. Meistens wird diese Art von Störungen nicht verstanden, sondern als Provokation aufgefasst und erzeugt neue und negative Reaktionen wie Ärger, Resignation und Anspannung.

8.2 Ein erweiterter Leistungsbegriff

Wenn von einem statischen Lernbegriff durch Belehren und kleinschrittiges Aufbereiten von Lerninhalten weniger Gebrauch gemacht wird, stellt sich die *Frage nach der Beurteilung von individuell erbrachten Leistungen bzw. Entwicklungsfortschritten*. Die kurze Antwort: Schulische Leistungsbewertung darf sich nicht abhängig machen von fragwürdigen Durchschnitts- oder Gruppennormen im Leistungsbereich. Leistungsbewertung sollte eine individuumsbezogene Rückmeldung sein, die förderungsorientiert den gesamten Lernprozess begleitet und dabei die bisherige Lernentwicklung eines Kindes in Beziehung zu seinen augenblicklichen Möglichkeiten setzt. Hält sich die bewertete Rückmeldung an individuelle Lernfortschritte, werden Vergleichsurteile und Konkurrenz mit anderen Kindern seltener werden, weil das Kind seine eigene Leistung als bemerkenswert erfährt, es den Zusammenhang von Anstrengung und Lernerfolg unmittelbar erlebt und zu beeinflussen lernt und mit diesen positiven Erfahrungen des eigenen Könnens diejenige Bestätigung erhält, nach der jedes Kinder, jeder Jugendliche sucht.

Was aber meint »Leistung«?

Über Leistung und ihre Erscheinungsformen ist seit den späten 60er-Jahren dieses Jahrhunderts in der Schulpädagogik und in der Öffentlichkeit leidenschaftlich diskutiert worden (vgl. u. a. KLAFKI, 1978 und INGENKAMP, 1971). Heute fragen sich nach meiner Beobachtung immer mehr Lehrer/innen, ob ihre Leistungsanforderungen sinnvoll oder nicht in Wirklichkeit Leistungsdruck sind. Außerdem steht längst fest, dass die Leistungsmessung immer nur einen Annäherungsgrad darstellt und nur einen eingeschränkten Prognosewert besitzt. Schließlich lähmen die heute vorherrschenden ruinösen Lern- und Leistungsformen in der Schule, entsolidarisieren und sind insgesamt nicht geeignet, Hilfsbereitschaft, Selbstwertgefühl und fortdauernde Lernfreude zu entwickeln. Wenn wir unsere stofflichen Ziele durchzubringen versuchen, »zerlegen« wir Schüler (s. oben) und machen vor allem die *zielerreichend-fachlichen Leistungen* zum zentralen Moment der Leistungsbeurteilung. Geleistet wird allerdings auch anderswo und wesentlich mehr. Geleistet wird auch im *methodisch-strategischen* und ganz besonders im *sozial-kommunikativen* Bereich:

Methodisch-strategische Leistungen sind u. a.:

- Infomaterial beschaffen, analysieren, auswerten können
- Arbeitsschritte planen und in bestimmter Zeit ausführen können
- im Unterricht erarbeitete Methoden zielgerichtet anwenden (unterstreichen, protokollieren, visualisieren usw.) können
- Thesen formulieren, (konträre) Meinungen gegenüberstellen, bewerten
- Texte, Ergebnisse vorstellen, Schaubilder, Rollenspiele ...

Sozial-kommunikative Leistungen sind u. a.:

- Gesprächsregeln vereinbaren und akzeptieren können
- eigene Meinung nennen und begründen können
- auf Widerspruch angemessen reagieren können
- Konflikte im Gespräch regeln können

- Arbeiten in einer Gruppe verteilen, verantwortlich ausführen, mitgestalten, voranbringen usw.
- anderen Schülern Hilfe anbieten, selbst Hilfe annehmen können.

In dem Maße, wie Leistung vom Schüler nicht mehr als ein Medium für die Selbstentfaltung und für die Ausbildung einer eigenen Identität eingesetzt werden kann, sondern als zentrales Auslese- und Konkurrenzmittel bestimmt ist, kann sich die Persönlichkeit eines Kindes oder Jugendlichen nicht mehr störungsfrei entwickeln.
»In dem Maße, wie der einzelne Schüler schulischen Leistungen keinen elementaren persönlichen Sinn mehr zusprechen kann und Leistungserbringung und deren ständige Steigerung nur noch als im engen Sinne zweckgerichtet auf ein Ziel außerhalb seines situativen Erfahrungshorizontes – also gewissermaßen selbstzweckhaft – empfinden muss, kann es aus diesen Gründen sogar zu Leistungskrisen und Leistungsverfall kommen.« (HURRELMANN, K., 1977, S. 10)

Bitte überlegen Sie:

1. Welche Schüler und Schülerinnen Ihrer Klasse sind in Ihrem Unterricht die Leistungsträger für *methodisch-strategische* Leistungen, welche für die *sozial-kommunikativen* Leistungen?
2. Nachdem der zunehmende gesellschaftliche Bedarf an methodisch-strategischen und sozial-kommunikativen Fähigkeiten anerkannt ist: Welche Bedenken haben Sie noch, diese Leistungen wie die zielerreichend-fachlichen zu behandeln?

8.3 Sozialpädagogische Arbeitsprinzipien

Die Schulpädagogik kennt in ihren reformerischen Positionen einige Prinzipien, die sich praktizierten Merkmalen der außerschulischen Jugendarbeit sehr annähern. Dazu gehören u. a.:

1. Verbindung von Handeln und Erkennen
2. Realitätsnähe/Alltags- bzw. Erfahrungsorientierung
3. Mitverantwortung aller Beteiligten
4. Gemeinsames Erarbeiten von Zielen und Inhalten
5. Gemeinsame Bewertung der Ergebnisse

Dahinter steht die Erfahrung, dass schulische Lernkrisen in dem Maße verringert werden können, wie der schulische Erziehungsprozess den Schüler als Person, als *ganzes* Kind bzw. *ganzen* Jugendlichen sieht (vgl. Kap. 7.1).

Wird Kindern die Gelegenheit dazu gegeben und ihnen darüber hinaus auch ermöglicht, etwas Sinnvolles zu tun, Interessen zu haben und sie auszuführen, zeigen sie häufig Fähigkeiten, die ihnen gewöhnlich abgesprochen werden. Immer da, wo zum Beispiel mit Projekten oder Vorhaben die engen Schulfachgrenzen überschritten werden, wird eine Einheit von Erkennen und Handeln möglich. Sie ist ebenfalls durchgängiger Bestandteil der Kinder- und Jugendarbeit. Hier treffen sich dann offensichtlich schulische Arbeit und sozialpädagogische Jugendhilfe.

In der Sozialpädagogik sind darüberhinaus bestimmte orientierungs- und handlungsleitende Prinzipien bekannt, mit denen die Schulpädagogik sich (erneut) befassen sollte, weil offensichtlich bisher oft übersehene Grundannahmen personaler Lernbedingungen dann eher berücksichtigt werden. Als solche »Arbeitsprinzipien« lassen sich nach BÖHNISCH (1992) die folgenden unterscheiden:

- *das Selbstwertprinzip,*
- *das Gruppenprinzip,*
- *das sozialräumliche Prinzip,*
- *das Biografieprinzip,*
- *das sozio-kulturelle Prinzip,*
- *das Milieuprinzip.*

Die Prinzipien hängen miteinander zusammen und sind aufeinander bezogen. Unter dem Aspekt der »erzieherischen Hilfen zur Lebensbewältigung« lassen sich die Prinzipien nicht nur auf viele sozialpädagogische Arbeitsfelder beziehen, sondern haben in den letzten Jahren zunehmend auch für die Schule eine besondere Bedeutung erlangt. Sie sollen deshalb näher erläutert werden.

Das *Selbstwertprinzip* weist auf die zentrale Bedeutung des Selbstwertgefühls und des Selbstkonzeptes bei Heranwachsenden hin. Unter einem mangelnden Selbstwertgefühl leiden heute viel mehr Schülerinnen und Schüler, als vom Äußeren her zu erkennen ist (vgl. KLOCKE / HURRELMANN, 1995). Hauptgründe dafür liegen in den heute zu bewältigenden Lebensschwierigkeiten (vgl. Kap. 1), zu denen fehlende Anteilnahme und Bestätigung durch die Eltern und Lehrer, Ausgrenzung oder gar Abwertung usw. gehören.
Die Suche nach einem stabilen Selbstbild gelingt heute auch deshalb so schwer, weil Selbstbild und Idealbild, durch Werbung und Medien verzerrt, schwer zusammenfinden können.
Schulschwierigkeiten können hier eine besonders gravierende Rolle spielen, wenn der Leistungsvergleich mit Gleichaltrigen negativ ausfällt und – noch verstärkt durch Konsumattribute wie Markenkleidung u. ä. – Kinder sich an den Rand gedrängt fühlen. Gruppenfähig zu sein, den Erwartungen der

anderen gerecht werden und sich doch auch in seiner Einzigartigkeit darzustellen, das bedeutet für viele Heranwachsende einen schwierigen Balanceakt. Auch hier stehen die schnellen sozialen und kulturellen Veränderungen der letzten Jahrzehnte im Hintergrund, die Verringerung elterlicher Erziehungsleistungen, die Vielzahl der sich auch widersprechenden Werte und Normen der Gesellschaft und nicht zuletzt die aktuellen Krisen wie Jugendarbeitslosigkeit und fehlende Perspektiven.
Da das Selbstwertgefühl spätestens im Jugendalter geschlechtsspezifisch geprägt ist, sollten Lehrkräfte auch über Geschlechterrollen-Stereotypen, nach denen Jungen und Mädchen sich zu richten versuchen, Bescheid wissen. In der Praxis sind inzwischen Programme erfolgreich geworden, mit denen der Selbstwert von Mädchen bzw. von Jungen geschlechtsspezifisch gefördert wird (vgl. Kap. 11.2).
Das Selbstwertgefühl von Schülerinnen und Schülern wird immer dann gesteigert werden können, wenn Möglichkeiten im Unterricht und im Schulleben geboten werden, bei denen sich jede und jeder mit ihren/seinen *Stärken* zeigen kann (vgl. Konzept der Ressourcenorientierung, Kap. 7.1).

Das *Gruppenprinzip* weist auf die Bedeutung der Gruppe für die soziale Entwicklung von Kindern und Jugendlichen hin. Da das Fehlen von kinderreichen Familien heute kaum oder gar nicht mehr ein Übungsfeld für Gruppenerfahrung bietet, die Spielgruppe außerhalb des Hauses durch die Bau- und Verkehrspolitik kaum noch zu realisieren ist, sind Einrichtungen wie Kindergarten und Schule heute die zentralen Orte, an denen Verhalten und Konfliktregulation in Gruppen erlernt werden müssen. Schülerinnen- und Schülergruppen sind allerdings keine selbstgewählten, sondern zweckrational »hergestellte« Gruppen (vgl. Kap. 11).
Lehrerinnen und Lehrer, die diese erzwungenen Gruppen dennoch entwickeln wollen, unterstützen alle Möglichkeiten der Selbstbestimmung innerhalb einer Jahrgangsgruppe, z. B. durch Freiarbeit oder Projektarbeit, durch Wochenanfangs- oder Abschlusskreise, durch Auswertung von Soziogrammen (vgl. Kap. 11.1) u. a. m. So kann versucht werden, Vereinzelung, Konkurrenz und kommunikationsfeindliche Strukturen abzumildern. Die bescheidenen Möglichkeiten, die moderne Schulen hinsichtlich der Selbstbestimmung der Gruppe und ihrer Mitglieder heute nutzen, lassen die Hoffnung zu, dass in Zukunft bei einer »Öffnung der Schule« noch mehr Möglichkeiten für soziales Lernen in und mit der Gruppe (vgl. Kap. 5) möglich werden. Angelehnt an Erfahrungen der offenen Kinder- und Jugendarbeit werden gemeinsame kulturelle oder soziale Projekte denkbar, um die sich Schülergruppen bilden (vgl. Kap. 4 u. 5). Hier ist es auch möglich, unterschiedliche Fähigkeiten und Kompetenzen der Schülerinnen und Schüler in unterschiedlichen Projektebenen und -funktionen zum Zuge kommen zu lassen, womit sich der Zusammenhang zum Selbstwertprinzip herstellt.

Vor diesem Hintergrund erhält das sozialpädagogische Gruppenprinzip vor allem auch für die heutige Problematik der vielen allein aufwachsenden Kinder und Jugendlichen, die Gruppenerfahrung zum Aufbau ihrer Eigenständigkeit brauchen, mit und in der Schule seinen besonderen Sinn.

Das *sozialräumliche Prinzip* verweist zunächst auf den besonderen Drang zur »Eroberung«, mit dem Heranwachsende nach und nach ihren sozialen Nahraum erweitern. Die traditionelle Volksschule kannte deshalb auch das didaktische Prinzip der »konzentrischen Kreise«, mit denen der Unterricht »vom Nahen zum Fernen« gelangte (vgl. SPRANGER, 1924). In der Jugendzeit wird der Sozialraum entscheidender Hintergrund für Cliquen, Gruppen und sozialräumliche Netzwerke. Dieses »Territorialprinzip« des jugendkulturellen Verhaltens wird heute allerdings stark behindert durch Mauern, Architektur und einseitig ökonomisch ausgelegte Sozialräume. Schulgebäude und Schulhöfe machen meistens keine Ausnahme hiervon.
Diese Bedingungen grenzen Kinder und Jugendliche oft aus, so dass eine latente Form von Gewalt (»strukturelle Gewalt«) Jugendlichen keine Möglichkeit gibt, sich produktiv in Szene zu setzen – ausgenommen durch Graffiti und ähnliche »Grenzverletzungen«. Wie wichtig sozialräumliche Aneignungsprozesse für die Entwicklung eines positiven Selbstwertgefühls und einer sozialräumlichen Identität sind, zeigen verschiedene Studien der letzten Jahre (vgl. z. B. DEINET, 1990).
Wenn dieses Prinzip in Schulen unbeachtet bleibt, so finden wir hier »Ausbruchsversuche« von Schülern, denen z. B. durch die Architektur oder Raumzuweisung zugemutet wird, auf wesentliche identitätsstiftende Aneignungsprozesse zu verzichten. Entsprechend aggressiv und vandalistisch können Schüler auf diese Einschränkung reagieren. Sie setzen sich gleichsam symbolisch über die immer wieder erfahrene Zurückweisung hinweg.
Wird jedoch aus der Sozialpädagogik die Anregung an Schulen aufgenommen, dass Kinder und Jugendliche ihre »eigenen« Räume brauchen, werden Bemühungen verständlich, Klassenräume und das Schulgelände durch die Heranwachsenden selbst planen und ausgestalten zu lassen. Orte und Räume für Schülerinnen und Schüler müssen so geschaffen sein, dass man sie mitgestalten kann, dass man in ihnen Möglichkeiten des Rückzugs findet und gleichzeitig Gelegenheit, auch in einer kleineren Arbeitsgruppe zu lernen. Vor allem Jugendliche aus sozial desorganisierten Familien erhalten durch entsprechende sozialpädagogische Angebote die Möglichkeit, »ihre« Räume als »Heimat« und damit als Hilfe zum Aufbau eines Selbstwertgefühls zu erleben. Es liegen viele Berichte (z. B. aus Hauptschulen) vor, die festhalten, dass Schüler die selbst gestalteten Klassenräume nicht mehr zerstörten.
Im *Biografieprinzip* wird der heutigen »Individualisierung der Lebenslagen« (BECK, 1986) Rechnung getragen. Lebensverhältnisse und die damit verbun-

denen sozialen Chancen scheinen nicht mehr allein an ein Herkunftsmilieu (Klasse, Schicht) gebunden, sondern an die jeweilige Biografie einer Person. »Das biografische Prinzip« beinhaltet also die Annahme, dass die jeweils akuten Bewältigungsprobleme sowohl diagnostisch als auch bezüglich des sozialpädagogischen Handelns und Intervenierens in das jeweilige biografische Bezugssystem gebracht werden müssen, erzieherische Hilfen also vor allem auch als biografische Interventionen zu verstehen sind.« (BÖHNISCH, a. a. O., S. 246 f.)

Diese »biografische Wende« im sozialpädagogischen Denken und Handeln wurde durch die Sozialisationsforschung angeregt, die bei Lebenslauf- und Biografieforschung (KOHLI, 1985) vor allem auf die Wirksamkeit vorhandener Ressourcen hingewiesen hat. Danach wird vor dem Hintergrund der Gesamtbiografie weniger die Herkunft eines Kindes oder Jugendlichen betrachtet, sondern die vorhandenen und zum Teil ungenutzten Möglichkeiten, Fähigkeiten und Hilfen, eine ins Stocken geratene Entwicklung wieder ins Fließen zu bringen (vgl. Kap. 3.2).

Schulkindern sind meistens bestimmte Ressourcen eigen, die bei der Bewältigung akuter Schul- und Erziehungsprobleme oft sinn- und wirkungsvoll zu nutzen sind, um die Entwicklung und Festigung des Selbstwertgefühls als zentralem Aspekt der Entwicklung von Lern- und Leistungsfähigkeit zu fördern (vgl. Kap. 7).

Das *sozio-kulturelle Prinzip* weist auf die (sozial)pädagogische Arbeitsweise hin, Kindern und Jugendlichen Gelegenheit zu geben, vor allem über kulturelle Ausdrucksformen (Material-Arbeiten, Musik, Rollenspiel, AV-Medien) aktiv zu werden.

Der Hintergrund hierfür wird deutlich, wenn an das bereits festgestellte Fehlen verbindlicher Verhaltenstraditionen erinnert wird (vgl. Kap. 1.1), denen Kinder und Jugendliche Lebenssinn entnehmen könnten (Arbeit, Glaube usw.). In unserer individualisierten und pluralistischen Gesellschaft ist das nicht mehr gegeben. Auch haben die sozialen Kontrollmechanismen von Nachbarschaft und kultureller Gegenseitigkeit ihre Integrationskraft weitgehend verloren.

Versuchen Jugendliche dennoch, ihr Verhaltensrepertoire auf eigene Beine zu stellen, kann dazu heute die sog. Jugendkultur oder auch sozio-kulturelle Jugendarbeit genutzt werden. Die Sozialpädagogik hat hier ein reichhaltiges Angebot von kulturellen Aktivitäten wie Kinderspiel, Theaterarbeit, Musikwerkstätten, Medienproduktionen, Studios, Werkstätten usw. eingerichtet (vgl. auch Kap. 5.1). Immer geht es dabei im Kern um die Bedürfnisse von Heranwachsenden, durch eigene Ausdrucksformen sich selbst zu inszenieren und soziale Kontakte zu bekommen, die auch dazu geeignet sind, das Selbstwertgefühl zu steigern.

Sozio-kulturelle und ästhetisch-mediale Aktivitäten, nicht nur in Gesamtschulen angelagert, helfen Schülerinnen und Schülern bei der Identitätsfindung. Lässt Schule den Heranwachsenden auch Raum zur Erweiterung ihrer Handlungsfähigkeit durch Erspielen und Erfahren von Verhaltensalternativen, wird sie dazu beitragen, dass Schülerinnen und Schüler z. B. weibliche und männliche Körper- und Gewalterfahrung wahrnehmen lernen oder andere normschaffende Erfahrungen über die Fachbereiche Ästhetik, Deutsch, Gesellschaft usw. machen können.

Das *Milieuprinzip* zielt schließlich auf die gemeinsamen Werte und Gewohnheiten, die Angehörige bestimmter gesellschaftlicher oder pädagogischer Gruppen ausbilden, um sich »heimisch« und »selbstverständlich« aufgehoben zu fühlen.
Die Notwendigkeit hierfür entstand in den letzten Jahrzehnten besonders durch die Auflösung herkömmlicher Milieus (gesellschaftliche Mobilität, Gebietsreformen, »Mammutschulen« u. a.) und durch den Prozess der gesellschaftlichen Individualisierung (vgl. Kap. 1). Deshalb suchen Heranwachsende heute nach Gelegenheiten, Räume und Regeln in eigenen Milieus zu gestalten. Hierzu zählen auch der »Aufbau von vertrauten, personell identifizierbaren Beziehungssystemen« (vgl. BÖHNISCH / MÜNCHMEIER, 1990). Abgesehen von bleibenden Unterschieden zwischen diesem Bereich der Jugendhilfe und der Schule können beide versuchen, einen »Lebensraum« zu bieten, in dem Lebensformen gegenseitiger Ermunterung, Beratung, Anregungen und sozialer Unterstützung erprobt werden können.
Dieses Prinzip bezieht sich also nicht mehr nur auf Kinder und Jugendliche aus desorganisierten Milieus (z. B. »kaputte« Familien), sondern will heute versuchen, für *alle* Heranwachsenden einen Lebensraum bzw. »Lebensort für Kinder« zur Verfügung zu stellen.
In der Schule lässt dafür die »Gestaltung von Schulleben« viel Spielraum (vgl. Kap. 5).

9 Erlebnispädagogik: Erleben – Erfahren – Erkennen

In diesem Kapitel ist die Rede von einer ebenso reformpädagogisch wie sozialtherapeutisch genutzten Arbeitsform, die aus der Jugendbewegung kommt und heute in Schulen wieder auflebt. Als Beispiel werden eine Nachtwanderung und Nachtspiele vorgestellt.

Eine immer wieder beeindruckende Erfahrung kann man als Lehrkraft machen, wenn man einer Jugendgruppe – wie zum Beispiel Pfadfindern – vor, während oder nach einer selbstorganisierten Fahrt begegnet und den begeisterten Berichten zuhört.
Unwillkürlich entsteht die Frage: Mit welchem pädagogischen Konzept schafft man ein so begeistertes Engagement?
Die Schulpädagogik kennt »schülerorientierte« Unterrichtskonzepte. Eine Spielart hiervon ist sogenannter handlungsorientierter Unterricht, bei dem ein Schwerpunkt besonders auf der *Eigentätigkeit* liegt. Zu beobachen ist, dass Schüler hier meistens gern mitarbeiten. Sie sind dann nicht Objekte von Belehrung, sondern versuchen selbstständig und unter Einbeziehung möglichst vieler Sinne, ein Thema zu behandeln.
GUDJONS (1994) kennzeichnet handlungsorientierten Unterricht durch folgende Merkmale:

- Lebens- und Situationsbezug: Statt isolierter Fachaspekte »ganzheitlicher« Problembezug, statt künstlicher Lehrerfragen der Zusammenhang mit dem Leben selbst.
- Orientierung an den Interessen der Beteiligten.
- Handlungen, die ein Ziel haben, einen Weg und ein Ergebnis. Von großer Bedeutung ist dabei die Einbeziehung der Lernenden in den Planungsprozess.
- Soziales Lernen, denn Handlungsorientierung erfordert Kooperation und Kommunikation untereinander.

Eine Erweiterung der eben mitgeteilten Merkmale findet sich in der als vorwiegend sozialpädagogisch und sozialtherapeutisch bekannten Konzeption der *Erlebnispädagogik*. Historisch reichen auch deren Wurzeln bis in die Reformpädagogik zu Beginn dieses Jahrhunderts.
Ansätze lassen sich in der Jugend- und Wandervogelbewegung finden sowie besonders bei dem Gründungsleiter von Salem und den outward-bound-Kurzzeitschulen, HAHN. Sie haben ebenso der Erlebnispädagogik den Weg

bereitet wie die »Erlebnispädagogen« SCHARRELMANN, GANSBERG, JENSEN und LAMSZUS (vgl. u. a. OELKERS 1992).

In unserem Zusammenhang ist die Frage wichtig, wie heute in Regelschulen durch eine erlebnispädagogische Orientierung die »innere Beteiligung und Ergriffenheit der am Unterricht Beteiligten« (SKIERA, 1994) hergestellt, aufrechterhalten oder intensiviert werden kann.

Elemente der außerschulisch praktizierten Erlebnispädagogik, die weder begrifflich noch theoretisch ausformuliert ist, finden sich u. a. in natursportlichen Unternehmungen wie Klettern oder Segelturns und bei Natur- und Umwelteinsätzen, z. B. des Alpenvereins oder des Bundes für Umwelt- und Naturschutz Deutschland – BUND (vgl. auch Kap. 2.4). In jüngster Zeit wird auch versucht, diese »outdoor«-Aktivitäten auf »indoor«-Pädagogik zu erweitern, wo gerade in künstlerischen, kulturellen und auch technischen Bereichen vielfältige erlebnispädagogische Entwicklungs- und Gestaltungsmöglichkeiten vermutet werden (vgl. ZIEGENSPECK, 1994, S. 149).

Die Kurzzeitschulen von HAHN entwickelte dieser aus den Erfahrungen, die er von 1920–1933 als Leiter des Landerziehungsheims Schloss Salem und ab 1934 in Schottland sammelte. Aus der Unzufriedenheit mit der Unfähigkeit der Landerziehungsheimbewegung, den seiner Ansicht nach in der Jugend gegebenen »Verfall an Initiative, der körperlichen Tauglichkeit, der Sorgfalt der menschlichen Anteilnahme« (DIETRICH, 1970, S. 218) aufzuhalten, entstand sein Konzept. In 4-wöchigen Kursen wurden Jugendliche in Seenot-, Feuerwehr- oder Bergrettungsdienst ausgebildet. Außerdem standen Expeditionen, Wanderungen, Höhlenklettern sowie handwerklich-technische Projekte auf dem Programm. HAHN wollte nicht an trockenen Lernstoffen im Klassenzimmer anknüpfen, sondern an die natürliche Abenteuerlust und Entdeckerfreude der Jugendlichen. Nur dort seien echte Bewährungssituationen gegeben, wo Schüler eine Folge neuartiger und herausfordernder Aufgaben zu bewältigen hätten.
In den Fünfzigern wurde daraus in der Bundesrepublik Deutschland eine *outward-bound-Bewegung*. Im Rahmen von outward-bound können Lehrer und ihre Klassen mittlerweile an mehreren Schullandheim-Aufenthalten, z. B. im Harz oder an der Schlei (Schleswig), teilnehmen. Kommerzielle Angebote bieten außerdem viele Schiffseigner, die meist auf Segelschiffen gemeinsame Klassenfahrten von Schülern und Lehrern auf der Ostsee und dem deutschen und niederländischen Wattenmeer anbieten. »Teamgeist, Ausdauer und Einsatzbereitschaft werden erworben« (Katalogtext).

Darüber berichtet ein schulklassenerfahrener Schiffseigner und Sozialpädagoge:

»Es gibt keine Passagiere auf der Fortuna. Alle Mitreisenden sind in den Arbeitsalltag an Bord eingebunden. Jeder Einzelne bekommt Aufgaben aus den verschiedenen Arbeitsbereichen zugeteilt. Ein Koch- und Putzplan wird erstellt, Positionen der Sicherheitsrolle verteilt und die verschiedenen Posten zur Segelbedienung besetzt.
Die Stammbesatzung ist bemüht, die Schiffsführung möglichst transparent zu gestalten, indem sie den Schülern den Kartenraum allgemein zugänglich hält und navigatorische Entscheidungen verständlich erklärt. Reiseziele werden nach der zur Verfügung stehenden Zeit, nach den Wünschen der Schulklasse und nach dem Wetter ausgewählt. Die Gruppe soll letztlich mit dem Schiff so vertraut sein, dass sie allein damit zurechtkommt, während die Stammbesatzung lediglich eine Überwachungsfunktion übernimmt. Da die Jugendlichen meist hochmotiviert sind, Aufgaben zu übernehmen, geht es nicht darum, Kräfte und Interesse zu wecken, sondern zu kanalisieren. Das Konzept ist stark auf die Wahrnehmung von Verantwortung des Einzelnen gegenüber einer Gemeinschaft ausgerichtet. Ziele und Aufgaben sind in dem Mikrokosmos Schiff klar definiert. Im Augenblick des Lösens der Leinen verlieren Fahrpläne, Öffnungzeiten und Meldungen des Verkehrsstudios ihre Relevanz. Das Schiff wird zum Bezugspunkt des Einzelnen, zur Wahrnehmung der Welt. Symbolisch verdeutlicht wird dies auf einer sehr sachlichen Ebene: Die laufende und genaue Standortbestimmung gehört zu den Grundlagen einer jeden Seereise. Mathematik ist hier kein trockenes Schulfach, sondern erfährt durch die terrestrische Navigation einen unmittelbaren Alltagsbezug. Abseits der Streulichtglocken über den Großstädten kann der Sternenhimmel beobachtet werden. Weiter bekommt die soziale Bezugsgruppe hohe Bedeutung für den Einzelnen. Die kleine Welt des Schiffes kann Schülern ein Gefühl der Sicherheit vermitteln. Dies steht im Gegensatz zu der Bedeutungslosigkeit und der Unsicherheit, die Jugendliche heute häufig verspüren.« (S. Bunk, Oldenburg 1995).

Dieser Bericht zeigt, dass wichtige pädagogische Anliegen und Ziele zum Tragen gekommen sind wie soziales Verhalten üben, Mitverantwortung jedes Teilnehmers fordern und fördern, originale Begegnungen mit problemhaltigen Aufgaben und »ernsthaften« Situationen, Verbindung von Kenntniserwerb und Handeln u. a. m.

Dass heute auch in der Schule selbst solche Lerngelegenheiten angeboten werden können, macht der ermutigende Bericht eines Lehrers klar:

Aus einem Bericht von D. Schulz, Konrektor an einer Grundschule in Dinkelsbühl:

»Jeder von uns kennt die Situation: Da ist der bayerische Lehrplan für Heimat- und Sachkunde in der 4. Klasse, da sind z. B. Lernziele: »Grundformen des Mit-

einander-Lebens in der Schule erfahren, die Bedeutung des sozialen Handelns einsehen« *und* »Einblick gewinnen in einen landwirtschaftlichen Betrieb«.
Ursprünglich wollte ich – wie üblich – die Lernziele »abhaken« mit Arbeitsblättern, Videos, Filmen oder vielleicht sogar mit einem Unterrichtsgang. Doch ich sah sie wieder vor mir, die passiven, mehr oder weniger gelangweilten Kinder, wenn sie beim Unterrichtsgang überschüttet werden von Informationen. Ich sah meinen »gestörten« Klaus, der mit Brennnesseln die Schweine ärgert und sich einfach nicht »sozial« verhalten will. »Diesmal nicht!«, dachte ich mir.
Im Kopf entstand die Idee zu einer Projektwoche, in der versucht werden sollte, fächer- und lernzielübergreifend, handlungs- und erlebnisbetont die Lernziele zu erreichen. Im nachhinein weiß ich, dass die Ziele letztlich nebensächlich waren. Der Weg dorthin war viel spannender, erlebnisreicher und lernintensiver.
Wir kennen sie alle: die sog. faulen, lustlosen, verhaltensauffälligen, aggressiven Störenfriede, die man in der Schule oft nur mit raffiniert ausgeklügelten Disziplinierungsmaßnahmen »in den Griff bekommt«. Gerade aber diese Schüler waren in der Woche auf dem Bauernhof ungewöhnlich ausgeglichen, ja friedlich und sehr motiviert. Ungeahnte Interessen wurden wach, denen sie mit viel Geschick, Ausdauer und Begeisterung nachgingen. Vielleicht war es genau diese sinnliche Vielfalt, die vielen Primärerfahrungen, diese unzertrennte Einheit aus Denken, Fühlen und Handeln, die in frischer Luft zufrieden machten.
Ich denke, dass angesichts der steigenden Problemfälle in der Schule die liebgewonnenen und »bewährten« Selbstverständlichkeiten in unserem Schulverständnis und Rollenverständnis als Lehrer kritisch befragt werden müssen. Können wir wirklich auf 60 qm Schulraum 32 Schüler 6 Stunden lang »optimal fördern« und zwar jeden Einzelnen von ihnen? Können wir wirklich eine positive Interessens- und Identitätsfindung bei jungen Menschen anbahnen im Rahmen unserer Schule?
Ich meine, dass so eine Art zu unterrichten, wie ich es mit unserer Woche auf dem Bauernhof versucht habe, auch den vielen Problemen mit Jugendlichen vorbeugt, wie z. B. Orientierungslosigkeit, Agressivität, massenhaftem Medienkonsum, Drogen und und und.« *(DLZ, 31. Jg., 8.8.1996)*

Eine geeignete Gelegenheit, im Rahmen der Schule die ganze Breite erlebnispädagogischer Möglichkeiten zu erfahren, bieten u. a. Nachtwanderungen, Erkundungen und Spiele, auch z. B. in der Dunkelheit. Beispielsweise wird eine Nachtwanderung, in der ersten Schuljahreshälfte unternommen, die Kinder bzw. Jugendlichen einer Klasse nicht nur näher zueinander bringen; sondern die Lehrperson wird anschließend auch von Eigenschaften ihrer Schüler/innen wissen, die ihr sonst wahrscheinlich lange verborgen geblieben wären. Von beidem wird der Unterricht profitieren. Das folgende Beispiel ist außerdem geeignet, *fachstoffliche, methodisch-strategische* und *sozial-kommunikative* Ziele zu verdeutlichen:

9.1 Das Beispiel: Nachtwanderung mit Schülern

Die Nacht ist eine ungewohnte, neue Welt, wenn sie in wirklicher Dunkelheit erlebt wird. Alles ändert sich und wird anders. Entfernungen sind schwer einzuschätzen, Geräusche werden deutlicher wahrnehmbar, einzelne Lichter wirken beeindruckend. Die Orientierung im Gelände wird schwieriger. Die Fantasie wird geweckt, man beginnt, etwas in die Umgebung hineinzudenken – das Knacken eines Zweiges, der bellende Hund usw. Weil nicht alles sichtbar ist, bleibt ein großer Raum der Ungewissheit, in den man Ängste und Fantasien hineinlegt.
Nachtwanderungen können für heutige Schülerinnen und Schüler bereits sehr anspruchsvoll sein, wenn sie ein Waldstück allein durchqueren oder dem Wanderweg in einer Bachschlucht folgen. Diese Strecken im dunklen Wald sind als Aufgabe und als Anforderung zu bewältigen. Je einfacher die Anlage der Wanderung, je klarer der Auftrag, desto mehr kann der einzelne Heranwachsende u. a. auf sich selbst und in sich hineinhorchen.

- *Ein Spiel zur Nachtwanderung:*

  Im Anschluss an eine Nachtwanderung, bei der ggf. der Nachthimmel und andere Erscheinungen in der Natur zu beobachten waren (Fachunterricht), ist ein Geländespiel geplant.

  Nacht-Geländespiele können schon auf sehr kleinem Raum stattfinden (Wald von 200 × 300 m genügt).

  Spielvorschlag:

  Eine Mannschaft, die Jäger, befinden sich in einem abgegrenzten Gebiet und müssen alle Räuber, die versuchen, durch dieses Areal zu einem markierten Punkt (Feuer oder Taschenlampen) durchzudringen, abfangen.

  Vorbereitung:

  Die Gruppe wird in »Räuber« und »Jäger« aufgeteilt, wobei die Anzahl der Räuber größer sein soll. Je leichter das Gebiet zu überschauen ist, desto größer muss die Anzahl der Räuber sein. Sie werden durch Tücher markiert, die sichtbar am Arm getragen werden müssen. Eine Lichtung muss gefunden werden, an der die Zielposition markiert ist.

  Beginn des Spiels:

  Das Spiel beginnt an einer zentralen Stelle, von der das Gelände noch einige Minuten Fußmarsch entfernt ist (Nachtwanderung). Die Lehrkraft bereitet die Jäger auf das Spiel vor. Ein Uhrenvergleich zwischen allen Beteiligten ist notwendig, um das Ende des Spiels festzusetzen und damit niemand noch später durch das Gelände irrt. Dann werden die Jäger zum Gebiet geführt. Hier verteilen sie sich (nach abgesprochener Taktik?) und warten auf die Räuber, um ihnen die Tücher abzunehmen. 20 Minuten später starten die Räuber das Spiel in der gleichen Art und Weise wie die Jäger. Sie werden zum Ort des Geschehens gebracht und noch einmal kurz darauf hingewiesen, in welcher Richtung das Ziel liegt. Taktiken werden evtl. abgesprochen, das Ende des Spiels zeitlich vereinbart. Wer das Spiel ohne Tuch am (Taschenlampen-)Feuer beendet, gilt als gefangen.

Fangen:

Um aus diesem Spiel keine »Prügelei« werden zu lassen, ist es wichtig festzulegen, wann ein Räuber sein Tuch abgeben muss. Dies geschieht bereits, wenn er von einem Jäger getickt wird. In diesem Moment muss der Räuber sein Tuch abgeben und darf unbehelligt zum Ziel weitergehen.

Ende des Spiels:

Beendet ist das Spiel, wenn alle Räuber das (Taschenlampen-)Feuer erreicht haben, mit oder ohne Tuch oder wenn die Zeit um ist.
Spieldauer: 45-60 Minuten, je nach Witterungslage. Nach Spielende müssen die Räuber gerufen und die Anwesenheit aller Mitspielenden festgestellt werden.

Wichtig:

Der Erfolg dieses Spiels ist wesentlich vom Gelände abhängig, auf dem es durchgeführt wird. Es sollte Abschnitte haben, die gut »überschaubar« sind und eine große Lichtung, auf der der Zielort markiert ist. Dieser Bereich darf von Jägern nicht umstellt werden (»tote Zone«). Wichtig ist auch die Abgrenzung des Gebiets, wozu ein ausreichender Vorrat an Absperrband hilfreich ist. Es kann besorgt und wiederverwendet werden. Schließlich ist auch bedeutsam, inwieweit das Gelände beleuchtet ist (Vollmond, stockfinstere Nacht, Autoscheinwerfer?)

Abschluss:

Es sollte für alle Beteiligten am Ende ein (warmes) Getränk geben, um die Erlebnisse gemütlich miteinander austauschen zu können. Stockbrot kann gebacken werden, Sternbilder können betrachtet und astronomische Themen behandelt werden.

Aktivitäten in der Nacht gelten immer als etwas Besonderes. Gerade weil Kinder dabei angeregt und aufgewühlt werden, ist nach jeder Aktivität in der Nacht draußen eine Phase der Beruhigung und Verarbeitung in der Gruppe nötig. Bereits am Waldrand, nach dem Erlebnis, kann jeder seine Erfahrungen los werden und das Erlebte nochmals durchdenken. Sind verschiedene Parteien im Spiel gewesen, so sollte eine »Versöhnung« stattfinden.
Geländespiele dieser Art geben Gelegenheit, wichtige Erlebnisse zu haben, sie auszuwerten und als Erfahrung festzuhalten.

a) Es geht um eine Handlung, deren Ausgang zwischen Erfolg und Misserfolg zunächst offen bleibt, das Spielergebnis ist ungewiss, man muss immer mit allem rechnen. Ein solches Geschehen ist voller Überraschungen, aufregend. Es geht um Verstecken, Beobachten, Hören, Anschleichen, etwas Riskieren.
b) Das Geländespiel wird zum Anlass vielfältiger Naturbegegnungen: Auf der Erde hocken, sich hinter einem Gebüsch verstecken, durch das Unterholz schleichen, Waldboden spüren. Schüler können erleben, dass die natürliche Umgebung ihnen Anstrengungen abverlangt, Hindernisse in den Weg stellt und damit Herausforderungen schafft. Der Einzelne kann die Herausforderungen annehmen, dosieren und bewältigen.
c) Diese Spiele im Gelände sind immer auch ein soziales und strategisches Ereignis. Jeder Schüler bezieht in seine Handlungen ein, was die anderen tun oder tun könnten. Meist sind es Mannschaften oder Parteien (Räuber – Jäger). Besondere Kennzeichen der jeweiligen Gruppe ermöglichen ein hohes Maß an Identifikation. Es können geheime Zeichen vereinbart werden, Taktiken ersonnen und riskante Vorhaben gemeinsam angegangen werden.

So verschieden die Beispiele sein können, sind den erlebnispädagogischen Aktivitäten doch mehrere wichtige Kennzeichen und Inhalte gemeinsam:

- Es wird unmittelbar über die Hand, den Körper, die Erfahrung gelernt, das handlungsorientierte und soziale Lernen stehen im Vordergrund, wenngleich kognitive Informationen auch – und integrierter – gespeichert werden (= ganzheitliches Lernen).
- Die Handlungssituationen ermöglichen es, dass kreative Potentziale freigesetzt, neue Rollen geübt und die jeweils schon vorhandenen Kompetenzen und Stärken abverlangt bzw. gebraucht werden (= ressourcenorientiert) (vgl. auch Kap. 7.1).
- Entwickelt wird gleichzeitig die ganze Persönlichkeit: Das Erlebnis enthält ein hohes Maß an Emotionalität, Überraschung usw., was als bedeutsame Erfahrung oft über Jahre im Gedächtnis bleibt (= Langzeitgedächtnis).

- Es wird eine persönliche Bewährung, eine Übernahme von eigener Verantwortung für das Denken und Handeln gefordert, Sorgfalt und Rücksicht werden eingeübt und schließlich fördert die individuell dosierte Selbstüberwindung die Selbstsicherheit im Umgang mit sich selbst, seinem Körper und der sozialen Umgebung (= Selbstwertsteigerung).

Dass die erlebnispädagogische Arbeit der outward-bound-Bewegung oft als »action« oder »thrill« für spektakuläre Erlebnisse umgedeutet und für kommerzielle Zwecke missbraucht wird (vgl. Bungeespringen), kann im institutionellen Rahmen der Schule nicht thematisiert werden. Hinterfragt werden müssen aber die schulischen Strukturen, wenn die ganzheitlichen Vorzüge der Erlebnispädagogik dort mehr Eingang finden sollen. Angesichts der modernen Klagelieder über »die Schüler«, haben die von HAHN formulierten Erziehungsziele bzw. Zustandsbeschreibungen offensichtlich auch heute noch eine hinreichende Aussagekraft, um mit erlebnispädagogischen Mitteln besonders die Persönlichkeitsentwicklung der Heranwachsenden zu fördern gegen:

- den »Mangel an menschlicher Anteilnahme«,
- den »Verfall der körperlichen Tauglichkeit«,
- den »Verfall der Sorgsamkeit«,
- den »Mangel an Initiative und Spontaneität«. (HAHN)

Wie auch in Kapitel 1.1 näher beschrieben, kann kein Zweifel daran bestehen, dass Kinder und Jugendliche heute stärker auf Erlebnis, Wagnis und Bewährung abgestimmte Herausforderungen benötigen und auch suchen. Dem setzt u. a. die Halbtags-Stundenschule heute noch enge Grenzen.

10 Berater und Beraterin ist man nicht, man wird es

In diesem Kapitel werden die bestehenden Beraterberufe an Schulen kommentiert und drei Wege genannt, auf denen bessere Beratungskompetenz für alle Lehrkräfte zu finden ist.

10.1 Beratungslehrer und Schulpsychologen

Der zugrundeliegende Ansatz geht davon aus, dass Lehrer und Lehrerinnen mit ihrer Klasse im Grunde die bessere Ausgangssituation für sozialpädagogische Hilfen und Beratungsarbeit haben als externe Fachleute. Dennoch werden gelernte Lehrkräfte benötigt, die durch Aus- und Weiterbildung spezielle Kompetenzen für anspruchsvolle Beratungstätigkeiten erworben haben:

1. Beratungslehrer
2. Schulpsychologen

1. Beratungslehrer werden nicht in allen Bundesländern ausgebildet bzw. eingesetzt. So haben Bremen und das Saarland zu keiner Zeit Beratungslehrer gehabt, Hessen, Rheinland-Pfalz, Schleswig-Holstein und Berlin sie seit den ausgehenden 80er-Jahren entweder nicht mehr eingesetzt oder keine neuen mehr ausgebildet (wohl aber zum Beispiel »Mitarbeiter im Schulpsychologischen Dienst«).
Die 1970 vom Deutschen Bildungsrat und später (1985) von der Kultusministerkonferenz empfohlene flächendeckende Einführung von Beratungslehrern im Verhältnis von 1:500 hat sich nicht realisieren lassen. Eine Auflistung von Belastungsfaktoren (vgl. Tab. 10), wie sie im südwestlichen Niedersachsen von Beratungslehrern mitgeteilt wurden (BECKER/SCHMIEDL, 1990), zeigt, dass auch diese Berufsgruppe (wie Schulsozialarbeiter, siehe Kap. 1.4) sich vor allem durch diffuse Rollen- und Beziehungszuschreibungen stark belastet fühlt.

Die Konsequenz aus dieser vermutlich für alle Schulen mehr oder weniger gültigen Bestandsaufnahme sollte nicht sein, weiterhin exklusive Beratungsspezialisten auszubilden, sondern die Erweiterung der Beratungskompetenzen *aller* Lehrer/innen gegenüber Schülern und Eltern zu verbessern.
Eine solche Veränderung böte prinzipiell bessere Möglichkeiten der Beratungstätigkeit für Kollegen/innen und reduzierte vermutlich die Wahr-

Tab. 10: Belastungsfaktoren von Beratungslehrern

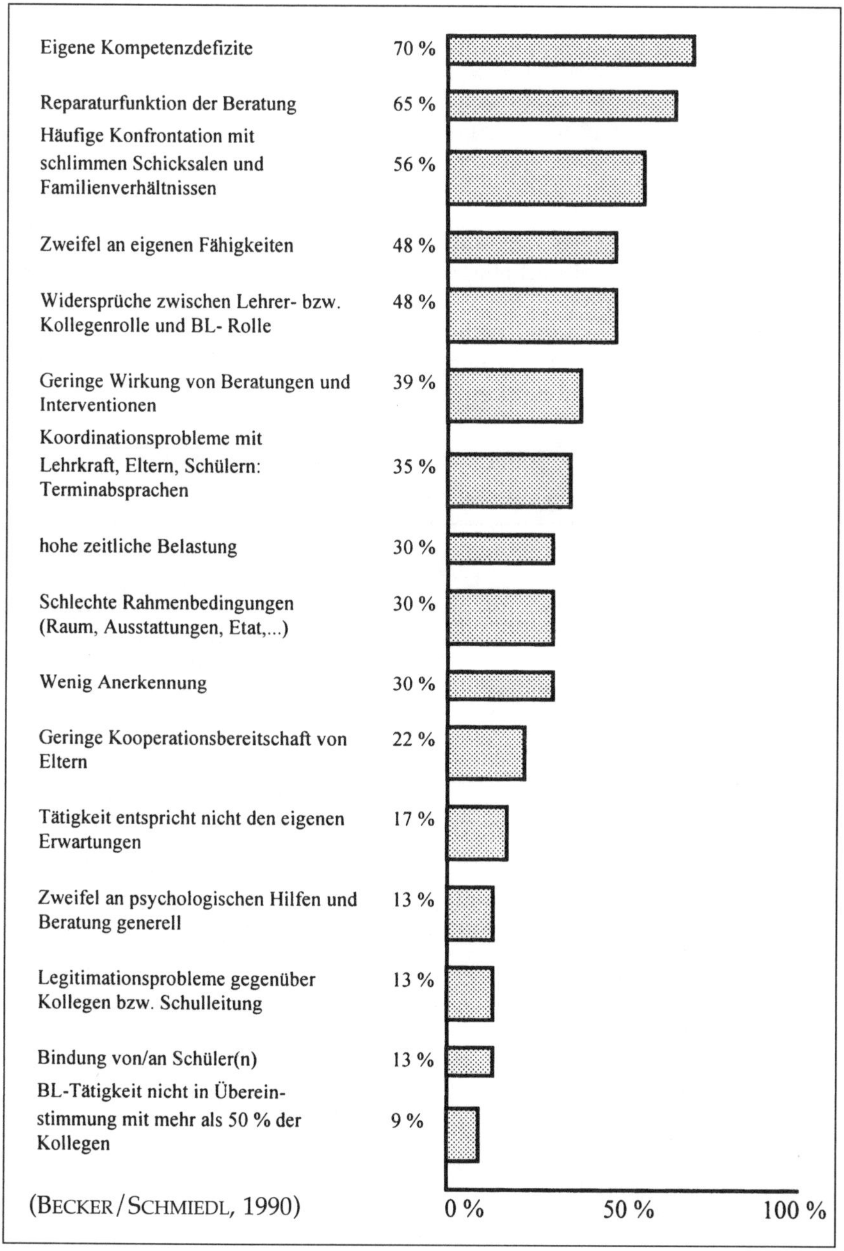

(BECKER/SCHMIEDL, 1990)

scheinlichkeit der Delegation von Problemlösungen an »externe« Beratungsfachleute.

Das Ziel sollte in der Erweiterung der Aus- und Fortbildung im Bereich Beratung für alle Lehrkräfte liegen, bei Reduzierung der wöchentlichen Unterrichtsverpflichtung zugunsten von Beratungsstunden für jede/n Klassenlehrer/in.

2. *Der Schulpsychologe*, seit der bildungspolitischen Diskussion der 70er-Jahre verstärkt ausgebildet und eingesetzt, steht der Rollendiffusion des Beratungslehrers weniger nah, kann aber als Vertreter seiner Berufsgruppe ebenso wenig die von Eltern und Lehrern an sie herangetragenen Erwartungen erfüllen. Dabei zwingt das Verhältnis von oft weit mehr als 6.000 Schülern pro Schulpsychologen zu Schwerpunktsetzungen.

Eine genaue Aufgabennennung enthält die nachfolgende Übersicht:

Tab. 11: Aufgaben professioneller Schulberater

Beratungslehrer in einzelnen Schulen	**Schulpsychologe** in größeren Schulverbänden
Schullaufbahnberatung: diagnostische Erfahrung, schulische Lernvoraussetzungen durch Verhaltensbeobachtungen, explorative Gespräche usw., diagnosegestützte Hilfen in Beratungsgesprächen	**Schullaufbahnberatung:** wie Beratungslehrer, aber mit regional erweitertem Feld und teilweise in Kooperation mit Lehrern und BL Verhaltensdiagnosen, Leistungsdiagnosen mit Tests, Entscheidungshilfen für besondere »Problemfälle«
Schul- und Lehrerberatung: Mitberatung von Schulleitung und Kollegen bei schulischen Problemen und bei Schulversuchen	**Schul- und Lehrerberatung:** Supervision und Ausbildung von beratenden Lehrern und Beratungslehrern; Planung und Begleitung von Schulversuchen zusammen mit Schulleitung und Schulverwaltung
Einzelfallhilfe: Diagnose und Mitbetreuung von Fördermaßnahmen, Verfahren zum sozialen Lernen und zur Verhaltensänderung	**Einzelfallhilfe:** Einsatz anspruchsvoller Diagnoseverfahren, Spieltherapien, gruppendynamische Angebote, psychologische Elternberatung

(zusammengestellt nach GREWE, 1990)

Schulpsychologische Dienste versuchen deshalb heute weniger die Hilfe im Einzelfall, als die »Optimierung des Schulsystems« im Ganzen zu leisten. Lehrerfortbildung, Organisationsberatung und Organisationsentwicklung bilden aktuelle Arbeitsschwerpunkte.

> ***Bitte überlegen Sie:***
>
> - Haben Sie eine Beratung durch die Beratungslehrkraft oder den Schulpsychologischen Dienst bereits in Anspruch genommen?
> - »Sich-Beraten-Lassen« in der Schule: Ist das für Sie eher ein Zeichen von Souveränität und Kompetenz oder eher ein Zeichen für Nicht-weiter-Wissen und Versagen?

10.2 Beratungskompetenz für alle Lehrkräfte

Beratungsfähigkeit, Kommunikations- und Sozialkompetenz oder Gesprächs- und Konfliktfähigkeit – hinter diesen Forderungen stehen in jedem Fall Eigenschaften, die heute keineswegs mehr nur bei Beratungslehrern und Schulpsychologen vorausgesetzt werden, sondern die Arbeitstätigkeit aller Lehrkräfte betreffen.

PIPER beschreibt zum Beispiel die Situation des einzelnen Lehrers – ausschließlich bezogen auf das Kollegium und noch nicht auf Schüler, Eltern usw. – anhand von vier Merkmalen:

1. Die vorherrschenden Arbeitsstrukturen verdammen den Lehrer zum Einzelkämpfer. Die isolierten Arbeitsbedingungen fördern die Vereinzelung und den Rückzug auf individuelle Verhaltensstandards.
2. Diese prinzipielle Vereinzelung der pädagogischen Arbeit blockiert den Erfahrungsaustausch und fördert Legendenbildung, Konkurrenz und unrealistische persönliche Leistungsansprüche.
3. Die kollektive Vermeidung von Konflikten und Problematisierungen bewirkt eine scheinharmonische Kollegiumswelt, die offene Gefühlsäußerungen nicht zulässt und einen hohen Anpassungsdruck ausübt.
4. Es entstehen Gruppen und Cliquen, die zwar eine Schutz- und Ventilfunktion für ihre Mitglieder übernehmen, aber andererseits gerade von der Abgrenzung gegenüber den anderen Gruppen leben (GREWE, 1990, S.12 f.).

Bereits für diese immer wichtiger werdende Situation im Team wird Beratungskompetenz dringend benötigt.

Berufliche Anforderungen resultieren darüber hinaus u. a. daraus, dass sich Lehrer/innen als dazu herausgefordert erleben, den veränderten Familienstrukturen und den Sozialisationsrisiken der Kinder begegnen zu müssen.
Wenngleich Lehrkräfte und Sozialpädagogen es hierbei in ihrer praktischen Arbeit fast immer mit Folgeproblemen von Strukturen zu tun haben, die durch Pädagogik allein nicht zu verändern sind und in denen Kinder und ihre Eltern zu leben gezwungen sind, erhalten Lehrer im Gegensatz zu Sozialpädagogen hierfür keine Ausbildung.
Der starke Zulauf zu entsprechenden Lehrerfortbildungsangeboten und die individuellen Anstrengungen von Lehrkräften, diese Entwicklung in meist privat bezahlten Kursen nachzuholen, bestätigen diese Situation an Schulen.
Erziehungsprobleme und Beratungsbedarf in Schulen und Unterricht machen also heute einen großen Teil der vorhandenen Lehrerbelastungen aus. Lehrer/innen beklagen, auf diese Aufgaben in ihrer Ausbildung nicht genügend vorbereitet worden zu sein. In dieser Situation neigen Lehrkräfte dazu, sich mit »Defiziten« zu befassen und dabei die Ansatzpunkte der positiven Ressourcen und Potentziale zu übersehen (vgl. Kap. 7). In Problemsituationen scheinen sie zunächst auf die rasche Beseitigung von Störungen aus zu sein und dadurch Gesprächs- und Beratungsmerkmale zu praktizieren, die meist hinter dem Stand des Möglichen zurückbleiben.
Es ist jedoch möglich und befriedigend, die eigene erzieherische, also kommunikative, Kompetenz zu entwickeln. Hierzu werden in Lehrerkollegien und in Lehrerfortbildungen verschiedene Angebote gemacht, von denen hier exemplarisch vorgeschlagen wird, als autodidaktische Möglichkeit von Einzelnen oder kollegialen Teams zu nutzen:

1.	ein Gesprächstraining:	*Das Gordon-Training*
2.	ein Partner-Team-Training:	*Das Konstanzer-Team-Training*
3.	ein Teamberatungsmodell:	*Das Reflektierende Team-Training*

1.Das Gordon-Training
Der Schlüssel zur Wirksamkeit dieser Methode liegt in einer persönlichen Haltung, die dem Schüler bzw. Rat Suchenden Wertschätzung, Einfühlung und Echtheit (Authentizität) entgegenbringt. Beratungsgespräche werden nach diesem Modell also nicht die »Behandlung« eines »Falles« sein können, sondern dabei behilflich sein, dass ein Mensch mit sich wahrhaftig in Kontakt kommt und Entscheidungen selbst zu treffen lernt.
Durch die gekennzeichnete Grundhaltung lernt die Rat suchende Person angstfrei, sich umfassender und ganzheitlicher wahrzunehmen, dabei auch

»Schwachstellen« und »Selbstverständlichkeiten« mutig anzuschauen und zu einer niederlagenlosen Konfliktbewältigung vorzustoßen.
Hierzu existiert ein Gordon-Lehrertraining, ein Kommunikationsmodell, welches dem Lehrer als Orientierungshilfe dient. Es ist weder Therapie noch »Psycholehre«, der gefolgt werden müsste.
Am Anfang einer Konfliktbewältigung steht die Frage, ob der Lehrer ein bestimmtes Verhalten des Schülers als »problematisch« einschätzt. Bejaht der Lehrer diese Frage, folgt:
»Wer leidet im Moment? Wer ist im Problembesitz? Ist der Schüler oder der Lehrer unter Druck?«
Daraus leitet sich die nächste diagnostische Frage ab: »Wem soll der Lehrer helfen?«
Sich selbst, wenn Schülerverhalten störend ist, wenn er sich angegriffen, abgewertet fühlt. Dem Schüler, wenn dem Wut oder Zorn im Gesicht stehen. Die Lösungswege liegen in einer fairen Konfrontation, durch Verbalisierung eigener, authentischer Gefühle (»Ich-Botschaften«).
Zur Methode des Gordon-Trainings gehören Selbstsicherheits- und Abgrenzungstraining, Formen des aktiven Zuhörens und »niederlagenlose« Lösungswege.

Einzelheiten sind zu finden in: GORDON, T. H., Lehrer-Schüler-Konferenz, Reinbek 1981 (auch: Heyne-Sachbuch, Nr. 24)

2. Das Konstanzer Partner-Team-Trainingsmodell
Das Konstanzer Trainingsmodell (KTM) geht davon aus, dass viele Lehrerinnen und Lehrer mit ihren bisher betriebenen Lösungsansätzen bei Konflikten und Unterrichtsstörungen nicht mehr zufrieden sind. Das Ziel der KTM-Arbeit besteht darin, zunehmende Selbstsicherheit zu gewinnen, Zufriedenheit hinsichtlich des eigenen Umgangs mit Unterrichtskonflikten zu erlangen, aggressive Interaktionen zu vermindern und Strategien zu beherrschen, die störendes Verhalten von Schülern und eigene Reaktionen darauf in Übereinstimmung bringen.
Auch hinter dem Konstanzer Trainingsmodell steht das Menschenbild der Humanistischen Psychologie (vgl. Kap. 7), was auf der Verhaltensebene bedeutet, das zunächst akzeptiert statt bewertet wird, dass Beantwortung delegiert wird, statt zu bevormunden und dass Vereinbarungen getroffen werden, statt Durchsetzungsverhalten zu praktizieren.
Zum Training selbst werden zwei Kollegen (Tandem) benötigt, die sich im jeweils anderen Unterricht besuchen, also aus der Isolation des »Einzelkämpfers« herauskommen wollen.

Einzelheiten zum KTM-Training finden sich in: TENNSTÄDT, K. U. A., Das Konstanzer Trainingsmodell – Neue Wege im Schulalltag, Ein Selbsthilfeprogramm für zeitgemäßes Unterrichten und Erziehen, Bern 1990.

3. Kollegiale Beratung im »Reflektierenden Team«
Die Beratung im reflektierenden Team ist ein strukturierter Vorgang zwischen Lehrern und Lehrerinnen in einer überschaubaren Gruppe und in einem zeitlichen Rahmen.
Sie verläuft in Phasen mit Arbeitsschritten, die genau einzuhalten sind. Das nachfolgende Schema zeigt die einzelnen Schritte.

Die Arbeit mit der Methode des »Reflektierenden Teams« gestaltet sich im Ablauf wie folgt:

Tab. 12: Reflektierendes Team

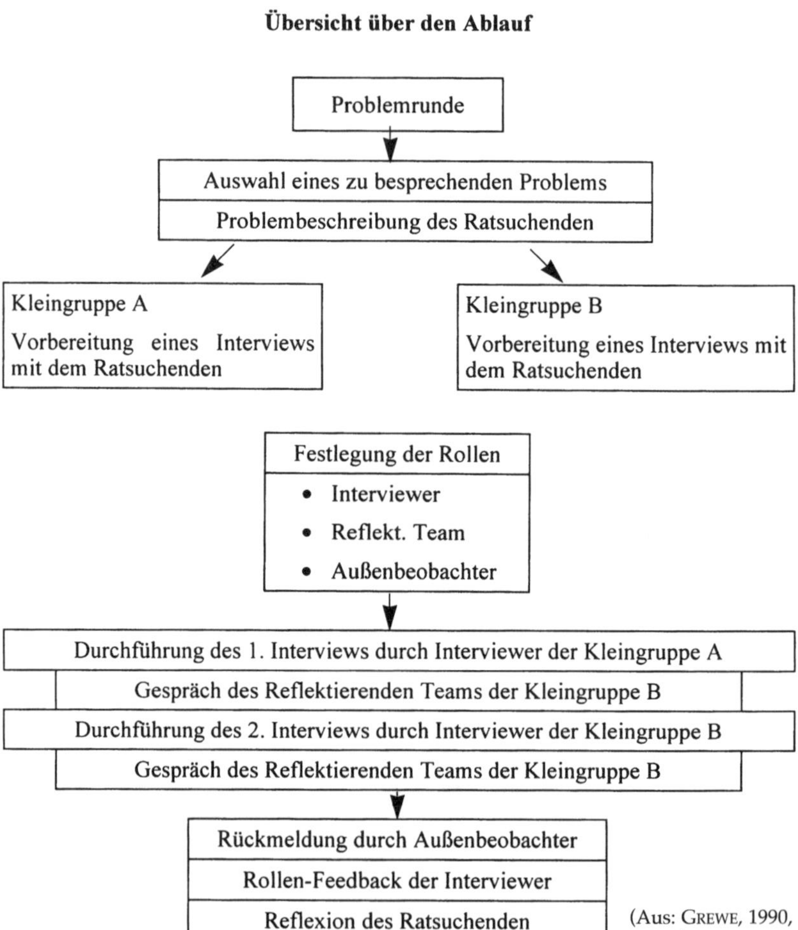

(Aus: GREWE, 1990, S. 343)

Im »Reflektierenden Team« geht um die Erweiterung und Differenzierung der Wahrnehmung und um das Verstehen von Situationen im Berufsalltag, wobei beziehungsmäßige, fachliche und institutionelle Aspekte betrachtet werden. Dass die Struktur und die Rollenverteilung eingehalten werden, sind wesentliche Voraussetzungen dafür, dass der zeitliche Rahmen (ca. 1–2 Stunden) überschaubar bleibt und das Verfahren ohne Supervisor von den einzelnen Gruppen selbstständig durchgeführt werden kann.
Das Verfahren hat den Vorteil, dass es relativ schnell zu erlernen ist, in der Regel lösungsorientiert durch neue Sichtweisen und Einstellungen eine Klärung beim Vortragenden erreicht, der durch die Vielfalt an dargebotenen Ideen und Versionen die Auswahl des für ihn Passenden treffen kann (»Das ist es!«) und dass das Verfahren die in der Schule auftretenden Probleme systemisch einbindet.

Methodischer Hinweis: Das Interview wird in der Kleingruppe mit einem Gesprächsleitfaden vorbereitet, die Mitglieder des reflektierenden Teams werden bestimmt und der verbleibende Teil aller Teilnehmer wird Außenbeobachter.
Dem Interview von Gruppe A schließt sich ein Gespräch des reflektierenden Teams der Gruppe an, alle anderen Teilnehmer hören dem zu.
Der Interviewer der Gruppe B führt danach sein vorbereitetes Interview durch, das mit der Frage beginnt, was das Gehörte bisher beim Rat Suchenden ausgelöst habe.
Eine Rückmeldung durch die Außenbeobachter und ein Rollen-Feedback der Interviewer folgen.

Nähere Informationen sind enthalten in: ANDERSEN, T. (Hrsg.), Das Reflektierende Team, Dortmund 1989.

11 Zunehmende Bedeutung des Klassenlehrerprinzips

In diesem Kapitel wird von sozialpädagogischen Aufgaben bei Klassenleitungen gesprochen. Es werden dabei einige methodische Mittel vorgestellt, u. a. um Lerngruppen/Klassen intensiv und rasch kennen zu lernen. Außerdem geht es um die Jungen- bzw. Mädchenarbeit im Rahmen der Schule und um das interkulturelle Lernen. Schließlich werden Alternativen zum Umgang mit Eltern genannt.

Aufgaben

Klassenlehrern kommt heute eine herausgehobene Bedeutung in allen Schulformen zu, weil sich der sozialerzieherische Bedarf an Schulen erhöht hat. In der Funktion der Klassenlehrerin/des Klassenlehrers treffen sich verschiedene Erwartungen (Rollen), die zusammengenommen die Chance einer sozialpädagogischen Grundhaltung bieten. Denn da Klassenlehrer längere Zeit und mit relativ hohem Stundendeputat bei den gleichen Schülergruppen bleiben, können die Beziehungen intensiver werden, die Schüler besser gekannt und deren Umfeld im Erziehungsprozess mit einbezogen werden. Abgesehen von den unterrichtlichen Möglichkeiten wie Epochenunterricht und fächerübergreifendem Arbeiten enthält das Klassenlehrerprinzip noch erweiterte Spielräume, zum Beispiel zur erzieherisch wirksamen Gestaltung des Schullebens (vgl. Kap. 5) und der Elternarbeit (vgl. Kap. 11.4), macht aber auch erhöhte Verantwortungsbereitschaft geltend. Denn in dem Erwartungsbündel »Klassenlehrkraft« sind enthalten:

- *die erzieherische Verantwortung,* die z. B. den besonderen Einsatz bei Klassenfahrten, im Sozialleben der Klasse und der Schule umfasst,
- *die Kontakte mit den Elternhäusern* und Erziehungsberechtigten, z. B. bei Zeugnissen, Elternabenden, gesetzlicher Elternmitbestimmung,
- *die Vertretung der Schülerinteressen* »seiner« bzw. »ihrer« Schüler, z. B. gegenüber Fachlehrern, der Schulleitung und in Konferenzen,
- *die dienstrechtliche Aufsichtsfunktion* wie z. B. die Listenführung, die Durchsetzung der Schulordnung usw. (vgl. RECUM/DÖRING 1986)

Da diese Anforderungen offensichtlich zu widersprüchlichen und diffusen Rollen herausfordern, scheuen viele Lehrkräfte die Übernahme einer Klasse. Vielleicht könnten die vermuteten und tatsächlichen sozial-emotionalen Belastungen leichter verarbeitet werden, wenn Lehrkräfte als Klassenlehrer professioneller mit den Aufgaben umgehen könnten, d. h. weniger zu symbiotischen Tendenzen der »Meine-Klasse«-Haltung fänden?

Doch die Professionalisierung des Lehrerberufs hatte bisher dessen wissenschaftliche Unterrichtskompetenz zum Inhalt, weniger oder kaum dessen *Erziehungskompetenz*. Das bestätigt sich vor allem auch in der Verbreitung und Anerkennung des Klassenlehrerprinzips:

Tab. 13: Verbreitung Fachlehrer-/ Klassenlehrer-Prinzip

<table>
<tr><td>an Volkschulen bis in die 60er-Jahre</td><td>Klassenlehrersystem (KL)</td><td colspan="7">KL</td><td>FL</td></tr>
<tr><td></td><td></td><td colspan="8"></td></tr>
<tr><td>in den 70er- u. 80er-Jahre</td><td>Fachlehrersystem (FL)</td><td>FL/</td><td>FL</td><td>FL</td><td>FL</td><td>FL</td><td>FL</td><td colspan="2">FL + KL</td></tr>
<tr><td></td><td></td><td colspan="8"></td></tr>
<tr><td>in den 90er Jahre</td><td>gemäßigtes Klassenlehrersystem</td><td>FL</td><td colspan="5">KL</td><td>FL</td><td>FL</td></tr>
</table>

Mit der Zunahme offensichtlich verhaltensauffälliger Schüler entsteht im letzten Jahrzehnt dieses Jahrhunderts erneut die Forderung nach der verstärkten Förderung der sozialen und kommunikativen Fähigkeiten bei Schülern durch das Klassenlehrersystem.

> *»Es sollten alle denkbaren Anstrengungen unternommen werden, um Klassenlehrer über ihre Unterrichtstätigkeit hinaus zu persönlichen Ansprechpartnern der Schüler werden zu lassen und diese Tätigkeit in einen breit verstandenen Erziehungsauftrag der Schule einzubeziehen. In erster Linie ist an gezielte Fortbildungsmaßnahmen zu denken, die sozialpädagogische Zusatzkomponenten vermitteln, um den Lehrer zur verbesserten Diagnose von und Unterstützung bei Problembelastungen von Schülern zu befähigen.*
>
> *Wichtige Voraussetzungen für die Erfüllung der Unterstützungsfunktion des Klassenlehrers sind ein guter Informationsstand über die Lebenssituation der Schüler sowohl außerhalb des schulischen Bereiches als auch die »Lebenssituation« in der Schule, leistungsmäßig und gruppendynamisch.«* (HURRELMANN, 1989, S. 214)

Noch aber werden in der Lehrerausbildung keine entsprechenden Angebote, weder für künftige Klassenleiter noch für die sozialpädagogische Qualifikation aller Lehrer, gemacht.
An dieser Stelle soll darauf eingegangen werden, dass mit der Rolle und Funktion einer/eines Klassenlehrerin/Klassenlehrers besondere sozial-

pädagogische Aufgaben verbunden sind. Eine davon muss als extrem anspruchsvoll bezeichnet werden: In möglichst kurzer Zeit sollen 20 bis 28 Individuen eine optimale soziale Lebens- und Arbeitsgemeinschaft bilden.

Dafür werden nachfolgend einige Hilfen genannt.

11.1 Klassenlehrer lernen ihre Klasse kennen

Ein Jahrgang oder eine *Schulklasse* kann unter sozialpädagogischem Blick *als Gruppe* wahrgenommen werden. Begrifflich ist damit das Netzwerk der zwischenmenschlichen Beziehungen gemeint, die sich auf die Arbeits- und Lernprozesse einer Schulklasse auswirken. Diese Prozesse sind meist unbewusst und von der Lehrperson nicht wahrnehmbar. Es existieren zwar eine große Anzahl gruppenpädagogischer Beschreibungen, insbesondere aus der Jugendbewegung, Reformpädagogik und amerikanischen Kleingruppenforschung (MEYER, 1977, LEWIN/LIPPITT/WHITE, 1968, MÜLLER, 1970); in den Regelschulen werden Dynamik und didaktische Möglichkeiten von Gruppen allerdings noch immer zu wenig gekannt und genutzt.

1. *Wie erstelle ich ein Soziogramm und wie werte ich es aus?*

Um das Beziehungsgeflecht einer Lerngruppe transparenter zu machen, bieten soziometrische Methoden bzw. das *Soziogramm* von MORENO Hilfe. Dieses Verfahren wurde nach dem 1. Weltkrieg bei der Integration von Flüchtlingen in Wien entwickelt und später in den USA für gruppendynamische Prozesse bei Rassengegensätzen verwendet. Erst nach dem Zweiten Weltkrieg haben in Deutschland H. HETZER, C. WEIß, E. HÖHN und andere das Soziogramm für die Schulpädagogik »entdeckt«.
Ein Soziogramm stellt die positiven und negativen Beziehungen zwischen den Mitgliedern einer Gruppe grafisch dar.
Dadurch wird sichtbar, was unterhalb der von der Lehrerin oder dem Lehrer strukturierten Gruppe an dynamischen Beziehungen wirksam ist. Es werden außer dem Beziehungsgeflecht auch Rollenverteilungen, Positionen und Rangordnungen der Schülerinnen und Schüler sichtbar (vgl. Grafiken auf den nächsten zwei Seiten).
Voraussetzung bei der Anfertigung eines Soziogramms sollte sein, dass die Gruppe sich schon einigermaßen kennt. Die Mitglieder sollten sich bereits so gut kennen, dass entschieden werden kann, mit wem jemand Kontakt aufnehmen möchte bzw. vermeiden will. Dieser Fragestellung entsprechend wird in einer möglichst ernsthaften, d. h. lebensnahen, Situation eine »Wahl« durchgeführt. Die Schüler werden aufgefordert, auf ein Blatt Papier ihren Namen zu schreiben und z. B. anzugeben, neben wem sie gerne sitzen möch-

ten oder mit wem zusammen sie in einer Arbeitsgemeinschaft arbeiten möchten (oder: mit wem zusammen sie im Schulheim im selben Zimmer übernachten möchten, wer mit wem spielen will usw.).
Auch negative Wahlen sind möglich: »*Neben wem möchtest du lieber nicht sitzen? Mit wem würdest du lieber nicht in einer Arbeitsgruppe zusammenkommen?*«
In der Regel werden bis zu drei Partner/innen gewählt, für ablehnende Voten wird keine bestimmte Anzahl bzw. Grenze gesetzt.
Die gesuchte Auskunft soll sich immer nur auf eine bestimmte gestellte Frage beziehen.
Die Frage soll eindeutig, verständlich und von allen zu beantworten sein.
Es ist meistens günstig, wenn Geheimhaltung durch die Lehrperson zugesichert und unbedingt eingehalten wird.
Eine Ablehnungsfrage ist sehr vorsichtig zu formulieren: Statt »*Mit wem möchtest du unter keinen Umständen zusammenarbeiten?*« lieber »*Mit wem glaubst du nicht so gut zusammenarbeiten zu können?*«

Tab 14: Beispiel eines Soziogramms: Die Struktur einer Lerngruppe

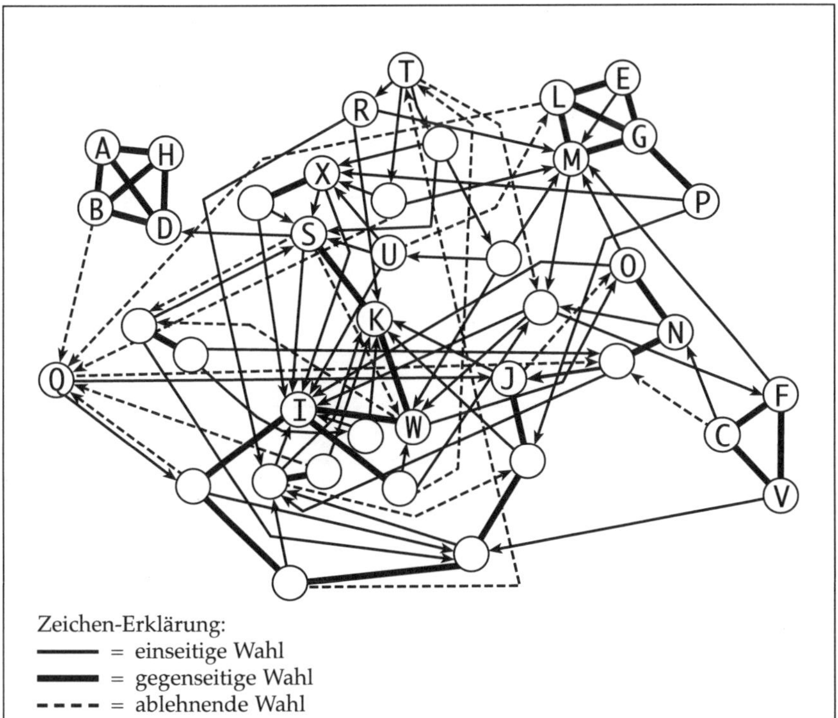

Wie werte ich ein Soziogramm aus?

Wie das vorstehende Beispiel deutlich zeigt, besteht die Lerngruppe aus einer Anzahl von Untergruppen und Strukturen gegenseitiger Anziehung und Ablehnung.

Untergruppen (»Cliquen«): A-B-D-H, L-M-E-G, C-F-V

Anführer (»Stars«): I, W, K, M

Außenseiter (»schwarze Schafe«): Q, T

Beziehungen einzelner Schülerinnen und Schüler:

Gesamteindruck:

Die grafischen Ergebnisse können in einer *Soziomatrix* auch numerisch verrechnet werden:

Tab 15: Soziomatrix

Schüler	A	B	C	D	E	F	G …	pos. Σ	neg. Σ
A		+	+	+	+	+		5	0
B	+		+	-				2	1
C	+			+				2	0
D	+						+	:	:
E		+					-	:	:
F									
G	-			-					
:									
:									
pos. Σ	3	2	….	….					
neg. Σ	1	0	….	….					

Tab. 16: Klassendiagnostik

Äußeres Erscheinungsbild	**Gruppenverhalten**
Schülerzahl Anteil Mädchen/Jungen Altersjahrgänge Besonderheiten	Eingespielte Verhaltensweisen Schriftlich fixierte Regeln Allgemeine Einstellung zur Schule Beziehungen zwischen den Schülern »Disziplin« nach Einschätzung der Kollegen Besondere »Problemschüler« Verhalten bei Lehrer-Abwesenheit
Vorgeschichte	**Arbeitsweisen**
Frühere Herkunftsklassen Frühere Klassenlehrer Frühere Fachlehrer Wiederholer/Neulinge Besonderheiten	Partnerarbeit Kleingruppenarbeit Tutorentätigkeit Rollenspiele, Planspiele Einzelarbeit Freies Spiel/freie Arbeit Eingeübte Lerntechniken Umgang mit audiovisuellen Hilfsmitteln
Außerschulische Bedingungen	**Räumliche Bedingungen**
Allg. Sozialstatus der Eltern Allg. häusliche Beanspruchung der Schüler Allg. Hausaufgabengewohnheiten Allg. Einstellung der Eltern zur Schule Allg. Erfahrungsmöglichkeiten in der Umwelt	Ausstattung des Klassenzimmers Gestaltung des Klassenraumes Gebräuchliche Sitzordnung Variationen der Sitzordnung Freiluft-, Pausenflächen Fluchtweg bei Feueralarm
Leistungsstand	**Zeitliche Bedingungen**
Allg. Leistungsstand Leistungsstand in Fächern Allg. Lernbereitschaft Lernbereitschaft in bestimmten Fächern Besondere Interessen Besonders gut mitarbeitende Schüler Besonders leistungsstarke/leistungsschwache Schüler Gesprächsqualität	Besonderheiten des Stundenplanes Stundenzahl des Klassenlehrers Stundenzahl der Fachlehrer Klassenlehrerstunde Schülersprechstunde Belastung durch Hausaufgaben Häufigkeiten von Klassenfahrten, -festen, -projekten, -praktika

(Aus: SCHULLEITER-HANDBUCH Kap. 37: Schulleitung und Klassenlehrer, S. 83)

Die *Zeilensummen* der Soziomatrix (waagrechte Addition) geben die Anzahl der positiven und negativen Stimmen an, die ein Schüler auf sich vereinigt hat. Damit kann der Grad der Beliebtheit bzw. Unbeliebtheit eines Schülers in der gesamten Klassengruppe ausgedrückt werden.
Die *Spaltensummen* (senkrechte Addition) nennen die positiven und negativen Stimmen, die ein Schüler selbst abgegeben hat. Damit kann die Weite des sozialen Kontaktes eines Schülers bzw. einer Schülerin verdeutlicht werden. Es sollte immer versucht werden, die einzelnen abgegebenen Voten im Zusammenhang mit genaueren Kenntnissen über den sozialen Hintergrund eines Kindes zu verknüpfen. Der *vorsichtige* und *verantwortliche Umgang mit einem Soziogramm* schließt auch ein, dass die Antwort auf die gestellte Motivationsfrage möglichst in eine direkte Veränderung umgesetzt wird. Besonders Kinder in Randpositionen der Klasse sollten nach einem Soziogramm z. B. ihren geäußerten Wunsch nach einem bestimmten Sitznachbarn möglichst erfüllt bekommen, sofern ein Anschluss an das Netzwerk der Klasse Erfolg verspricht.
Eine etwa vierteljährliche soziographische *Wiederholung* wird zeigen können, ob sich die Position einzelner Kinder verbessert oder verschlechtert hat. Weil eine Schulklasse ein »lebendes System« darstellt, werden sich die Soziogramme nicht durchgehend gleichen können. Jede Klasse zeigt ihr eigenes soziografisches Bild.

2. Wie erstelle ich eine Klassendiagnostik?

Eine weitere Hilfe zur möglichst raschen Bestimmung der Ausgangslage bei Übernahme einer neuen Klasse besteht in der Zusammenstellung struktureller und persönlicher Erfahrungen, denen der Jahrgang bzw. seine einzelnen Schülerinnen und Schüler in den vorhergegangenen Schuljahren begegnet sind, also in einer *Klassendiagnostik.*
Mit folgender Prüfliste können Besonderheiten einer Klasse rasch und systematisch erfasst werden. Hierzu werden auch Beobachtungen und Mitteilungen anderer oder früherer Lehrer sowie das Soziogramm (vgl. oben) heranzuziehen sein.
Zu jedem Merkmal sind kurze Notizen empfehlenswert, um spätere Entwicklungen besser verstehen zu können: Was kennzeichnet die neue Klasse? Was kann sie schon, kann sie gut, kann sie noch nicht?
Das »Schulleiter-Handbuch 37: Schulleiter und Klassenlehrer« empfiehlt außerdem zum Kennenlernen der Klasse durch die Klassenlehrer:

- Ein Klassenlehrer-Tagebuch, das zum unregelmäßigen, formlosen Festhalten von Beobachtungen und Eindrücken über Schüler und Klasse dient.
- Eine Klassenbefragung auch nach einem Halbjahr/einem Schuljahr, bei der die Schüler befragt werden, was ihnen gefallen hat, was nicht, welche

Tab. 17: Checkliste für Klassenfahrten

1. Welche Fahrtenziele sind pädagogisch und praktisch sinnvoll ?
2. Besteht eine körperschaftliche Mitgliedschaft der Schule beim Deutschen Jugendherbergswerk oder einer anderen Schullandheimorganisation?
3. Mit entsprechendem Verband Kontakt aufnehmen
4. Kalkulation alternativ vorbereiten: Schulfest, Basare, Zwecksparen
5. Vorbesprechung mit der Klasse
6. Suche nach Begleitpersonen
7. Elternabend – anschließend Beginn des Zwecksparens
8. Kostenvoranschlag bei Bus/Bahn einholen
9. Zielfestlegung mit Klasse/bei Elterntreffen
10. Klassenfahrt bei Schulleitung genehmigen lassen
11. Buchung in der gewünschten Unterkunft
12. Antrag auf Zuschuss bei Gemeinde/Förderverein stellen
13. Evtl. Besuch beim Jugend- und Sozialamt
14. Schulfest, Basar usw. durchführen
15. Fahrzeuge buchen
16. Kontakt zum Zielort aufnehmen
17. Freizeitgestaltung vorbereiten (Spielbücher, Musik, Geräte vorbestellen)
18. Persönliche Dokumente aller Schüler gültig – die eigenen?
19. Besichtigungstermine u. ä. klären
20. Regeln für Verhalten und Organisation festlegen
21. Sind Zuschüsse genehmigt?
22. Schülerlisten
23. Merkblätter, Erklärungen für Eltern
24. Kontrollbesuch der Schüler beim Hausarzt anregen
25. Erste-Hilfe-Kasten zusammenstellen
26. Alle Merkblätter, Erklärungen unterschrieben zurück?
27. Kontrollanrufe bei Bus/Bahn/Unterkunft

Vorschläge sie haben usw. Bei gewachsenem Vertrauen lässt sich auch eine umgekehrte Befragung des Klassenlehrers durch die Schüler denken.

- Einen Klassen-Kummerkasten, in den schriftliche Schüleräußerungen über Sorgen, Fragen, Beschwerden, Anregungen gelegt werden sollen.

Das Verfahren nimmt die Scheu vor mündlichen und namentlichen Mitteilungen. Die Zettel müssen allerdings in regelmäßigen Abständen geöffnet und mit der Klasse oder dem einzelnem Schüler besprochen werden.

3. *Wie bereite ich eine Klassenfahrt vor?*
Schließlich besteht eine der intensivsten Möglichkeiten zur Entwicklung einer Lerngruppe darin, eine mehrtägige Fahrt zu planen und zu erleben. Sehr brauchbare Literatur hierzu kann bezogen werden über:
Verband deutscher Schullandheime, Flensburg;
Bayerische Akademie für Schullandheimpädagogik, Blugthann- Mimberg

11.2 Mädchen- und Jungenförderung in der Schule

Wie bereits im Kapitel 7.5 unter dem Aspekt der integrativen Förderung benannt, erweitert sich heute der Anspruch an eine kompetente Lehrperson dahingehend, auch ein pädagogisches Förderprogramm zur Demokratisierung des Geschlechterverhältnisses entwickeln zu helfen.
Besonders die Beachtung und Entwicklung von koedukativen sozialen Prozessen steht (wieder) im Mittelpunkt und wird vorwiegend von Klassenlehrern und Klassenlehrerinnen erwartet.
In den 60er- und 70er-Jahren ging es in der Schule darum, Koedukation als pädagogisches Prinzip für beide Geschlechter einzuführen, das Ziel war stets, näher zur Verwirklichung von Chancengleichheit zu kommen und damit die Defizite in der herkömmlichen Mädchenbildung abzubauen. Bemerkenswerterweise wurden zur gleichen Zeit (in den 70er-Jahren) im sozialen Bereich zunehmend mehr autonome Mädchen- und Frauenprojekte gegründet.
Seit den 80er-Jahren rücken auch in der Schule zunehmend kritische Stimmen zur Koedukation ins Blickfeld. Koedukation, so die Feststellung mehrerer Studien, wird offensichtlich den Mädchen nicht in der gleichen Weise gerecht wie den Jungen, die u. a. mehr Zuwendungszeit und Raum für sich erhalten, aber mehr als Mädchen unter Gefährdungen, Schulversagen und vor allem Verhaltensstörungen leiden (vgl. ENDERS-DRAGAUER,/FUCHS, 1990; METZ,/GÖCKEL, 1987)
In unserem Zusammenhang ist darauf hinzuweisen, dass sowohl die außerschulische Jugendarbeit als auch die Schule an dieser Stelle gleichermaßen aufgefordert sind, weiterhin bestmöglich an der Aufhebung der Folgen der Geschlechterdifferenzierung und an der Gleichberechtigung von Mädchen- und Jungenförderung zu arbeiten.
Stärker als es die Schule bisher konnte, bezieht sich das neue Kinder- und Jugendhilfegesetz (KJHG) bei der Ausgestaltung dieser Aufgabe auf die

unterschiedlichen Lebenslagen von Mädchen und Jungen. Ein zentraler Arbeitsschwerpunkt sind daher gezielte Mädchenprojekte, die ihren Ansatz bei den Stärken der Mädchen haben und dabei gleichzeitig – wie in der Bildungsarbeit der Jugendarbeit überhaupt – einen *Defizitansatz ablehnen* (vgl. Kap. 7). Das heißt, Programme von Mädchenarbeit enthalten themenbezogene und selbsterfahrungsorientierte Möglichkeiten, die eigenen *Stärken* zu entdecken und die Mädchen darin zu unterstützen, ihre Fähigkeiten und Eigenschaften positiv zu sehen und in selbstgestalteten Freiräumen zu realisieren.
Diese Mädchenarbeit hatte mit der Kritik an der allgemein üblichen Jugendarbeit begonnen, die als wenig reflektierte Jungenarbeit durchgeführt wurde, sich mit Sexismus und Gewalt auseinanderzusetzen hatte und von daher schon frühzeitig getrennte Arbeitskonzepte für die Jungen und Mädchen entwickelte.
Diese feministisch orientierte Position wird heute auch in die Debatte um schulische Koedukation eingebracht:

- Der koedukative Alltag in der Schule zwinge Mädchen zu einseitigen Anpassungsleistungen an männlich gesetzte Maßstäbe.
- Jungen würden doppelt so oft von Lehrkräften gelobt, aber auch getadelt, wonach sie also negative Aufmerksamkeit erzwängen (aggressives Benehmen) und so ihr Selbstbewusstsein durch Zuwendungen stärkten.
- Der freundliche Interaktionsstil der Mädchen, ihre Disziplin und ihr Interesse am Unterricht seien Grundlage dafür, überhaupt noch Schule möglich zu machen.
- Die Jungen lernten auf Kosten der Mädchen.
- »Mädchen werden verdrängt durch die rüpelhaften Rangeleien ihrer Mitschüler, die sich rennend, tretend, boxend den Raum verschaffen, den sie brauchen, um ihre Aggressionen abzubauen. Die Mädchen weichen zurück, hinter die Mülltonnen, auf den Pausenhof, auf die Toiletten. Selbst in den Toilettenzellen haben sie keine Ruhe, die Jungen stürzen ihnen nach – hinein in den intimsten Raum der Mädchen.« (ENDERS-DRAGAUER/FUCHS, 1990, S. 64)

Die Notwendigkeit einer geschlechtsspezifischen Arbeit in der Schule wird auch für Jungen gefordert.

Das Verhalten von Jungen in der Schule ist besonders häufig als »Störung« zu beobachten.
Es sind Jungen, die Verhaltensauffälligkeiten in der Schule zeigen,

- Jungen wiederholen häufiger als Mädchen eine Klasse,
- Jungen wechseln häufiger in Sonderschulen,
- Jungen begehen häufiger Selbstmord usw.

(Vgl. Statistisches Bundesamt, Fachserie 12, Reihe 4, 1980-91; GÖTZE,/NEUKÄTER, 1988, S. 56 f.)

Sowohl für Mädchen als für Jungen gilt es zu berücksichtigen, dass sich ihre Lebenswelt und der Lebensalltag ihrer Familien stark unterscheiden können. Die konkreten Ausprägungen und Unterschiede im gesellschaftlichen wie im privaten Leben lassen sich beispielhaft auf verschiedenen Ebenen beobachten:

- Armut ist weiblich (vgl. Kap. 6.3),
- »Muttern« ist weiblich und ist soziale, unbezahlte Arbeit,
- gesellschaftliche Macht erscheint immer noch männlich,
- Versorgungsleistungen und Beziehungsarbeit werden immer noch von Frauen geleistet,
- die Familienrealität bietet Jungen eine ungenügende Entwicklungsbedingung, sobald der Vater fehlt,
- Frauen bestimmen von der Familie über den Kindergarten bis zur Schule die Jungen-Kindheit, u. a. m.

(Vgl. EISENHANS, München 1991, VALTIN,/WARM, 1985, PILLGRIM, 1986, KRÜGER, u. a., 1985, SCHNACK,/NEUTZLING, 1990, WIECK, 1992)

Die kurze Aufzählung sollte vor allem andeuten, mit welchen Einflussfaktoren die Pädagogik zu rechnen hat, falls sie, wie in der sozialpädagogischen Jugendarbeit, nun auch in der Schule versuchen will, die jeweiligen Stärken und eine stabile Ich-Identität bei Jungen und Mädchen zu entwickeln.
Während die feministisch orientierte *Mädchenarbeit* als Ausweg »Parteilichkeit«, »ganzheitlicher Ansatz« und »Hilfe zur Selbsthilfe« nennt, was sich u. a. in der Gründung von Mädchenhäusern als Zufluchtstätten vor Missbrauch und Misshandlung zeigt, wird in der *Schule* nur unter Schwierigkeiten eine »parteiliche« Jungen- bzw. Mädchenarbeit zu initiieren sein.
Dennoch haben – angeregt durch außerschulische Jugendarbeit – Lehrerinnen z. B. in Delmenhorst/Niedersachen ihr Kollegium gewinnen können, den Schwerpunkt Mädchenförderung« in ihrer Schule zu realisieren. In ihrem Erfahrungsbericht heißt es:

»Jede Lehrerin, die sich für Mädchenarbeit einsetzt, muss darauf vorbereitet sein, dass es abwehrende bis diffamierende Reaktionen im Kollegium geben kann. Neben der Suche nach schulinterner Unterstützung sollte sie sich außerschulische Hilfe holen. Diese wirkt nicht nur persönlich stärkend, sondern kann auch aufgrund anderer Fachkompetenzen, als LehrerInnen sie haben, das Kollegium in Bewegung bringen.

Eine Lehrerin, die Mädchenarbeit in der Schule durchführt, befindet sich in einer neuen Doppelrolle, einmal als Lehrerin, d. h. Autoritätsperson, wenn auch vertrauensvoller Umgang im Unterricht mit den SchülerInnen üblich ist, andererseits in der Rolle als »Teamerin«. In dieser besonderen Rolle als »Teamerin«, d. h. in einem

noch intensiveren Umgang mit den Schülerinnen, wird sie Ängste haben, ob sie dieser Rolle gerecht werden kann. Natürlich stellt sie sich die Frage, ob sie die Erwartungen, die die Mädchen an eine Mädchengruppe stellen, erfüllen kann.
Die Erfahrung zeigt, dass Mädchen, die sich im Unterricht eher angepasst, fleißig und kooperativ geben, in der Mädchengruppe ganz andere Verhaltensweisen von sich zeigen; sei es Sturheit, Verweigerung, Aggression usw. Dies kann für eine Lehrerin sehr irritierend sein, weil sie auf solche Reaktionen, gerade von Mädchen, nicht gefasst ist.
Um produktiv mit den Mädchen zusammenarbeiten zu können, muss sie die Schülerinnen so annehmen, wie sie sind, ohne große Erwartungen, eben mit ihren Schwächen, Störungen, Schwierigkeiten, Ängsten, aber auch ihrer Offenheit, Freundlichkeit usw.
Dieses Annehmen bedeutet z. B. für eine Lehrerin erst einmal Ruhe, Gelassenheit, innere Sicherheit bewahren und diejenigen Mädchen positiv zu unterstützen, die mitmachen und aushalten, dass andere Mädchen sich verweigern, d. h. sie gewähren lassen, d. h. auch, ihnen ihre eigenen Ängste, Unsicherheiten zugestehen, ihnen Zeit lassen!« (Aus: Arbeitskreis Leben Lernen, Sprung nach vorn – Mädchenförderung in der Schule, Delmenhorst 1994)

Was für die Erziehung und Sozialisation von Mädchen gesagt wurde, gilt in veränderter Form auch für die Entwicklung der *Jungen*: Die (fehlende) Vater-Sohn-Beziehung, das väterliche Sorgeverhalten und andere familiäre Einflüsse bestimmen das sozial-emotionale Verhalten und das Selbstkonzept der männlichen Heranwachsenden frühzeitig (vgl. FTENAKIS, 1985) – auch dahingehend, dass Jungen die Grenzen anderer häufig verbal und körperlich überschreiten.
Daraus folgt für die Erziehungsarbeit in der Schule u. a., auf das Bedürfnis nach Orientierung durch *Grenzsetzung* einzugehen, um sich selbst in Auseinandersetzung mit Sachen, Personen und Regeln in seinen Grenzen kennen zu lernen.
Jungen sollen außerdem lernen, dass Niederlagen, Kummer und Angst auch zu einem männlichen Leben dazugehören. Mit einer sachbezogenen Körperarbeit bzw. durch körperbezogene Aufgabenstellungen kann versucht werden, die konstruktiven Anteile der Jungen zu unterstützen und ihnen gleichzeitig die Chance zu geben, ihre schwachen, mutlosen und ängstlichen Anteile wahrzunehmen und zu äußern. *Lehrer* sollten sich als klares männliches Gegenüber anbieten: körperlich, sozial und intellektuell. *Lehrerinnen* sollten den Jungen entsprechende, aber auch grundsätzlich grenzsetzende Verhaltensweisen zeigen, z. B. durch gemeinsames Ausbilden, Einhalten und Gestalten von gruppenspezifischen Ordnungen (vgl. BLY, 1991; KRONE, OBOLENSKI, 1993; SCHNACK/NEUTZLING, 1990).

Bitte überlegen Sie :

- Welche Mädchen können Sie in Ihrem Unterricht als »stille Mädchen« bezeichnen und wie versuchen Sie, dieses Thema im Unterricht anzusprechen?
- Wenn Sie im Unterricht Arbeitsgruppen eingerichtet haben: Achten Sie darauf, Aufgaben nicht geschlechtsspezifisch zu verteilen, auch den Mädchen prestigeträchtige Aufgaben zu geben?
- Haben Sie schon einmal daran gedacht, eine Fachkraft der örtlichen Beratungsstelle für Familienplanung und Sexualerziehung in Ihren Unterricht einzuladen?

11.3 Interkulturelles Lernen in der Schule

Eine weitere Integrationsaufgabe, vor allem für Klassenlehrerinnen und Klassenlehrer, besteht heute in der Zusammenarbeit mit Kindern und Familien aus unterschiedlichen Kulturen und Ethnien. Doch für die Arbeit mit »Ausländern« und deren Kindern sind Lehrkräfte meist nicht vorbereitet bzw. ausgebildet worden.

Der Anteil von in der Bundesrepublik lebenden Menschen aus anderen Ländern beträgt etwa 8% der Gesamtbevölkerung (1995). Das ist im Vergleich zu allen westlichen Ländern wenig: In Frankreich rechnet man mit knapp 10%, in Belgien mit etwa 9%, in der Schweiz mit 15%. In Großbritannien und in den Niederlanden leben nur statistisch gesehen weniger Ausländer, weil Commonwealth-Angehörige bzw. Molukken zum größten Teil eingebürgert und deshalb nicht in der Ausländerstatistik erfasst sind.

Ausländische Schüler an deutschen Schulen haben dennoch in einzelnen Schulbezirken der Großstädte den Anteil von über 50% längst überschritten, durchschnittlich sind 1990/91 etwa 15% an Grundschulen und etwa 20% an Hauptschulen unterrichtet worden. (BMBW 1992, S. 72) Trotz der weiter steigenden »Verweildauer« der jungen Ausländer im deutschen Schulsystem und einem steigenden Anteil an Haupt-, Real- und Gymnasialabschlüssen ergeben sich immer noch erhebliche Probleme, denen Jugendarbeit und Schule gegenüberstehen:

- Sprachliche Nachteile,
- Verhaltensunsicherheiten in der deutschen Gesellschaft und Berufswelt,
- eingeschränkte und/oder schwer realisierbare Berufswünsche,
- unsichere Lebensplanung der Familie (vage Planungen zur Rückkehr),
- unterschiedliche nationalitätenabhängige Wertschätzung und Lebensstile,
- Informationsdefizite u. a. m.

Seit den 80er-Jahren wurde in Deutschland die »Ausländerarbeit«, die sich im Wesentlichen auf Arbeitsmigranten und ihre Familien sowie auf Flüchtlinge und Aussiedler bezog, durch Projekte und Initiativen ergänzt, die sich insbesondere mit Bildungsproblemen der »zweiten« bzw. »dritten« Generation, aber auch mit Fragen der (kommunal)politischen Repräsentanz befassten. *Dabei ist für Schulen bedeutsam, dass Ansätze der Bildungs-, Kultur- und Sozialarbeit miteinander verknüpft wurden* (vgl. Kap.1).
In allen größeren Städten und Landkreisen sind heute »Ausländerbeiräte« eingerichtet bzw. *»Ausländerbeauftragte«* benannt worden.
Besonders in der Flüchtlingsarbeit ist ein zentraler Widerspruch zu spüren, der so auch in der Schulpädagogik noch kaum berücksichtigt wird: Aufgrund der asylpolitischen Vorgaben bzw. der offenen Frage einer Rückkehr ins Mutterland kann nicht auf sprachliche und soziale Integration abgezielt werden, solange abgelehnte Bewerberinnen und Bewerber wieder außer Landes gebracht werden können bzw. das Visum nicht verlängert wird. Dies ist ein Moment, wo die Reaktion unserer Gesellschaft auf die Anwesenheit von Migranten Effekte erzeugt, auf die Sozial- und Schulpädagogik reagieren müssen. Aber die strukturellen Probleme können (auch hier) nicht pädagogisch, sondern nur gesellschaftspolitisch angegangen werden (Ausländerrecht).
Die Situation der 2. und 3. Ausländergeneration ist in Deutschland auch dadurch bestimmt, dass in Schulen überwiegend monokulturelle Erziehungs- und Bildungskonzepte noch Gültigkeit haben. Traditionen und kulturelle Werte der Emigranten finden wenig Eingang (z. B. kulturelle und religiöse Feiertage und Feste). Schüler sind daher oft gezwungen, zwei verschiedene Persönlichkeiten zu entwickeln: Eine, mit der sie in Harmonie mit ihrer Familie leben wollen, und eine andere, die sich ins deutsche Umfeld eingliedern kann. Was haben Lehrkräfte hierzu beigetragen? Welche eigene Position leitet ihr Handeln? (vgl. Tab. 19)
Viele Familien, besonders aus der Türkei, aus Marokko, dem ehemaligen Jugoslawien oder aus Griechenland erfahren die Anpassungsbemühungen ihrer Kinder an die Schule und Umwelt als Entfremdung von ihrer Gemeinschaft und Herkunft. Im Endeffekt fühlen sie sich als Eltern häufig abgelehnt und greifen zu einschränkenden Maßnahmen. Die Diskrepanz, die dadurch zwischen Eltern und Jugendlichen entsteht, wird oft durch einseitige Einflussnahme der deutschen Institutionen und der Außenwelt eher noch verschärft.

Für die Schule ergibt sich aus den Erfahrungen der interkulturellen Arbeit der Sozialpädagogik, wenn irgend möglich, die eigene Kultur der Minderheit »leben« zu lassen. Voraussetzung dafür ist die Kenntnis, welche verschiedenen Familienkulturen und -sprachen überhaupt in einer Schule bzw. in einer Lerngruppe vertreten sind. Kulturelle Unterschiede zu thematisieren wird im

pädagogischen Alltag häufig vermieden. Oft ist nicht genau bekannt und viele Lehrerinnen und Lehrer legen besonderen Wert auf die Feststellung, dass sie nicht genau wüssten, wer unter ihren Schülerinnen und Schülern ausländischer Herkunft sei. Man weiß nicht, wie mit den individuellen Besonderheiten der Migrantenkinder umzugehen ist. Dieses »Normalisierungsmuster« findet man in den Schulen ebenso wie außerhalb der Schulen.
Stärkung des kulturellen Selbstbewusstseins der Migranten ist die Voraussetzung für eine bruchlose Persönlichkeitsentwicklung. Es fehlt dazu oft eine angemessene Treffmöglichkeit für die Schülerinnen und Schüler, die sich nirgendwo »zu Hause« fühlen können (s. Milieuprinzip, Kap. 8.3). Besonders Mädchen, die bis auf den Schulbesuch das Haus nicht verlassen dürfen, haben selten Gelegenheit, ein Angebot zu finden, das ihnen die Möglichkeit gibt, der häuslichen Isolation zu entfliehen.
Wird dennoch versucht, Angebote für ausländische Kinder und Jugendliche zu organisieren, führt die Anwesenheit dieser Jugendlichen häufig zu Konflikten und Auseinandersetzungen um ihre (berechtigten) Ansprüche auf Räume und Teilhabe in den Jugendzentren. In bestimmten Stadtteilen, z. B. in nicht sanierten Altstadtbezirken, Großwohnsiedlungen und industrienahen Wohnvierteln, werden in hohem Maße solche sozialen Probleme (unberechtigt) als »Ausländerprobleme« definiert.

Wo immer möglich, sollten deshalb die sozialpädagogischen Arbeitsprinzipien (vgl. Kap. 8.3) zur Anwendung kommen.
Im übrigen heißt *interkulturelles Lernen*, dass sowohl die hier geborenen als auch die hier aufgewachsenen und hier zugewanderten Kinder unabhängig von ihrer Nationalität, also ausländische und deutsche Kinder, gemeinsame Adressaten des Unterrichts bleiben. Als *integrativer* Ansatz soll sich interkulturelles Lernen auf den gesamten Unterricht und das Schulleben beziehen. Besonders ein gemeinwesenorientiertes Öffnen der Schule und des Unterrichts (vgl. Kap. 5) ist dort wichtig, wo die ausländischen Familien und Schüler sich zusätzlich auseinanderzusetzen haben mit schlechten Wohnverhältnissen, Ausländerfeindlichkeit, rechtlicher Verunsicherung, Unsicherheit der Zukunftplanung u. ä.
Projektartiges Lernen und außerschulische Mitarbeit von Lehrern und Schülern in Initiativgruppen und Stadtteil-Konferenzen (vgl. Kap. 2.1) ermöglichten es, auch die Eltern und Familienangehörigen der Schülerinnen und Schüler einzubeziehen.
Wo immer möglich, sind folgende Prinzipien einzulösen:

- Handelndes und entdeckendes Lernen,
- fächerübergreifendes Lernen,
- gemeinwesenorientiertes Lernen,
- Verbindung von Unterricht und Schulleben (vgl. Kap. 5).

Tab. 18: Grundpositionen einer interkulturellen Erziehung

Kultureller Pluralismus *Grundsätzliche Position*	**Multikulturalismus** *Grundsätzliche Position*	**Assimilationismus** *Grundsätzliche Position*
ethnozentrisch	Gleichrangigkeit der unterschiedlichen Ethnizitäten.	ethnozentrisch
Betonung der Minoritäten	Majorität und Minoritäten haben je eigene Rechte	Betonung der Majorität
Gemeinsame menschliche Abstammung und Kultur einigen.	Ethnische Bindungen und die Ideologie einer gemeinsamen Kultur stehen im Wettbewerb mit den kulturellen Bindungen der Individuen.	Ideologie der herrschenden Kultur soll herrschen und so (zwangsweise) einigen.
Die unterschiedlichen Kulturen der ethnischen Minoritäten bleiben unverbunden nebeneinander bestehen.	Die Kulturen der ethnischen Minoritäten haben je einzigartige kulturelle Eigenschaften, Minoritäts- und Majoritätsgruppen teilen jedoch viele kulturelle Ursprünge, Eigenschaften, Wertvorstellungen und Verhaltensweisen.	Die subkulturellen Gruppen können in der (herrschenden) Gesellschaft nur wirken, wenn sie sich in diese vollständig integrieren.
Lernstile Minoritäten haben unterschiedliche, je einmalige Lernstile	*Lernstile* Minoritäten haben je einmalige Lernstile, die aber viele Lerneigenschaften mit anderen Gruppen teilen	*Lernstile* Menschliche Lernstile sind universell. Es bedarf deshalb keiner Berücksichtigung kulturspezifischer Lernwelten.
Curriculum Ziel des Curriculums sollte es sein, den Schülerinnen und Schülern zu helfen, erfolgreicher in ihren eigenen ethnischen Gruppen zu wirken.	*Curriculum* Das Curriculum sollte die Ethnizität des Kindes berücksichtigen und diese auf positive Weise einsetzen. Ziel des Curriculums sollte es sein, Schülerinnen und Schülern zu helfen, innerhalb der gemeinsamen Kultur, ihrer ethnischen Kultur und den anderen Kulturen zu wirken.	*Curriculum* Das Curriculum sollte den Schülerinnen und Schülern helfen, sich in die dominierende Kultur zu assimilieren.
Lehrerinnen und Lehrer Minoritätsschülerinnen und -schüler benötigen Lehrerinnen und Lehrer ihrer eigenen Rasse und Ethnizität, um so eine effektivere Identifizierung mit der eigenen Kultur zu entwickeln.	*Lehrerinnen und Lehrer* Schülerinnen und Schüler benötigen Lehrerinnen und Lehrer, die über möglichst umfassende Kenntnisse und eine zulängliche Sensibilität in Bezug auf die in der Gesellschaft repräsentierten Kulturen verfügen.	*Lehrerinnen und Lehrer* Die Qualität von Lehrerinnen und Lehrern bemisst sich, unabhängig von der Ethnizität der Schülerinnen und Schüler, allein nach der fachlichen Eignung.

(Aus: HOPF, 1995, S. 158 f.)

Im Zusammenhang mit der gegenwärtig geführten Diskussion um mehr Autonomie jeder Einzelschule und ihres pädagogischen Konzeptes wird auch das interkulturelle Profil einer Schule zu formulieren sein. Dabei wird es um die *örtlichen* Kindheitsveränderungen gehen. Genaue Studien und Konferenzen, zusammen mit den Betreuern der Migranten und Aussiedlerfamilien und deren eigenen Vertretern (Ausländerbeauftragten), werden notwendig (vgl. Stadtteil-Konferenzen, Kap. 2.1). Gezielte Angebote zur interkulturellen Bildung und Erziehung werden in die pädagogischen Pläne einer Schule einfließen müssen.

Die Tabelle auf S. 180 zeigt, welche unterschiedlichen Annahmen und Vorverständnisse eine interkulturelle Lernarbeit im Unterricht oft beeinflussen können. Besonders Lehrkräfte, die eine Klasse leiten, sollten deshalb folgende Frage beantworten:

Welche der Aussagen in der Tab. 18 auf S. 180 kann Sie eher als andere überzeugen?

Für welche Position haben Sie sich entschieden und wie beantworten Sie dann wohl die folgenden Fragen?

1. Welche gesellschaftlichen Folgen vermuten sie im kulturellen Pluralismus, der lediglich ein Nebeneinander, aber kein Zusammen der verschiedenen Kulturen propagiert?
2. In welcher der drei Grundpositionen werden die *eigene* Haltung, die Denk- und Verhaltensweisen der *eigenen* Kultur als »allein seeligmachend« angesehen (Ethnozentrik)?

Überlegen Sie bitte:

1. Welche Kulturen und Nationalitäten sind unter den Schülern Ihrer Schule vertreten?
2. Wer ist in Ihrer Gemeinde oder Stadt der Ausländerbeauftragte und hat Ihr Kollegium diese Person schon einmal zum Gespräch geladen?
3. Haben Sie erfahren, an welchen Hauptproblemen der Ausländerbeirat in Ihrer Gemeinde z. Zt. arbeitet?

11.4 Elternarbeit

Eine der zentralen Aufgaben von Klassenlehrerinnen und Klassenlehrern besteht in der Aufrechterhaltung der Schulbeziehungen zum Elternhaus. Auch wenn hierbei ein breiter Spielraum unterschiedlich intensiv genutzt werden kann, schreiben die Schulgesetze aller Bundesländer entsprechende Verpflichtungen fest. Dabei ist es fragwürdig, weiterhin von »Elternarbeit« zu sprechen, weil es sowohl um Erziehungsberechtigte geht, die heute oft nicht mehr die biologischen Eltern sind als auch um »Zusammenarbeit«. So sollte die Schule den sozialen Veränderungen auch an dieser Stelle Rechnung tragen.

Viele Familien, gleich in welcher Erscheinungsform, sind heute immer weniger in der Lage, außerfamiliäre Belastungen durch eigene Leistungen ausreichend aufzufangen (Kap. 1.1). Eine auffallend große Belastung stellt dabei auch die immer noch in Schulen vorhandene Vorstellung dar, das Unterrichtspensum könne über Hausaufgabenhilfe delegiert und mit Unterstützung der Eltern / Mütter angeeignet werden.

Die überwiegende Berufstätigkeit beider Elternteile und damit die Einschränkung der Beziehungsmöglichkeiten innerhalb der Familie können vielen Kindern immer weniger Schutz und Sicherheit bieten. Kinder sind daher normalerweise im Verlauf ihrer Schulzeit einer mehr oder weniger großen Anzahl von Schwierigkeiten oder sogar Krisen ausgesetzt.

So ist in der Schule damit zu rechnen, dass in jeder Klasse Kinder und Jugendliche sitzen, deren Zuhause mehr oder weniger akut durch den Trennungsprozess der Eltern betroffen ist. Darunter können Kinder besonders leiden, da sie die Trennung bzw. Scheidung oft als tiefe und anhaltende Traurigkeit erleben, die ihre gesamte Existenz zu bedrohen scheint.

Solche Krisen können von der Familie nicht mehr allein gemeistert werden, sondern bedürfen *der Stütze und Hilfe durch private und öffentliche Netze.* Beratungsstellen jeglicher Art und zu vielfältigen Problemstellungen sind erforderlich, um die Familie in ihrer Betreuungs-, Erziehungs- und Bildungsaufgabe zu unterstützen.

Die Schule kann dabei nicht wegsehen, sondern sie wird sowohl durch sozialpädagogisches Grundwissen und Beratungskompetenz verstehen lernen als auch auf fachlich zuständige private oder öffentliche Beratungs- und Hilfsangebote aufmerksam machen und zusammenarbeiten müssen. Aufgrund der sich strukturell verändernden Familie und ihrer Umwelt sind sozialpädagogische Hilfen anzubieten.

Eine Hamburger Untersuchung, bei der über 600 Eltern die Fragen vorgelegt bekamen: *An wen würden Sie sich wenden, wenn Sie Probleme bei der Erziehung Ihres Kindes haben?* brachte folgende Ergebnisse:

Tab. 19: An wen wenden sich Eltern bei Erziehungsproblemen?

29,0%	der Befragten gaben an, sich an die eigenen Eltern oder nahe Verwandte zu wenden,
16,0%	wollten Freunde oder Bekannte fragen,
12,5%	würden Bücher lesen,
4,3%	suchten eine Beratungsstelle auf,
10,0%	einen Arzt und
1,3%	einen Psychologen,
22,0%	würden das Problem mit ihrem Partner diskutieren,
0,5%	würden sich bei Erziehungsproblemen an einen Lehrer oder eine Lehrerin wenden.

(Aus: HUBER, 1993)

Das Ergebnis macht einerseits bestürzend deutlich, dass der Schule selbst in ihrem ureigenem Fachgebiet nur sehr wenig Vertrauen entgegengebracht wird, es weist aber vermutlich auch auf den Tabucharakter des Themas hin, öffentlich über eigene Erziehungsprobleme zu sprechen. Im 5. Familienbericht des Bundesministeriums für Familie und Senioren (1992) heißt es:

> *»Familien und Bildungswesen können nicht voneinander unabhängig Kindern helfen, ihre Kompetenz zu entwickeln und Verantwortung für sich und andere zu übernehmen, vielmehr müssen diese beiden Institutionen zusammenwirken. Jedoch klaffen die Welt der Familie und die Welt der Bildungseinrichtungen auseinander.*
> *Aus der Sicht der Schule ist ebenfalls nicht befriedigend, dass nicht wenige Kinder aus einer mit vielerlei Problemen beladenen Welt immer wieder neu für Unterricht und Lernen gewonnen werden müssen.*
> *Gelingende Leistungen der Schule als Institution, die die Familie unterstützt und ergänzt und mit den Eltern zusammenarbeitet, setzen familienbezogene Kompetenzen der Lehrkräfte und eine familienorientierte Zeitstruktur des Schullebens voraus.«* (BUNDESMINISTERIUM FÜR FAMILIE UND SENIOREN (HRSG), 1994, S. 233).

Aufgrund der Veränderungen, die die Kindheit und das Familienleben heute prägen (vgl. Kap. 1), haben sich die Aufgaben im Bereich der Elternarbeit heute weiter gewandelt. Daher ist mit »Elternarbeit« besser *Familienarbeit* zu denken und zu praktizieren, was nicht Halt machen wird vor der Berücksichtigung von Großeltern, Nachbarn und Freunden. In dieser Art und Weise systemorientiert zu denken (vgl. Kap. 7.2), muss nicht zur Folge haben, alle auftretenden Fragen und Probleme als Lehrkraft allein beantworten und lösen zu wollen. Vielfach werden Erziehungsberechtigte auf andere Hilfs- und Beratungseinrichtungen hingewiesen werden können. Die Lehrkraft wird sachlich entscheiden und delegieren können (vgl. Kap. 10), was allerdings eine ausreichende Beratungskompetenz zur Voraussetzung hat.

Eine besonders gute Möglichkeit, den Erfahrungs- und Meinungsaustausch zwischen Lehrern und Familie einmal ohne Zeitdruck zu fördern, bieten *gemeinsam geplante Familienwochenenden* in einem Heim, einer Jugendherberge oder Familienbildungsstätte. Vor allem zu Beginn eines Schuljahres nach Neuzusammensetzung der Klasse (Kap. 11), bringt eine solche Wochenendveranstaltung nicht nur die Eltern einer Klasse näher, es werden auch die Gesprächsbereitschaft der Eltern untereinander und die Offenheit durch das Kennenlernen gefördert, was sich in der Regel auf das gesamte nachfolgende Schulleben und die Lehr-, Lern- und Erziehungsarbeit positiv auswirkt.

Eine Schule, die durch gute Kontakte zu den Eltern erreicht hat, dass sie von den Familien als »ihre« Schule angenommen wird, kann in der Regel auch mit positiven Auswirkungen auf das Leben in der Familie rechnen und zwar insbesondere im Hinblick auf das verbesserte Familienklima.

Eltern sollten nicht auf ihre juristischen und pädagogischen Funktionen reduziert werden; sie sind ganze Personen mit Gefühlen, Erwartungen und eigenen Bedürfnissen.

So schwierig sich in Einzelsituationen die Zusammenarbeit auch gestalten kann, Eltern und Lehrer sind prinzipiell gleichwertige »Spezialisten« für ihre Kinder. Die Verantwortung der Eltern für ihre Kinder geben ihnen das Recht und die Pflicht, zu erfahren, was, wie und warum so in der Schule mit ihren Kindern verfahren wird. Ein Beispiel, an dem sich diese Grundhaltung zeigt, bietet folgende, recht beiläufige Situation:

Anstelle der üblichen bürokratischen Begrüßung zur Anmeldung neuer Schülerinnen und Schüler zahlt es sich meist langfristig aus, wenn Klassenlehrkräfte oder die Schulleitung die anmeldenden Erziehungsberechtigten mit folgender (ernstgemeinten) Frage konfrontieren:

Was sage ich, nachdem ich ›Guten Tag‹ gesagt habe –
oder: zwei wirkungsvolle Einstiegsfragen an Eltern »neuer« Schülerinnen und Schüler:

- *»Unter welchen Bedingungen, glauben Sie, fühlt sich Ihr Kind in der Klasse/Schule wohl?«*
- *»Wie können* ***Sie*** *dazu beitragen, dass sich Ihr Kind in der Schule wohlfühlt?«*

12 Was sagen Gesetze und Richtlinien der Kultusministerien zur Sozialpädagogik in Schulen?

In diesem Kapitel wird über das Ergebnis einer eigenen Umfrage berichtet (1996), die von allen Kultusministerien Auskunft zum Sozialpädagogik-und-Schule-Komplex und zum Stand der Jugendhilfe-Schule-Beziehungen in den einzelnen Bundesländern erbat.

Das Hauptergegnis: In den allermeisten Ländern wird auf den Dualismus der beiden Politikbereiche zwischen Jugendhilfe und Schule eingegangen und auf die zum Teil bestehenden bilateralen Vereinbarungen hingewiesen. Alle Länderregelungen weisen ausdrücklich auf den bestehenden Regulierungsbedarf der jüngsten Entwicklungsphase hin:

Fast alle wichtigen Kooperationserlasse zur Jugendhilfe und Schule datieren erst von nach 1991 (KJHG).

Danach sind vor allem die folgenden Gesetze und Verordnungen maßgebend:

- Kinder- und Jugendhilfegesetz (KJHG) als achtes Buch des Sozialgesetzbuchs;
- die Kindertagesstättengesetze der einzelnen Länder;
- die Ausführungsbestimmungen der Länder zum KJHG;
- Empfehlungen bzw. Richtlinien über die Koordination und Zusammenarbeit zwischen Jugendämtern und Schulen;
- Schulgesetze bzw. Gesetze über das Erziehungs- und Unterrichtswesen;
- Erlasse über die Arbeit in öffentlichen Ganztags- und Gesamtschulen.

Im weiteren Verständnis von sozialpädagogischer Schularbeit stößt man vereinzelt auf Fundstellen in

- Richtlinien über die Mittagsbetreuung in Schulen,
- Richtlinien über die Nachmittagsbetreuung von Schülern,
- Schulordnungen für die öffentlichen Schulen,
- Richtlinien für Schullandheimaufenthalte, Studienfahrten und Wandertage,
- Empfehlungen bzw. Erlasse zur Sucht- und Drogenprävention,
- Erlasse zur Bekämpfung der Jugendkriminalität.

Während der Schulbereich in den *westdeutschen* Ländern einen schon etablierten Partner in der Jugendhilfe hatte, musste diese in den *ostdeutschen* Ländern erst aufgebaut werden. So kommt es, dass die westlichen Stadt- und Flächenstaaten bereits über entsprechende Gesetze und Richtlinien verfügen, *Rheinland-Pfalz* z. B. mit Empfehlungen für die Zusammenarbeit von Jugendhilfe und Schule aus dem Jahre 1995, *Schleswig-Holstein* aus dem Jahre 1996, *Niedersachsen* aus dem Jahre 1994 oder *Hamburg*, wo die »Organisationsmodelle für die Beratungsdienste an Gesamtschulen« von 1988 z. Zt. (1996) überarbeitet werden.

Ebenfalls wird derzeit an Empfehlungen zur Zusammenarbeit von Jugendhilfe, Sportvereinen, kulturellen Einrichtungen u. a. Trägern zur Entwicklung neuer Formen schulergänzender, familienunterstützender Ganztagsangebote in *Nordrhein-Westfalen* gearbeitet. In einem dazu aus dem Jahre 1995 datierenden Zwischenbericht heißt es: »Für die Schule als Institution hat es sich bisher als schwierig erwiesen, sich aktiv in die Kooperation einzubringen. Verletzungen entstehen in der Regel aufgrund des persönlichen Engagements einzelner Lehrerinnen und Lehrer oder sozialpädagogischer Fachkräfte, haben aber keinen institutionellen Hintergrund. In diesem Zusammenhang wäre eine Erweiterung des Schulbegriffes über die durch Fachunterricht strukturierte Vormittagsschule hinaus ebenso erforderlich wie Lehrerstunden zur Absicherung der Kooperation mit außerschulischen Partnern.« (NRW, Zwischenbericht, 1995, S. 17)

Bayern, das 1996 Richtlinien über die Koordination der Zusammenarbeit und über regelmäßige gemeinsame Besprechungen zwischen Jugendämtern und Schulen verabschiedet hat, fördert Schulsozialarbeit im engeren Sinne nicht. Zum einen, weil es wenige Gesamtschulen und Ganztagsschulen gibt und zum anderen aus dem Grund, »dass niemand Interesse haben kann, die erzieherische Verantwortung von Schule und Lehrkräften zu mindern. (Es) ergibt sich für die Schulsozialarbeit eigentlich nur dort ein Betätigungsfeld, wo entweder infolge der Schulorganisation (Gesamtschulen) oder besonderer jugendhilfespezifischer Problemlagen (sozialer Brennpunkt) eine besondere Notwendigkeit von *ergänzenden* und *unterstützenden* sozialpädagogischen Hilfen besteht« (Mitteilungen des Bayerischen Staatsministeriums für Unterricht, Kultus, Wissenschaft und Kunst vom 23.09.1996).

In den neuen Bundesländern werden unterschiedliche Wege beschritten, die fast überall noch in der Erprobungsphase sind.

Thüringen unternimmt seit 1993 den Modellversuch »Jugendarbeit an Thüringer Schulen«. Die Ministerien für Soziales und Gesundheit und das Kultusministerium werden danach eine gemeinsame Empfehlung für die Zusammenarbeit von Schule und Jugendhilfe erarbeiten.

Mecklenburg-Vorpommern hat bereits Empfehlungen zur »Förderung der Zusammenarbeit zwischen Schulen und Trägern der Jugendhilfe« vorgelegt. Die Ziele entsprechen etwa den auch in anderen Länderplänen genannten:

a) Hilfen zur Alltagsbewältigung
b) Förderung der Eigeninitiative

c) Prävention von Schul- und Ausbildungsversagen
d) Integration statt Selektion
e) Nutzung von weiteren Kooperationsmöglichkeiten

Das Land *Brandenburg* hat 1994 Empfehlungen zum Projekt »Sozialarbeit an Schulen« veröffentlicht. Auffallend zahlreich werden in der Sozialarbeit an Schulen in Brandenburg Arbeitsbeschaffungs-Maßnahmen (ABM) nach § 249 hafg eingesetzt.

Sachsen-Anhalt hat 1996 ebenfalls ein 700-ABM-Programm. Die Angebote reichen von der Hausaufgabenhilfe über Sportarbeitsgemeinschaften bis zu Theatergruppen, bei denen Schulen und öffentliche bzw. freie Träger zusammenarbeiten. Schulsozialarbeit im engen Sinne gibt es in Sachsen-Anhalt noch nicht, die Rahmenbedingungen dafür sollen jedoch geschaffen werden. Von Bedeutung ist ein durch das MK vergebenes Modellprojekt, das u. a. folgende Fragen beantworten soll:

- Welche Situationen, die sozialpädagogischer Maßnahmen bedürfen, sehen Lehrerinnen und Lehrer, Schülerinnen und Schüler und Eltern in Schulen?
- Wo treten welche dieser Situationen in welcher Häufigkeit und Dramatik auf?
- Welche dieser Situationen können von Lehrerinnen und Lehrern aufgegriffen und kompetent gehandhabt werden und wo ist sozialpädagogische Hilfe von außen nötig?
- Inwieweit kann die freiwerdende Kapazität von Lehrkräften angesichts der demografischen Entwicklung genutzt werden, um sozialpädagogisch stärker tätig zu werden? Ist dazu Fort- oder Weiterbildung nötig? Wie ist die Bereitschaft der Lehrerinnen und Lehrer, sich für solche Aufgaben weiter zu qualifizieren? Welche Schwierigkeiten gab es bei der Zusammenarbeit von Schulen mit Institutionen der Jugendhilfe in der Vergangenheit, z. B. Kompetenzstreitigkeiten und Informationsdefizite?
- Wie können Dienstaufsicht, Fachaufsicht, Datenschutzfragen und Versicherungsangelegenheiten geregelt werden? (die Ergebnisse werden 1996/97 erwartet).

(Nach einer Mitteilung des KM Sachsen-Anhalt vom 22.08.1996

Im Kultusministerium des Landes *Sachsen* besteht seit Dezember 1996 ein »Konzept zur Schuljugendarbeit«, das »das Lehrerprofil« bereichern soll und »eine Herausvorderung an das Lehrerprofil dar(stellt). Dem Lehrer kommt dabei in erster Linie die Rolle des Moderators und Betreuers zu. Lehrerbild und Lehrerrolle müssen dahingehend ergänzt werden«. Schuljugendarbeit bleibt aber ein außerunterrichtliches Angebot, für das sich Schule regionalbezogene Partner suchen soll (u. a . »Jugendhilfeträger, Vereine, Wirtschaftsunternehmen, Sponsoren, Verbände, Eltern«).

13 Notwendig: Ein sozialpädagogisches Praktikum in der Lehrerausbildung

In diesem Kapitel wird die Notwendigkeit einer sozialpädagogisch orientierten Qualifikation der Lehrkräfte an Schulen betont und über Erfahrungen aus einem sozialpädagogischen Praktikum in der Lehrerausbildung berichtet.

Seit vielen Jahren (u. a. Deutscher Bildungsrat, 1970) wird darauf hingewiesen, dass bereits in der Ausbildung der Lehrerinnen und Lehrer die Themen *Erziehen, Beraten* und *Helfen* sowie die sonder- und sozialpädagogischen Kompetenzen verstärkt zu bearbeiten sind. Das geschieht primär vor dem Hintergrund des festgestellten Wandels der Aufgaben von Schule, die angesichts der heutigen gesellschaftlichen und sozialen Bedingungen »nicht nur Ort des Unterrichts, sondern für eine wachsende Zahl von Kindern und Jugendlichen auch Lebensraum sein muss« (KMK, 1995, S. 2.).

Der Notwendigkeit, den Erwerb erweiterter Handlungskompetenzen für die Qualifikation von Lehrerinnen und Lehrern zu fördern, stimmen Bildungspolitiker, Erziehungswissenschaftler und Lehrkräfte regelmäßig zu. Die Konsequenzen daraus auch durchsetzen zu wollen – dafür werden heute die materiellen Voraussetzungen noch verweigert. Es scheint der Leidensdruck und die Einsicht in den Schulen aber so zugenommen zu haben, dass nicht nur der Primarbereich aufgebrochen ist und an sozialpädagogisch orientierten Vorstellungen einer »Schule als Lebensraum« arbeitet (vgl. Kap. 5).
Die erweiterten Aufgaben der Schule fordern eine besondere soziale und kommunikative Kompetenz, die neben das fachliche Wissen und methodische Können tritt, ja diese sogar aus ihrem dominanten Status verdrängen könnte. Denn, wie v. HENTIG schon 1977 zu Recht feststellte:
»Die Lebensprobleme der heute heranwachsenden Kinder sind so viel größer als ihre Lernprobleme, sie schieben sich gebieterisch vor diese und fallen ihnen in den Rücken, dass Schule, wenn sie überhaupt belehren will, es erst mit diesen Lebensproblemen aufnehmen muss; sie muss zu ihrem Teil Leben ermöglichen« (v. HENTIG, 1977, S. 96 f.).
Eine zentrale Gelegenheit, von diesen »Lebensproblemen« bei Kindern mehr zu erfahren, bieten Praktika in der Lehrerinnen- und Lehrerausbildung, die als »außerschulische«, sozialpädagogische oder kurz »Sozialpraktika« z. Zt. (1996) nur in wenigen Bundesländern wie in Niedersachsen ein fester Bestandteil des Grundstudiums sind.

Das Sozialpraktikum hat zum Beispiel an der Carl-von-Ossietzky-Universität in Oldenburg die Aufgabe, *»Einblicke in die Probleme pädagogischen Handelns und die dafür bedeutsamen institutionellen, administrativen und ökonomi-*

Fünf Szenarien zur sozialpädagogischen Hinführung (für Studierende des Lehramts im Praktikum)

1. »Die Leute von der Fünf sind heute noch lauter als sonst«, sagte sich der Klassenlehrer, als er auf dem Weg zum Unterricht war. Schon von weitem sah er eine dichte, laut diskutierende Gruppe auf dem Flur stehen.
»So«, rief er beim Nähertreten, »schnellstens auf die Plätze, Herrschaften, hier ist jetzt Unterricht!« Und zu sich selbst: »Wenn ich heute nicht von Anfang an draufhalte, werden die nie wieder ruhig in den nächsten 45 Minuten.« – «Manche haben die Hausaufgaben noch nicht aufgeschlagen,« wandte er sich Kindern zu: »Reinhardt, lies du vor – Ruhe!«
Als sie endlich an den Unterrichtstischen saßen, war die Erregung über den Eingriff in ihren Spielplatz noch nicht geringer geworden.

2. *(Perspektivenwechsel)*
»Die Planierraupe hat den Platz total flach gemacht, echt!« regt sich einer auf dem Schulflur auf. »Ja, die Feuerstelle hat der sofort zugewalzt,« meint ein anderer aus der Gruppe, die vor dem Klassenraum auf dem Flur diskutiert. »Und unsere Hütte, die wo wir die echten Scheiben und Gardinen dran hatten, die fiel um wie dünnes Papier, als die Raupe dagegenstieß« – alle konnten sie es noch immer nicht fassen:
Schon vor der Schule waren die Männer mit der Raupe auf ihren Abenteuerspielplatz gefahren, um ihn einzuplanieren. »Er kommt!«, rief da ein Mädchen und blickte den Flur entlang, wo der Lehrer jetzt zu sehen war.

3. *Interviewauszug mit dem Lehrer und Vorsitzenden des Bürgervereins Südstadt:*
»Ich bin Lehrer hier, aber als Vorsitzender des Bürgervereins greife ich schon mal in die anderen Sachen der Gemeinde mit ein. Und da habe ich mich von der Idee des Abenteuerspielplatzes auch distanzieren müssen. Der Bürgerverein hat sich von Anfang an deutlich und klar gegen den Platz ausgesprochen. Die Jugendlichen hingen da nach einer Weile nur noch in den Bäumen rum, in den Baumbuden und so. Das Buschwerk stand viel zu dicht und keiner hat wissen können, was in den Baumhütten alles vor sich geht.
Aber der Bürgerverein ist eben schlichtweg verpflichtet, etwas für das Image der Südstadt zu tun. Der Platz muss wieder in Ordnung gebracht werden.
Ein kleiner Teich oder so soll angelegt werden und gute Wege zum Durchgehen, ein, zwei Bänke zum Ausruhen.
Wichtig ist also, dass der Platz zu einer ansprechenden Anlage hergerichtet wird. Wir leben schließlich hier alle von dem Betrieb. Für dessen Kunden aus dem In- und Ausland muss es schon ein bißchen schön aussehen, verstehen Sie?«

4. *Interviewauszug mit dem Klassenlehrer:*
»Es ist für mich kaum möglich, etwas zum Problem des Abenteuerspielplatzes zu sagen, denn ich wohne nicht in der Südstadt. Ich habe vom Problem nur am Rande gehört. Da fragen Sie am besten den Kollegen, der ist gleichzeitig Vorsitzender vom Bürgerverein hier. Aber das eine kann ich Ihnen sagen: Gegen den Betrieb kommt keiner an! Die meisten Leute wollen das auch gar nicht. Die gehen doch alle da auf Schicht und haben Angst um ihren Arbeitsplatz. Sind letztens gerade wieder 30 Entlassungen gewesen.«

5. *Auszug aus dem Gespräch mit dem Sozialarbeiter der Südstadt:*
»Um die Kinder kümmert sich eigentlich niemand. Da haben die Kinder von den städtischen Mietshäusern sich eben den Abenteuerspielplatz allein gebaut. Und am meisten Widerstand bekamen sie vom Bürgerverein und seinen Vertretern. Die Familien sind wenig informiert, zeigen oft Hilflosigkeit gegenüber den Behörden und den hier ansässigen Betrieben.«
Auszug aus einem Bericht der Arbeiterwohlfahrt zur Südstadt:
»Im Bereich der Südstadt wurden folgende Probleme festgestellt:
1. *Psychosozialer Bereich:* hoher Prozentsatz von kinderreichen Familien vor allem in den Mietshäusern der Stadt, auch mit Sonderschülern, Familienprobleme, Arbeitslosigkeit.
2. *Kultureller Bereich:* keine Teilhabe am kulturellen Angebot, fehlende Freizeit- und Spieleinrichtungen für Kinder, ein Schützen- und Fußballverein, einflussreicher Bürgerverein.
3. *Gewerbebereich:* dominierender Großbetrieb mit noch immer über 100 Beschäftigten, im Rahmen des BVG Konflikte um Beginn und Ende der täglichen Arbeitszeit, Schichtarbeit, Arbeitsplatzabbau.«

Fragen an die fünf Szenarien:

1. In welcher Situation befinden sich die Schüler/innen
   a) in ihrer außerschulischen Lebenswelt?
   b) in der beschriebenen Schulsituation?
2. Besteht ein begründbarer Zusammenhang zwischen
   a) der außerschulischen Lebenswelt und der beschriebenen Schulsituation?
   b) der Infrastruktur der Gemeinde, dem Gewerbesektor und dem Familienleben der Schüler/innen?
3. Welche Rolle spielen die beteiligten Lehrer/innen
   a) als Klassenlehrer/in?
   b) als Vorsitzende(r) des Bürgervereins?
4. Welche Hinweise und Grün-de sprechen dafür, von zwei verschiedenen Kulturbegriffen beim Bürgerverein und bei den Kindern zu sprechen?
5. Entwerft ein mögliches Handlungsgerüst zukünftiger Aktivitäten in der Südstadt
   a) für die Schüler/innen
   b) für die Lehrer/innen
   c) für die Sozialarbeiter/innen

(Hier darf die Fantasie mal an die Macht…)

(Aus: HOPF, Frankfurt/M. 1992)

schen Rahmenbedingungen der pädagogischen Felder zu geben, in denen Kinder und Jugendliche, aber auch Erwachsene leben oder sich ggfs. im Erziehungsprozess befinden und damit für die Lehrerin- und Lehrertätigkeit wichtige ergänzende Erfahrungen über gesellschaftliche Bereiche sammeln, auf die sich Erziehung und Bildung der Schule bezieht.« (Hinweise, Oldenburg 1991).

Das vierwöchige Sozialpraktikum für Lehramtsstudenten wird nach dem ersten oder zweiten Studiensemester, d. h. *vor* den Schulpraktika, durchgeführt, während eines ganzen Semesters vorbereitet und in einer Blockveranstaltung ausgewertet.

Angebotene Arbeitsbereiche für Praktika sind:

- Kindergärten, Kindertagesstätten usw.,
- außerschulische Kinder- und Jugendarbeit, Ferienlager usw.,
- medizinische oder soziale Rehabilitationseinrichtungen,
- Beratungs- und Betreuungsdienste wie Erziehungsberatung, Sozialstationen usw.,
- Heimerziehungs- und Altenpflege-Einrichtungen,
- Kultur und Medien, Museen, Theater usw.

Ein *zweistündiges Seminar im Vorbereitungssemester*, das von Lehrenden der Schul-, Sozial- und Interkulturellen Pädagogik gemeinsam angeboten wird, bietet im *ersten Teil* eine Einführung in institutionsübergreifende Themen (im Plenum; vgl. hierzu auch die »Fünf Szenarien« auf S. 190):

1. »Zum Zusammenhang von Sozial-, Kultur- und Schulpädagogik«
2. »Institutionelle und rechtliche Rahmenbedingungen im außerschulischen Sozial- und Jugendhilfebereich«
3. »Prinzipien der interkulturellen Arbeit im Sozial- und Jugendhilfebereich«
4. »Kommunikation und Zusammenarbeit in außerschulischen Einrichtungen«

Im *zweiten Teil* des Vorbereitungssemesters werden, gezielt bezogen auf die gewählten Praktikumseinrichtungen, institutionsbezogene Themen und Fragen des unmittelbaren Handelns und Lebens in einer außerschulischen Einrichtung geklärt (in Kleingruppen).
Die nachfolgenden »Fünf Szenarien« und daran anschließenden »Fragen an die Fünf Szenarien« sind Beispiele aus den Arbeitsmaterialien des Einführungsseminars zum Sozialpraktikum. Sie geben den Lehramtsstudierenden modellartig Gelegenheit, den Einfluss außerschulischer Bedingungen auf die Schule und den Unterricht abzuschätzen sowie die Auswirkungen verschiedener Rollen- und Berufsverständnisse von Lehrern zu diskutieren:
Das *Sozialpädagogische Praktikum* hat in Oldenburg seit der Auflösung der

einphasigen Lehrerausbildung die Stelle der »außerschulischen Erkundung« eingenommen und gewährleistet, dass Studierenden frühzeitig der Stellenwert der Schule in einem gesamtpädagogischen Aufgabenfeld besser verständlich werden kann. Der Praktikant bzw. die Praktikantin erfährt nicht nur neue Aspekte des Lebens und Lernens im Sozialbereich, er bzw. sie erhält auch Ansatzpunkte für grundlegende Überlegungen zum Verhältnis von Unterricht und Erziehen, zu heutigen Kinder- und Familienwelten und zu den Beziehungen zwischen Beratungs-, Jugendarbeits- oder Tagesstätten und der Institution Schule.
Der hohe Stellenwert, der dem Sozialpraktikum von Lehramtstudenten/-studentinnen beigemessen wird, lässt sich in den folgenden Auszügen aus Praktikumsberichten entnehmen (Name, Monat/Jahr, studierte Schulart):

T. R. 3/95 GS

> *»… Einblick in die Vorschulpädagogik … besser einschätzen zu können, mit welchen Voraussetzungen die Kinder in die Schule kommen.*
> *… stärker mit pädagogischen Problemen (Verhaltensauffälligkeit, Wahrnehmungsstörungen) beschäftigen, als ich es ohne Praktikum hätte …«*

I. F. 3/95 GS

> *»In unserer zweiphasigen Ausbildung zur Lehrerin sind Sozialpraktika besonders wichtig. Interessant waren für mich die verschiedenen Entwicklungsstände der Kinder, sowohl im kognitiven als auch im sozialen Bereich. Daraus ergibt sich für mich jetzt schon ein Interesse an Seminaren, die sich mit dem Erstunterricht befassen und die sicher sehr wichtig sind.*
> *… viele Kinder haben eine regelrechten Wissensdrang und das Bedürfnis, etwas zu lernen. Diese Erfahrung kann ich für mein Studium nutzen … ich werde Anregungen sammeln, wie man den Unterricht so gestalten kann, dass er den Bedürfnissen der Kindern möglichst lange gerecht bleibt, dass der Spaß am Lernen gefördert wird.«*

I. J. 3/95 Gy

> *»Das Praktikum hat mich in der Entscheidung bestärkt, gymnasiales Lehramt zu studieren. Jeder angehende Pädagoge sollte sich einmal mit dem Anfang der Erziehung beschäftigen, wie die Entwicklung des Kindes von Anfang an geschieht.*
> *Ich habe also gelernt, wie wichtig die Sozialpädagogik ist und werde mich bemühen, das in meinen Studienplänen zu berücksichtigen.«*

S. Sch. 3/95 RS

> *»Die kurze Zusammenarbeit mit Kindergartenkindern hat mir viel im Umgang mit Kindern bewusst gemacht. Mir ist z. B. bewusst geworden, wie viele unterschiedliche Charaktere einmal in einer Klasse zusammenkommen werden und vor allem, wie viele verhaltensauffällige und andersartige Kinder darunter sind.«*

S. S. 3/93 GS

Viele Probleme, die die Kinder später in die Schule tragen, beginnen schon im Kindergartenalter. Ich konnte sehr unterschiedliche Familien kennenlernen.«

T. L. 3/95 Gy

»Meine Arbeit während dieses Zeitraums mit den Kindern und die Gespräche mit den Erziehern/innen ließen mich aber erkennen, dass die Arbeit in der Kleinkinderbetreuung und -erziehung auch für z. B. Gymnasiallehrer wichtig ist, da die Entwicklung der Kinder ein kontinuierlicher Prozess ist und ohne die richtige Betreuung und Förderung im Kleinkindalter der spätere Schüler erhebliche Probleme haben kann.«

S. H. 3/95 Gy

»Vor der Absolvierung des Praktikums sah ich kaum eine Bedeutung für das Lehramtsstudium. Danach möchte ich meine Auffassung allerdings revidieren, da ich zu der Überzeugung gekommen bin, dass man doch viele Eindrücke erwerben kann, die wiederum für den späteren Beruf Vorteile bringen können. Bezüglich des Studiums sehe ich gewisse Möglichkeiten, sich auf beobachtete Aspekte zu spezialisieren, indem man im Bereich Pädagogik gezielter wählen kann und sein Studium darauf ausrichten kann.«

W. Sch. 3/94 Gy

»Das Sozialpraktikum ermöglicht einen Gesamtüberblick in außerschulische soziale Einrichtungen. Dem Lehramtsstudenten werden dabei die Möglichkeit geboten, gesellschaftliche Verhältnisse, Verflechtungen und ihre Veränderungen kennenzulernen. Speziell der Kindergarten bietet hier einen Einblick in soziale Verhältnisse und ihren Einfluss auf das Verhalten von Kindern.«

Nach dem absolvierten Sozialpraktikum haben 36 Studierende eines zufällig zusammengesetzten Seminars (Sommersemester 1995) auf die Frage:

»Über welche sozialpädagogischen Fähigkeiten und Kenntnisse sollten Lehrer/innen verfügen?«

wie folgt geantwortet (nach Häufigkeit der Nennungen geordnet):

1. Die *Lebensumwelt der Kinder* kennen

- Sich für die Lebensumstände der Kinder interessieren
- Institutionen kennen, von wo man Hilfe von außen bekommen kann
- Mit Ärzten, Therapeuten, Selbsthilfegruppen zusammenarbeiten
- Sich mit der Kultur und Lebensweise im Ort auseinandersetzen

2. Über *Wissen* verfügen

- Hintergrundwissen über Ausländer und Drogen
- Ursachen für Fehlverhalten erkennen können
- Symptome/Signale erkennen können
- Mit Eltern intensiv arbeiten können
- Wissen über Drogen und ihre Auswirkungen haben

3. Über geeignete *Persönlichkeitseigenschaften* verfügen

- Seine Qualifikationen und seine Grenzen kennen, aber nicht therapeutisch arbeiten
- Psychologie Vorbildung
- Zuhören können und einfühlsam sein
- Mut und Bereitschaft, zuzugeben, dass Lehrer selbst Hilfe braucht
- Nichts zu persönlich nehmen
- Gutes Klima erzeugen können und verbreiten
- Wissen: »Wann soll ich eingreifen?«
- Integrationsfähigkeit
- Sensibilität
- Ausgeglichen sein
- Muss sich durchsetzen können
- Offenheit und Flexibilität
- Soll den Schülern Freiheit lassen, Kumpel sein und trotzdem Autorität wahren können
- Engagiert sein und Geduld haben

Diese Meinungen der nach Abschluss ihres »Sozialpraktikums« zufällig befragten Lehramtsstudierenden machen zuversichtlich, dass bei den künftigen Lehrerinnen und Lehrern sozialpädagogisches Interesse und ein entsprechendes, aber die eigenen Grenzen wahrendes Handeln angenommen werden kann.

Doch diese notwendige Kompetenzerweiterung künftiger Lehrkräfte kommt nicht von selbst. Sie ist darauf angewiesen, dass pädagogisch und gesellschaftlich engagierte Menschen bessere Voraussetzungen und Bedingungen dafür schaffen, als sie heute, zum Jahreswechsel 1996/97, an Schulen und Hochschulen anzutreffen sind.

Psychosoziale Beratungsstelle
Str.:
Tel.:
Kontakt-
person:

Kinderschutzbund (DKSB)
Str.:
Tel.:
Kontakt-
person:

Drogenberatungszentrum
Str.:
Tel.:
Kontakt-
person:

Erziehungsberatung
Str.:
Tel.:
Kontakt-
person:

Arbeiterwohlfahrt (AWO)
Paritätischer Wohlfahrtsverband (DPWV)
Str.:
Tel.:
Kontaktperson:

Ausländer/innenberatung
Str.:
Tel.:
Kontakt-
person:

Caritas (kath.)/
Diakonisches Werk (ev.)
Str.:
Tel.:
Kontakt-
person:

Sozialberatungsstelle/
Sozialarbeiter
Str.:
Tel.:
Kontakt-
person:

Mädchenberatung
Str.:
Tel.:
Kontakt-
person:

Deutsches Rotes Kreuz (DRK)
Str.:
Tel.:
Kontakt-
person:

Gesundheitsamt

Str.:

Tel.:

Kontakt-
person:

Sozialamt

Str.:

Tel.:

Kontakt-
person:

Familienbildungsstätte

Str.:

Tel.:

Kontakt-
person:

Pro Familia

Str.:

Tel.:

Kontakt-
person:

(Für örtliche Ergänzungen)

Jugendwohlfahrtsausschuss
(Vorsitzende/r)

Str.:

Tel.:

Kontakt-
person:

Jugendamt

Str.:

Tel.:

Kontakt-
person:

Schule und Jugendhilfe

Wer hilft weiter?

Oft fehlt bei Schülerschwierigkeiten die richtige Information, um als Lehrer/Lehrerin raten oder weiterhelfen zu können.

In dieser Übersicht können Sie deshalb die genauen örtlichen Angaben über außerschulische Hilfs- und Beratungsstellen zusammentragen und festhalten.

Kopiert und an gut sichtbarer Stelle im Lehrerzimmer ausgehängt, werden Sie und Ihre Kollegen/Kolleginnen stets rasche und kompetente Hilfe finden können.

Viel Erfolg!

14 Literaturverzeichnis

(Die durch **halbfetten** Druck hervorgehobenen Werke werden zu eigener Lektüre besonders empfohlen)

ARBEITSKREIS GRUNDSCHULE – DER GRUNDSCHULVERBAND E. V., LANDESGRUPPE HAMBURG (HRSG.), Auffällige Kinder in der Grundschule – Ergebnisse einer empirischen Untersuchung, Hamburg 1993

ARBEITSKREIS HESSISCHE SCHULSOZIALARBEIT (HRSG.), Schulsozialarbeit, Frankfurt/M. 1980

ASSOCIATION FOR SUPERVISION AND CURRICULUM DEVELOPMENT (ASCD) 1978, Ziele der humanistischen Psychologie, in: Fatzer, G., a.a.O., S. 23

BÄUMER, G., in: Nohl, H., Handbuch für Pädagogik, 5. Band, 1965

BANDLER, R./GRINDER, J., Neue Wege der Kurzzeittherapie, Paderborn 1981

BARGEL, T., Versorgung mit schulischen Ganztagsangeboten, in: Zeitschrift für Pädagogik, 27. Jg. 1991, Heft 6

BATESON, G., Geist und Natur, Frankfurt/M.1990

BAYERISCHES STAATSMINISTERIUM FÜR UNTERRICHT, KULTUR, WISSENSCHAFT UND KUNST (HRSG.), Bayerisches Erziehungs- und Unterrichtsgesetz, München 1989

BECK, U., Die Risikogesellschaft, Frankfurt/M. 1986

BECKER, A./SCHMIEDL, F., Über die Tätigkeit Osnabrücker Beratungslehrerinnen und Beratungslehrer, in: Grewe, N. (Hrsg.), a.a.O., S. 204–211

BEISPIELE IN NIEDERSACHSEN, 1985, Heft 2 Elternmitarbeit, Seelze (Velber)

BENNER, D./RAMSEGER, J., Wenn die Schule sich öffnet, München 1981

BEZIRKSREGIERUNG HANNOVER (HRSG.:), Zusammenarbeit von Hort und Schule, Hannover 1988

BITTNER, G., Die Schule als sozialpädagogisches Feld, in: Heim und Schule – Neue Schriftenreihe des Allgemeinen Deutschen Fürsorgeerziehungstages, Hannover 1970, Nr. 21, S. 11

BLY, R., Eisenhans, München 1991

BÖHNISCH, L., Sozialpädagogik des Kindes- und Jugendalters – Eine Einführung, Weinheim 1992

BÖHNISCH, L./MÜNCHMEIER, Pädagogik des Jugendraums – Zur Begründung und Praxis einer sozialräumlichen Jugendpädagogik, Weinheim 1990, S. 143 f.

BÖLLERT, H./OTTO, H., Jugendhilfe zwischen Prävention und Normalisierung, in: Sachverständigenkommission, 8. Jugendbericht, Weinheim 1990, S. 97 ff.

BÖLLERT, K., Vom Nutzen der Gesundheitsförderung für eine präventive soziale Praxis, in: Neue Praxis, 20. Jg. 1990, S. 471 f.

BÖNSCH, M., Grundlegung sozialer Lernprozesse heute, Weinheim 1994

BRAND, M., Erziehungsberatung im Spannungsfeld von Familie und Schule, Bad Heilbrunn 1984

BROCHER, T., Schule ohne Sozialerziehung?, in: Neue Sammlung, Heft 7, 1967

BRUSTEN/HURRELMANN, K., Abweichendes Verhalten in der Schule, München 1973

BUDDRUS, V. (HRSG.), Humanistische Pädagogik, Bad Heilbrunn 1995

BUNDESMINISTERIUM FÜR BILDUNG UND WISSENSCHAFT (HRSG.), Grund- und Strukturdaten, Bonn 1992
BUNDESMINISTERIUM FÜR BILDUNG UND WISSENSCHAFT (HRSG.), Schulsozialarbeit – Erste Erfahrungen und Konsequenzen aus den Modellversuchen, Bonn 1978, S. 22
BUNDESMINISTERIUM FÜR FAMILIE UND SENIOREN (HRSG.), Familien und Familienpolitik im geeinten Deutschland, 5. Familienbericht, Bonn 1994, S. 233
BUNDESMINISTERIUM FÜR JUGEND, FAMILIE, FRAUEN UND GESUNDHEIT, Bericht über Bestrebungen und Leistungen der Jugendhilfe, 8. Jugendbericht, Bonn 1990
BUNK, S., Pädagogik und Schiffseigner, Oldenburg 1995
COPEI, F., Der fruchtbare Moment im BildungsProzess, Heidelberg 1950
DEINET, U., Raumaneignung in der sozialwissenschaftlichen Theorie, in: Böhnisch, L./ Münchmeier (Hrsg.), Pädagogik des Jugendraumes, München 1990
DER GROSSE BROCKHAUS, Wiesbaden 1957, Bd. 11, S. 53
DE SHAZER, S., Wege der erfolgreichen Kurzzeittherapie, Stuttgart 1989
DEUTSCHER VEREIN (DV) FÜR ÖFFENTLICHE UND PRIVATE FÜRSORGE (HRSG.), Fachlexikon der sozialen Arbeit, Frankfurt/M. 1980
DEUTSCHES JUGENDINSTITUT (DJI) (HRSG.), Materialien zum 8. Jugendbericht, Band 3, München o. J.
DIETRICH, T., Geschichte der Pädagogik, Bad Heilbrunn 1970, S. 218
DIETRICH, T., Die pädagogische Bedeutung des Schullebens, Schulleben – Ein vergessener Grundbegriff der Pädagogik, in: Westermanns Pädagogische Beiträge 1977, Heft 8, S. 310 ff.
DLZ (DEUTSCHE LEHRERZEITUNG), 31. Jg., vom 8.8.1996
DRESSMANN, H., Unterrichtsklima – Wie Schüler den Unterricht wahrnehmen – Ein Beitrag zur »Ökologie des Lernens«, Weinheim 1982
EBERLE, H. J., Unterstützen und Integrieren – Sozialpädagogik in der Schule, Bad Heilbrunn 1985
ERMERT, K., Die gemeinwesenorientierte Schule, Rehburg-Loccum 1988
EVANGELISCHER ERZIEHUNGSVERBAND E. V. (EREV) (HRSG.), Schulische Bildung und Erziehungshilfe im Wandel, Schriftenreihe, 36. Jg.1995, Heft 1, S. 96 f.
FATZER, G., Ganzheitliches Lernen, Paderborn 1988
FELDMANN, B./THOMAS, R. M., Die Entwicklung des Kindes, 4. Aufl., Weinheim 1994
FÖLLING-ALBERS, M., Schulkinder heute, Weinheim 1992
FÖLLING-ALBERS, M./HOPF, A., Auf dem Weg vom Kleinkind zum Schulkind, Opladen 1995
FREESE, K., Jugendhilfe und Schule – Eine Bibliographie, München 1988
FTENAKIS, W., Väter, 2 Bände, München 1985
GEMEINNÜTZIGE GESELLSCHAFT GESAMTSCHULE (GGG) (HRSG.), Schulsozialarbeit an Gesamtschulen, Arbeitsmaterialien 1/80, Ammerbeck 1980
GESELLSCHAFT ZUR FÖRDERUNG KINDERFREUNDLICHER UMWELT E. V. SAARBRÜCKEN (HRSG.), Macht die Schule schülerfreundlich, Saarbrücken 1989
GEW NRW, Ganztagsschule – ganze Halbtagsschule, Essen 1990
GEW WESER-EMS (Oldenburg), Ganztagsschulen oder Ganztagsbetreuung, Oldenburg 1990
GIESEKE, H., Pluralistische Sozialisation und das Verhältnis von Schule und Sozialpädagogik, in: Gieseke, H. (Hrsg.), Offensive Sozialpädagogik, Göttingen 1973, S. 127

GORZ, A., Wege ins Paradies, Frankfurt/M. 1989
GREWE, N. (HRSG.), Beratungslehrer – eine neue Rolle im System, Neuwied 1990
GUDJONS, H., Handlungsorientiert Lehren und Lernen, 4. Aufl., Bad Heilbrunn 1994
HAAR, V. D. / HARRIES, E. D., Jugendberatung, Berlin 1985
HAHN, K., Erziehung und Verantwortung, Stuttgart 1958 f.
HAUCK, B./BERTRAM, H. (HRSG.), Kinder in Deutschland – Lebensverhältnisse von Kindern im Regionalvergleich, Opladen 1995
HENNING, C./KELLER, G., Anti-Stress-Programm für Lehrer, Donauwörth 1995
Henning, C./KNÖDLER, U., Problemschüler – Problemfamilie, München 1987
HENTIG, H. v., Was ist eine humane Schule?, München 1977, 1987
HERZ, O., Thesen zur Bedeutung gemeinwesenorientierten Lernens, in: Schweitzer, J., Bildung für eine menschliche Zukunft, Weinheim 1986
HILBIG, N., Plädoyer für eine sozialpädagogische Schule, Hildesheim 1993
HOERNLE, E., Grundfragen der proletarischen Erziehung, Frankfurt/M. 1969
HOLTHAUS, L./MEUSEL, J./BUBACK, C., Schulsozialarbeit – Aufgaben der Jugendhilfeträger, in: Neue Praxis, 1980, Heft 2, S. 224 f.
HOMFELD, H. G./LAUFF, W./LOHMANN, C./MAXEINER, J., Für eine sozialpädagogische Schule – Grundlagen, Probleme, Perspektiven, München 1977
HOPF, A., Grundschularbeit heute, 2. Aufl., München 1995
HOPF, A., Der Lehrer als Sozialpädagoge? Themenheft, Westermanns pädagogische Beiträge, 33. Jg. 1981, Heft 2
HOPF, A., Schulen öffnen sich, Frankfurt 1992
HOPF, A., Von der Sexualerziehung zur Sinnlichkeitserziehung, Oldenburger Vordrucke 147/91, 3. Aufl., Oldenburg 1995 (ISDN 0932-7584)
HORNSTEIN, W., Bildungsplanung ohne sozialpädagogische Perspektiven? in: Zeitschrift für Pädagogik, 1971, Heft 3, S. 285–314
HORSTKOTTE, A., Mädchen in der Provinz, Opladen 1985
HUBER, G., Die Person des Lehrers, in: Kuhnert, K. (Hrsg.), Schule im Kreuzfeuer, Waldmannsweiler 1993
HURRELMANN, K., Beanspruchung von Schülern – Analyse der außerschulischen Dimensionen des Problemfeldes »Überbeanspruchung von Schülern«, hrsgg. vom Bundesminister für Bildung und Wissenschaft, Werkstattbericht Nr. 5, Bonn 1977
HURRELMANN, K., Sozialisation und Gesundheit, Weinheim 1988
HURRELMANN, K., Die Rolle der Schule im sozialen Unterstützungswerk Jugendlicher, Weinheim 1989
IBEN, G., Das Verhältnis von Schule und Sozialpädagogik, in: Tillmann a.a.O., S. 16–27
INGENKAMP, K., Diagnostik in der Schule, Weinheim 1971
KATH, B., Vom Elend der Sozialpädagogik in der Schule, in: Betrifft: Erziehung, 1973, Heft 9, S. 70 ff.
KECK, R./SANDFUCHS, U. (HRSG.), Wörterbuch Schulpädagogik, Bad Heilbrunn 1994
KLAFKI, W., »Leistung«, in: Lenzen u. a. (Hrsg.), Enzyklopädie Erziehungswissenschaften, Bd. 1, Stuttgart 1983
KLAFKI, W., Studien zur Bildungstheorie und Didaktik, Weinheim 1995
KLAßEN, T./SKIERA, E. (HRSG.), Pädagogik der Mitmenschlichkeit – Beiträge zum Peterßen-Jahr 1984, Heinsberg 1984

Klocke, A. / Hurrelmann, K., Armut macht Kinder und Jugendliche krank, in: Theorie und Praxis der Sozialpädagogik (TPS), 1995, Heft 1

Klocke, A. / Hurrelmann, K., Armut und Gesundheit – Inwieweit sind Kinder und Jugendliche betroffen? in: Zeitschrift für Gesundheitswissenschaft, 1995, 2. Beiheft

Kösel, E., Die Modellierung von Lernwelten, Elztal-Dallau 1993

Kohli, M., Die Institutionalisierung des Lebenslaufs, in: Kölner Zeitschrift für Soziologie und Sozialpsychologie, 1985, Heft 1

Kreft, D. / Lukas, H., Perspektivenenwandel in der Jugendhilfe? in: Neue Praxis, 21. Jg. 1991

Kreft, D. / Proksch, R. (Hrsg.), Das neue Kinder- und Jugendhilfegesetz, Nürnberg 1990

Krüger, H. H. / Rauschenbach, T. (Hrsg.), Erziehungswissenschaft, Die Disziplin am Beginn einer neuen Epoche, Weinheim 1994

Kubesch, B. / Burg, G. / Connemann, R., Die Methode des Reflektierenden Teams in der Supervision und bei Fallbesprechungen, in: Grewe (Hrsg.), a.a.O., S. 343–343

Kultusministerium Mecklenburg-Vorpommern (Hrsg.), Empfehlungen zur Ausgestaltung des Landesjugendplanes, Schwerin o.J. (1995)

Kultusministerium NRW (Hrsg.), Rahmenkonzept »Gestaltung des Schullebens und Öffnung von Schule«, Düsseldorf 1988

Kunkel. P., Jugendhilfe und Schule – Zum Verhältnis beider Institutionen nach dem neuen Jugendhilferecht, in: Recht der Jugend und des Bildungswesens, 1990, Heft 2, S. 149 ff.

Landesinstitut für Schule, Soest (Hrsg.), Lernen verändert sich – Schulen entwickeln sich, Praxisbeispiele, Soest 1989 (Paradieser Weg 64, 4740 Soest)

Landesinstitut für Weiterbildung, Soest (Hrsg.), Gestaltung des Schullebens und Öffnung von Schule, Soest 1989

Lauff, W. / Homfeld, H. E., Erziehungsfeld Ferienlager, München 1979

Lecke, D. (Hrsg.), Lebensorte als Lernorte: Handbuch Spurensicherung, Weinheim 1983

Lewin, K. / Lippitt, R. / White, R., An experimental study of leadership and group life, London 1968

Lietz, H., Die deutschen Landeserziehungsheime, 2. Aufl., Langensalza 1920

Lüttge, D., Beraten und Helfen – Beratung als Aufgabe des Lehrers, Bad Heilbrunn 1981

Malinowski, P. / Herringer, N., Zur Wirklichkeit der sozialpädagogischen Praxis in der Schule, in: Neue Praxis, 1979, Heft 1, S. 67 f.

Maslow, A. H., Motivation und Persönlichkeit, Hamburg 1981

Maturana, H. / Varela, J., Der Baum der Erkenntnis, München 1987

Meyenberg, R./Scholz, W.-D., Schule und Gewalt, Hannover 1995

Meyer, E., Gruppenunterricht – Grundlegung und Beispiel, Stuttgart 1977

Mörschner, M., Sozialpädagogik und Schule, München 1988

Mollenhauer, K., Einführung in die Sozialpädagogik, 10. Aufl., Weinheim 1993

Müller, C. W., Was ist Jugendarbeit? München 1970

Mutzeck, W., Sonderpädagogik, in: Stimmer, a.a.O, S. 427

Mutzeck, W. / Faasch, C., Stadtteil und Schule, Zwischenbericht der Wissenschaftlichen Begleitung eines gemeinwesenorientierten und kooperativen Modellprojekts, Lübeck 1995

NARR, R., Kinderfeste – Eine pädagogische und gemeindesoziologische Studie, Neuwied 1984
NIEDERSÄCHSISCHER KULTUSMINISTER (HRSG.), Verordnung über Erziehungs- und Ordnungsmaßnahmen, Hannover 1983
NIEDERSÄCHSISCHER KULTUSMINISTER (HRSG.), Schulleben – Hauptschule heute, Hannover 1987
NIEDERSÄCHSISCHES LANDESINSTITUT FÜR FORTBILDUNG UND WEITERBILDUNG IN SCHULWESEN UND MEDIENPÄDAGOGIK (HRSG.), Schulsozialarbeit – ein Angebot der Jugendhilfe, Heft 6, Hildesheim 1996
NIESLONY, F., Schule und Sozialpädagogik – Eine historische Analyse zum Verständnis einer sozialpädagogisch orientierten Schule, Köln 1981
NÖRBER, M. U. A., Kooperation von Schule und Jugendarbeit – Werden die Jugendverbände über den Tisch gezogen? in: Deutsche Jugend, 1988, Heft 9, S. 380 ff.
NOHL, H., Sozialpädagogische Vorträge, Leipzig 1927
OELKERS, J., Unmittelbarkeit als Programm – Zur Aktualität der Reformpädagogik, in: Bedacht, A./Dewald, W./Heckmaier, B./Michel, W./Weiss, K., Erlebnispädagogik – Mode, Methode oder mehr, München 1992
PETERSEN, P., Allgemeine Erziehungswissenschaften, Berlin 1962
PETERSEN, P., Führungslehre des Unterrichts, Weinheim 1993
PETERSEN, P., Der Jena-Plan, Weinheim 1968
PFISTER, G./VALTIN, R. (HRSG.), Mädchen Stärken – Probleme der Koedukation in der Grundschule, AK Grundschule, Bd. 90, Frankfurt/M. 1993
PRENGEL, A., Pädagogik der Vielfalt, Opladen 1993
PREUSS-LAUSITZ, U./RÜLCKER, T./ZEIHER, H., Selbstständigkeit für Kinder, die große Freiheit? Weinheim 1990
PRIOR, H./OELKERS, J., Sozialpädagogisches Training mit Lehrern, Kursprogramm und Materialien, Heidelberg 1976
RAAB, E./RADEMACKER, H./WINZENT, Handbuch Schulsozialarbeit, München 1987
RAAB E./RADEMACKER, H./WÜRZER, G., Zur sozialpädagogischen Qualität von Schule, in: Hessisches Institut für Bildungsplanung und Schulentwicklung, Wiesbaden 1988
RAUSCHENBACH, T., Sind nur Lehrer Pädagogen? in: Zeitschrift für Pädagogik, 38. Jg. 1992, Heft 3, S. 385 ff.
RECUM, H./DÖRING, P. (HRSG.), Schulleiter-Handbuch 37: Schulleitung und Klassenlehrer, Braunschweig 1985
REYER, W. (HRSG.), Die Schule – eine ursprünglich sozialpädagogische Einrichtung? in: Neue Praxis, 1984, Heft 2, S. 140 ff.
REICH, K., Systemisch-konstruktivistische Pädagogik, Neuwied 1996
RICHTER, H. E., Eltern, Kind und Neurose (rororo TB Nr. 6082)
RICHTER, H. E., Patient Familie (rororo TB Nr. 6772)
RÖHRS, H. (HRSG.), Die Schulen der Reformpädagogik heute, Handbuch reformpädagogischer Schulideen und Schulwirklichkeit, Düsseldorf 1986
RUMPF, H., Irritationen, in: Zeitschrift für Pädagogik, 1985, Heft 6, S. 745 f.
RUTT, T., Petersen-Schulen heute, Heinsberg 1983
SATIR, V. vgl. Stichwort: »Dysfunktionale Familiensystem«
SCHNACK, D./NEUTZLING, R., Kleine Helden in Not, Reinbek 1990
SCHOLZ, H., Macht Schule, Hamburg 1992

SCHULAMT HANSESTADT HAMBURG (HRSG.), Richtlinien für die Mitarbeit von Eltern im Unterricht, Hamburg 1976 (und Erfahrungsbericht)
SCHULVERWALTUNGSBLATT NIEDERSACHSEN 1994, Nr. 4, Amtlicher Teil S. 91
SCHWENDTKE, A. (HRSG.), Wörterbuch der Sozialarbeit und Sozialpädagogik, Heidelberg 1977
SINHART-PALLIN, D., Schafft den Schulzwang ab! Sozialpädagogische Hilfe anstelle von Ordnungsmitteln, in: Pädagogik, 1989, Heft 11, S. 54 ff.
SKIERA, E., »Erlebnisunterricht«, in: Keck/Sandfuchs, a.a.O., S. 90
SPRANGER, E., Der Bildungswert der Heimatkunde, Berlin 1924
STIMMER, F. (HRSG.), Lexikon der Sozialpädagogik und der Sozialarbeit, München 1995
STRUCK, P., Sozialpädagogik der Schule und soziales Lernen, Stuttgart 1980
SÜNKER, H., Grundlagen einer sozialpädagogischen Schulen- und Lehrerrolle, in: Bayer, M. u. a. (Hrsg.), Schulen und Sozialpädagogik, Bielefeld 1981
TAUSCH, R., Entwicklungspsychologie, Göttingen 1978
TILLMANN, K. J., Schulreform als neue Herausforderung der Sozialpädagogik? in: Tillmann, K. J. (Hrsg.), Sozialpädagogik in der Schule, München 1976
TILLMANN, K. J. (HRSG.), Sozialpädagogik in der Schule, Neue Ansätze und Modelle, München 1976
VIEHMANN, H., Sozialpädagogik und Strafrechtspflege, Pfaffenweiler 1996
VORSORGE-INITITIATIVE DER AKTION SORGENKIND, »Was tun gegen Sucht«, 2. Aufl., Frankfurt 1994 (Lernser Str. 40, 60322 Frankfurt)
WENDT, W.R., Ökologie und soziale Arbeit, Stuttgart 1982
WINKEL, R., Lehrerbildung heute – Ein Plädoyer für die »Erziehung der Erzieher«, in: Erziehungswissenschaft und Erziehungspraxis, 1987, Heft 2, S. 1–6
WINKLER, M., Modernisierungsrisiken, in: Rauschenbach, T./Gängler H. (HRSG.), Soziale Arbeit und Erziehung in der Risikogesellschaft, Neuwied 1992
WOLF, A., Zur Geschichte der Sozialpädagogik, Donauwörth 1977
WOLLENWEBER, H. (HRSG.), Sozialpädagogik in Wissenschaft und Unterricht, Paderborn 1978
WULFERS, W., Hassliebe oder was? in: Päd. Extra, 22. Jg. 1994, Heft 5, S. 13
WULFERS, W., Schulsozialarbeit, Hamburg 1991
WULFERS, W., Schulsozialarbeit heute, in: Päd. Extra, 22. Jg. 1994, Heft 5
ZIEGENSPECK, J., Erlebnispädagogik, in: Stimmer, F. (Hrsg.), Lexikon der Sozialpädagogik und der Sozialarbeit, München 1994, S. 149
ZIMMER, J., Macht die Schule auf, lasst das Leben rein. Von der Schule zur Nachbarschaftsschule, Weinheim 1986
ZITZLSPERGER, H., Ganzheitliches Lernen, Weinheim 1991

15 Glossar

Dysfunktionales Familiensystem: Wenn ein Kind z. B. bei bestehender Unsicherheit oder Konflikten zwischen den Eltern als »Bundesgenosse« in der Paarbeziehung »missbraucht« wird (vgl. V. SATIR, H. E. RICHTER).

Erlebnispädagogik: Die E. versteht sich als Alternative zu und Ergänzung von tradierten und etablierten Erziehungs- und Bildungseinrichtungen. Die Erlebnispädagogik stützt sich auf sozialpädagogische und therapeutische Konzeptionen. In der heute praktizierten E. finden natursportliche Unternehmungen wie z. B. Kletter- und Segeltouren, Natur- und Umwelteinsätze statt (→ outdoor-Pädagogik). Es gehören aber auch die indoor-Aktivitäten wie künstlerischer, musischer, kultureller und auch technischer Bereich zu vielfältigen erlebnispädagogischen Entwicklungs- und Gestaltungsmöglichkeiten.

Erziehungsberatungsstelle: Diese Institution, durch Gemeinde und Wohlfahrtsverbände organisiert, unterstützt Lehrer und Eltern bei Beziehungs- und Verhaltensauffälligkeiten bei Kindern und Jugendlichen. Seit Bestehen des Kinderjugendhilfegesetzes (1991) ermöglicht diese Institution eine individuelle, kostenfreie Beratung. Die Zusammenarbeit mit Schulen nimmt einen immer breiteren Raum ein.

Erziehungshilfe (Hilfe zur Erziehung): Nach § 27 KJHG haben Personen und Sorgeberechtigte Anspruch auf E. eines Kindes oder Jugendlichen, wenn ansonsten eine dem Wohl des Kindes und des Jugendlichen entsprechende Erziehung nicht gewährleistet und die Hilfe für die jeweilige Entwicklung notwendig und geeignet ist. Einzelne Formen der E. sind in den §§ 28-40 KJHG spezifiziert.

Familienberatungsstelle: Hier beraten Psychologen, Sozialpädagogen und Seelsorger bei persönlichen, zwischenmenschlichen Partnerschafts- und Familienproblemen, bei psychischen Konflikten, sexuellen Störungen, Trennung und Scheidung.

Gestalttherapie: Eine ganzheitliche und gegenwartsbezogene Vorgehensweise, die an Körperwahrnehmung, geleiteten Fantasien und am Prinzip des Hier und Jetzt ausgerichtet ist. Aus der Tiefenpsychologie hergekommen, wird der Ansatz als Gestaltpädagogik heute häufig auch von Lehrern/Lehrerinnen im Unterricht zur erfolgreichen Entwicklung aller Beteiligten verwendet.

Gesundheitsamt: Das Gesundheitsamt, als eine besondere Fachbehörde, ist entweder als staatliche oder als kommunale Institution organisiert. Zu den Aufgaben gehören gesundheitliche Untersuchungen und Beratung der Schulen sowie die Beurteilung von Umwelteinflüssen auf die Gesundheit der Bevölkerung und eine Reihe anderer Dienste wie z. B. Mütterberatung, Schuleingangsuntersuchung, Impfungen, jugendzahnärztliche Untersuchung, Sprachheilbehandlung u. v. m.

Gesundheitsförderung: Gesundheitsförderung beinhaltet Gesundheitsaufklärung, -erziehung, -beratung, -selbsthilfe und Präventivmedizin. G. bedeutet in diesem Sinne, auch die außerschulischen Lebenszusammenhänge zum Angelpunkt gesundheitsfördernder Maßnahmen zu machen.

Hilfeplan (Erziehungsplan): Der H. ist zugleich Arbeitsplan und Förderplan für eine kontrollierte Erziehungsarbeit. Nach § 36 KJHG sollen, wenn Hilfe zur Erziehung voraussichtlich für längere Zeit angezeigt ist, die Fachkräfte zusammen mit den Personensorgeberechtigten und dem betroffenen Minderjährigen einen H. als Grundlage der Arbeit aufstellen. Durch regelmäßige Überprüfung des

Plans werden die Bedürfnisse und Veränderungen des Betroffenen berücksichtigt.

Jugend- und Wandervogelbewegung: Teil der um 1900 gegründeten Jugendbewegung. Als Kritik an den Lebensformen der Erwachsenen wollte der Wandervogel als bürgerlicher Verein die gesellschaftliche Kultur und Bildung verändern. Man wanderte, pflegte Tanz, Musik und Laienspiel und hatte letztlich zusammen mit der proletarischen Jugendbewegung entscheidenden Einfluß auf die Sozialpädagogik bzw. die Reformpädagogik bis zum NS-System.

Jugendamt: Seit 1924 in Deutschland auf kommunaler Ebene eingerichtetes Amt als örtlicher Träger zur Durchführung der gesetzlichen Aufgaben der Jugendhilfe. Seit 1953 ist diese Struktur zweigeteilt. Der Jugendhilfeausschuss übernimmt konzeptionelle, grundsätzliche und ressortübergreifende Aufgaben, während der Verwaltung des Jugendamtes die konkrete Bewältigung der praktischen Jugendhilfe obliegt. Kinder, Jugendliche und Eltern können sich ebenso wie Lehrerinnen und Lehrer in allen Angelegenheiten der Erziehung und Entwicklung an das Jugendamt wenden.

Jugendarbeit: Mit der Entwicklung der Jugendbewegung um 1900 entstanden, vor allem als Reaktion auf die proletarische Linie dieser Bewegung. Hier entwickelten sich auch die ersten Ansätze organisierten staatlichen Einflusses auf den außerschulischen und außerberuflichen Freizeit- und Bildungsbereich junger Menschen. Sowohl freie als auch öffentliche Träger bieten eine breite Palette von Freizeit-, Bildungs-, Erholungs- und Begegnungsmöglichkeiten für junge Menschen an.

Jugendfreizeit- und Bildungsstätten: Dies ist ein Sammelbegriff für verschiedene Einrichtungen, in denen Kindern und Jugendlichen unter Berücksichtigung ihrer Wünsche, Bedürfnisse und Interessen Räumlichkeiten und Angebote bereitgestellt werden wie z. B. Kinderclubs, Jugendzentren, Jugendsporteinrichtungen. Unterstützung finden diese Stätten durch ihre Gemeinde. Oft ist im Gemeindehaus ein Jugendfreizeitraum integriert. Dort haben die Jugendlichen einen Treffpunkt, um gemeinsame Aktionen zu planen oder einfach nur den Nachmittag miteinander zu verbringen.

Jugendhilfe: Dieser Begriff umfasst als Oberbegriff alle Maßnahmen und Angebote, die neben dem Elternhaus, der Schule und der betrieblichen Berufsbildung angeboten werden. Seit 1991 hat jedes Kind und jeder Jugendliche rechtlich Anspruch auf diese Unterstützung, (Jugendhilfe im engeren Sinne).

Jugendhilfeausschuss: Durch die Zweiteilung des Jugendamtes in den Fünfzigerjahren übernahm der J. die konzeptionellen und ressortübergreifenden Aufgaben. Regelmäßig treffen sich die Mitglieder, um über die aktuellen Problemlagen der Kinder und Jugendlichen zu beraten. Es wird öffentlich ein Kinder- und Jugendhilfeplan aufgestellt. Der J. untersteht der Verwaltung des Jugendamtes.

Jugendhilfeplan: Der J. wird durch Jugendhilfeträger erstellt. Sie sind verpflichtet, regelmäßig die Bedürfnisse der Kinder und Jugendlichen in der Gemeinde zu recherchieren. Nach diesem Plan werden öffentliche Spielplätze, Jugendfreizeit und Bildungsstätten organisiert und verändert.

Jugendsozialarbeit: Nach § 13 KJHG umfasst J. jene Angebote im Rahmen der Jugendhilfe, die junge Menschen bis zum 27. Lebensjahr zum Ausgleich sozialer Benachteiligung oder zur Überwindung individueller Beeinträchtigungen gemacht werden sollen.

Jugendverband: Bei den einzelnen Jugendverbänden handelt es sich um politische, weltanschauliche oder überparteiliche Gruppen, die eine praktische Arbeit mit Kindern und Jugendlichen vor Ort suchen. In jedem Bundesland haben sich Jugendverbände in einem Landesjugendring zusammengeschlossen.

Kinder- und Jugendhilfegesetz (KJHG): Am 01.01.1991 löste das KJHG das bis dahin gültige Jugendwohlfahrtsgesetz als Rahmengesetz zur Regelung der Jugendhilfe in den alten Bundesländern ab. Mit Ausnahme der Vorschriften über die Amtspflegeschaft (Vormundschaft und Pflegschaft) trat das KJHG in den neuen Bundesländern bereits mit deren Beitritt zum Bundesgebiet am 03.10.1990 in Kraft.

Kinder- und Jugendschutz: § 14 KJHG. Durch die geeigneten Angebote soll den jungen Menschen geholfen werden, sich vor gefährdenden Einflüssen zu bewahren, sowie Kritikfähigkeit und Eigenverantwortung zu entwickeln.

Kinderschutzbund: Im Industriezeitalter war der Kinderschutzbund eine Reaktion auf die Gesundheitsgefährdung der Kinder im Zuge der Kinderarbeit. 1910 Gründung des »Deutschen Kinderschutzverbandes«. Während des Nationalsozialismus war der Kinderschutz Teil der nationalsozialistischen Volkswohlfahrt. Erst 1953 änderte der DKSB seine bis dahin vorherrschende sanktionsorientierte Kinderschutzpolitik zugunsten eines sozialpolitisch orientierten Arbeitens.

Outdoor-und indoor-Pädagogik: siehe Erlebnispädagogik

Outward-bound-Kurzzeitschule: In der Nachfolge von KURT HAHN gegründete »Schulen« für Erlebnispädagogik

Personensorge (Erziehungsberechtigte): Die P. umfasst als Teil der elterlichen Sorge das Recht und die Pflicht der Eltern oder anderer Berechtigter, für das Kind zu sorgen und es insbesondere zu erziehen, zu pflegen, zu beaufsichtigen und seinen Aufenthalt zu bestimmen (einschließlich des Anspruchs auf Herausgabe des Kindes).

Prävention: Vorbeugung

Psychosoziale Beratungsstellen: z. B. Suchtberatungsstellen, die bei Alkohol-, Drogen- und Medikamentenmissbrauch helfen. Sie werden auch präventiv tätig, indem sie über die damit verbundenen Gefahren aufklären.

Rechtsberatung: Familien mit einem niedrigen Einkommen kann bei Angelegenheit des Zivil-, Öffentlichen-, Straf-, Ordnungswidrigkeits- und Verfassungsrechts Beratungshilfe durch Amtsgericht und Rechtsanwälte gewährt werden. Kommt es zu einem Prozess, kann unter bestimmten Voraussetzungen Prozesskostenhilfe beansprucht werden.

Regionalisierung: Begriff aus dem 8. Jugendbericht der Bundesregierung, der eine lebensweltorientierte Kinder- und Jugendarbeit, nähmlich die Einbettung der Arbeit in die lokalen und regionalen Bezüge und deren Vernetzung meint.

Schuldnerberatung: Hier finden Familien bei (drohender) Überschuldung Hilfe – z. B. bei der Aufstellung eines Wirtschaftsplans, Verhandlungen mit Gläubigern oder bei Umschuldung. Daneben werden auch lebenspraktische Beratung und psychosoziale Hilfen geboten.

Schulsozialarbeit: Die S. ist eine Form der Jugendhilfe und entstand Ende der 60er-Jahre. Sie soll eine Brücke zwischen Schule und Jugendhilfe bilden und richtet sich besonders an Jugendliche, die bestimmte soziale Auffälligkeiten zeigen oder diese entwickeln könnten.

Solutogenese: Von den schwedischen Forschern DAHLIN und CEDERBLAD (1986) vorgeschlagener Begriff für Faktoren, die die psychische Gesundheit eines Kindes fördern, auch wenn dieses in einer höchst risikoreichen Umgebung aufwächst.

Sozialamt: Das S. ist eine von den örtlichen Sozialhilfeträgern eingerichtete Behörde zur Durchführung der gesetzlichen Sozialhilfe im Rahmen des Bundessozialhilfegesetz (BSHG) sowie anderer, wesensverwandter Aufgaben.

Sozialgesetzbuch: Das S. soll die Zusammenfassung des gesamten, bisher in zahlreiche Einzelgesetze aufgeteilten Sozialrechts in einem Gesetzbuch bieten. Das Achte Buch enthält z. B. das Kinder-und Jugendhilfegesetz (KJHG).

Sozialhilfe: Charakteristisch für die S. ist die Zweigleisigkeit, die in der Unterscheidung der beiden Hilfearten »Hilfe zum Lebensunterhalt« (§§ 11–26 BSHG) und »Hilfe in besonderen Lebenslagen« (§§ 27–65) zum Ausdruck kommt.

Sozialpädagoge: Sammelbegriff für Absolventen der Universität (Dipl.-Päd.), der Fachhochschule (Dipl.-Päd. FH), der Fachschule für Sozialpädagogik (Erzieherin).

Sozialpädagogische Familienhilfe (SPFH): Die S. ist eine ambulante, intensive und langfristig angelegte Maßnahme zur Hilfe bei der Erziehung. Der Schwerpunkt der S. liegt in der Unterstützung und Stärkung der Erziehung innerhalb der Familie. Mit Hilfe einer kompetenten, von außen kommenden Person soll die Familie unter Nutzung der vorhandenen Ressourcen Probleme selbstständig lösen, wobei die Beachtung der sozioökonomischen und sozioökologischen Lebensbedingungen wichtige Komponenten der Arbeit darstellen.

Soziogramm: Das S. ist die grafische Darstellung des soziometrischen Tests nach dem Psychiater und Soziologen J. M. Moreno (1889–1974). Die sozio-emotionale Struktur einer Gruppe soll aufgezeigt werden, z. B.: Mit wem möchte ich in einer Gruppe zusammenarbeiten und mit wem nicht? Die gewonnene Erkenntnis soll zur Veränderung der Gruppe und zur Verbesserung des Gruppenklimas verwendet werden. Die Gruppenmitglieder werden als kompetente Akteure verstanden.

Subsidiaritätsprinzip: Aus der katholischen Soziallehre abgeleitete Auffassung, nach der die Aufgaben der in einer hierarchisch gedachten Gesellschaft untergeordneten Institution (Familien, Verbände) nicht von staatlichen Instanzen übernommen werden sollen. Letztere sind verpflichtet, erstere funktionstüchtig zu halten.